車両損害の最新判例とその読み方

小賀野 晶一　亀井 隆太　著

保険毎日新聞社

　本書は、車両損害の判例の動向を明らかにするため、最近の裁判例を整理したものである。

　車両損害は人損、物損の区分でいうと、物損に属する。車両損害は狭義には車両自体の損害をいうが、これに関連する物損も車両損害として扱っており、本書も車両損害を広義に捉えている。

　車両損害は、「Ⅰ車両自体の損害（修理可能な場合と修理不能な場合に分かれる）」、「Ⅱ被害車を利用できなくなったことによる損害（代車料、休車損）」、「Ⅲその他の損害」に分けることができる。本書はこの順番で、最近の裁判例を整理した。

　交通事故の損害賠償基準については、『赤い本（民事交通事故訴訟 損害賠償額算定基準）』、『青本（交通事故損害額算定基準）』など弁護士会の基準が公表され、紛争処理基準として活用されている。弁護士会の基準では人損のほかに、車両損害など物損の基準が提示され、基準の根拠として裁判例が提示されている。弁護士会の基準のほかにも、車両損害の優れた文献が公刊され、実務の参考に供されている。本書は弁護士会の基準やこれらの文献を参考にしている。

　車両損害の判例法理は、ほぼ定着しており、弁護士など実務家の主たる関心は、主としてその基準が揺らいでいないか、最近の裁判例について検証することにあろう。また、最近の裁判例が具体的事案においてどのような判断をしているかを確認することも実務家の務めであろう。そこで、本書では、このような実務家の需要に応えることができるように、各裁判例に適宜、「◆見出し」を追記することによって、各裁判例の特徴を判決そのものから確認できるように工夫した。裁判例の引用にあたっては、裁判所の判断や結論は事実認定と密接に関連しているから、やや長文になっていてもそのまま引用している（ただし、証拠に関する記述は適宜省略している）。

　以上のように本書は、裁判例の整理にあたり、紛争処理実務を担っている専門家の便宜を考慮し、とりわけ裁判例をわかりやすく提示することに努めた。

本書が、車両損害の紛争処理実務において少しでも役立つことがあれば幸いである。

　最後に、本書の出版にあたっては、株式会社保険毎日新聞社社長森川正晴氏のご厚情と、同社出版・メディア企画部編集担当井口成美氏のご教示・ご尽力を賜った。本書が読みやすくなっていれば井口氏のお力によるものである。お二人に心より感謝申し上げたい。

2020 年 3 月

小賀野晶一

亀井　隆太

1　判例表示および判例集・文献等につき、以下の略記を使う。

最判昭 49・4・15 民集 28 巻 3 号 385 頁	最高裁判所昭和 49 年 4 月 15 日判決 最高裁判所民事判例集第 28 巻第 3 号 385 頁
民集	最高裁判所民事判例集
交民	交通事故民事裁判例集
自保	自保ジャーナル
赤い本	『民事交通事故訴訟 損害賠償額算定基準』（日弁連交通事故相談センター発行）

2　本書の使い方

　四輪自動車の物損（広義の車両損害）については判例法が形成されており、およそ 3 の図のように類型化することができる。

　車両自体の損害（狭義の車両損害）は　第 1 に、修理が可能かどうかを判断する。修理可能な場合には、必要かつ相当な修理費が損害となる。修理費に加えて、評価損が認められる場合もある。評価損は、修理をしてもなお残る損害として評価され、修理費の何％という形で算定されることが多い。他方、修理不能な場合には、被害車の事故時の時価額が損害として認められる（事故車両はスクラップ代として値が付く場合や、部品のみで流通し売却代金が見込める場合があり、その場合は事故時の車両時価相当額と事故車両の売却代金の差額（買替差額）が損害として認められる）（以上、本書 I「車両損害」を参照）。

　第 2 に、被害車を利用できなくなったことによって損害が発生した場合には、これも認められる。被害者の代車料と休車損がある（本書 II「車両不能による損害」を参照）。

　第 3 に、以上のほかに、当該事故に関連したその他の物損がある（本書 III

「その他の損害」を参照）。

　以上、四輪自動車の物損の総額は、第1の損害を中心にして、第2や第3の損害があれば、そのそれぞれを第1の損害に加算する。

　自動二輪車、原動機付自転車、自転車の物損については、四輪自動車と比較すると裁判例が少ないが、基本的な考え方は四輪自動車と同様に捉えることができる（本書Ⅳ「自動二輪車・原動機付自転車・自転車の損害」を参照）。

3　損害内容による分類図

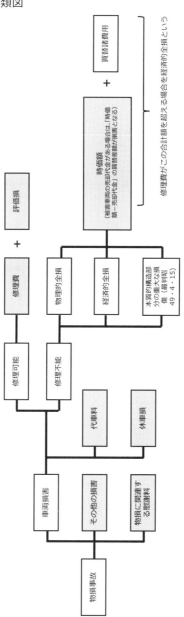

◆目　　次◆

はしがき
凡　例

I　車両損害 ___1___

第1章　修理可能な損害──修理費 ──────── 2
　1　経済的全損か否か／2
　　　裁判例❶東京地判平 30・8・30LEX/DB25555492 ······················3
　　　裁判例❷東京地判平 30・5・15 交民 51 巻 3 号 571 頁 ···············4
　　　裁判例❸さいたま地判平 29・10・23 交民 50 巻 5 号 1339 頁 ········5
　　　裁判例❹名古屋地判平 29・9・8 交民 50 巻 5 号 1148 頁 ···········6
　　　裁判例❺横浜地判平 29・6・9 自保 2006 号 107 頁 ··················7
　　　裁判例❻東京地判平 29・1・16LEX/DB25538694 ····················8
　　　裁判例❼東京地判平 28・11・21LEX/DB25538337 ··················8
　　　裁判例❽横浜地判平 28・9・14 交民 49 巻 5 号 1137 頁 ············9
　　　裁判例❾東京地判平 28・3・15LEX/DB25535526 ···················10
　　　裁判例❿東京地判平 28・2・24LEX/DB25533783 ··················11
　　　裁判例⓫奈良地葛城支判平 28・1・7 自保 1990 号 70 頁＜参考収録＞
　　　··12
　2　損傷の範囲／12
　　　裁判例⓬東京地判平 30・9・6LEX/DB25555521 ····················13
　　　裁判例⓭大阪地判平 30・8・31 自保 2033 号 103 頁 ···············13
　　　裁判例⓮東京地判平 30・8・14 交民 51 巻 4 号 958 頁 ············14
　　　裁判例⓯東京地判平 30・6・7LEX/DB25554257 ····················15
　　　裁判例⓰東京地判平 30・6・5LEX/DB25554254 ····················16
　　　裁判例⓱横浜地判平 30・3・23 自保 2024 号 135 頁 ···············17
　　　裁判例⓲名古屋地判平 29・6・16 交民 50 巻 3 号 764 頁 ··········18

　　　　裁判例⓳東京地判平 29・6・8LEX/DB25555261 ················· *19*

　　　　裁判例⓴東京地判平 29・3・27LEX/DB25553921 ················ *20*

　　　　裁判例㉑京都地判平 29・2・15 自保 1997 号 157 頁 ············ *20*

　　　　裁判例㉒東京地判平 29・1・13 自保 1994 号 91 頁 ············· *21*

　　　　裁判例㉓名古屋地判平 29・1・25 自保 1996 号 115 頁 ········· *22*

　　　　裁判例㉔東京地判平 28・8・25LEX/DB25536973 ················· *23*

　　　　裁判例㉕東京地判平 28・1・26LEX/DB25533550 ················· *24*

　　3　修理方法／ *24*

　　　　裁判例㉖東京地判平 30・6・22LEX/DB25556005 ················· *25*

　　　　裁判例㉗東京地判平 30・2・15LEX/DB25552069 ················· *25*

　　　　裁判例㉘大阪地判平 29・12・26 自保 2014 号 160 頁 ··········· *26*

　　　　裁判例㉙東京地判平 29・9・26LEX/DB25539107 ················· *28*

　　　　裁判例㉚東京地判平 28・10・11LEX/DB25537951 ··············· *29*

　　　　裁判例㉛札幌地判平 28・2・26 自保 1987 号 159 頁＜参考収録＞···· *29*

　　4　修理作業の範囲／ *32*

　　　　裁判例㉜東京地判平 30・6・5LEX/DB25554254 ·················· *32*

　　5　修理工賃／ *33*

　　　　裁判例㉝東京地判平 30・8・24 交民 51 巻 4 号 975 頁 ·········· *33*

　　　　裁判例㉞札幌地判平 28・2・25 自保 1973 号 151 頁 ············ *37*

　　6　修理未了／ *38*

　　　　裁判例㉟東京地判平 29・3・27 交民 50 巻 6 号 1641 頁 ········· *38*

　　　　裁判例㊱東京地判平 29・2・7LEX/DB25552002 ················· *39*

　　7　リース車両／ *40*

　　　　裁判例㊲東京地判平 28・3・30LEX/DB25535004 ················· *41*

第 2 章　修理可能な損害——評価損 ———————— *42*

　　1　肯　　定／ *43*

　　　⑴　外 国 車・ *43*

　　　　裁判例❶東京地判平 30・7・19LEX/DB25554390 ················· *44*

　　　　裁判例❷東京地判平 30・9・26LEX/DB25555540 ················· *44*

　　　　裁判例❸東京地判平 30・7・17LEX/DB25554386 ················· *45*

　　　　裁判例❹京都地判平 30・3・26 自保 2021 号 135 頁 ············ *45*

　　　　　裁判例❺横浜地判平 30・3・23 自保 2024 号 135 頁 ················ 46

　　　　　裁判例❻名古屋地判平 29・12・26 交民 50 巻 6 号 1557 頁 ········· 47

　　　　　裁判例❼大阪地判平 29・10・12 交民 50 巻 5 号 1235 頁 ·········· 47

　　　　　裁判例❽東京地判平 29・10・5LEX/DB25539462 ················· 48

　　　　　裁判例❾東京地判平 29・6・14LEX/DB25553940 ················ 48

　　　　　裁判例❿東京地判平 29・3・27LEX/DB25553921 ················ 49

　　　　　裁判例⓫東京地判平 29・3・27LEX/DB25553921 ················ 49

　　　　　裁判例⓬東京地判平 29・3・27 交民 50 巻 6 号 1641 頁 ·········· 49

　　　　　裁判例⓭東京地判平 28・12・20LEX/DB25550068 ··············· 50

　　　　　裁判例⓮東京地判平 28・2・26LEX/DB25533607 ················ 51

　　(2)　**国産車等**・*52*

　　　　　裁判例⓯東京地判平 30・5・15 交民 51 巻 3 号 571 頁 ··········· 52

　　　　　裁判例⓰東京地判平 30・3・8LEX/DB25552867 ················· 53

　　　　　裁判例⓱東京地判平 30・1・16LEX/DB25551756 ················ 54

　　　　　裁判例⓲東京地判平 29・11・28 自保 2014 号 149 頁 ············ 55

　　　　　裁判例⓳横浜地判平 29・11・2 自保 2017 号 150 頁 ············· 56

　　　　　裁判例⓴名古屋地判平 29・8・22 交民 50 巻 4 号 1053 頁 ········ 57

　　　　　裁判例㉑横浜地判平 29・7・18 交民 50 巻 4 号 884 頁 ·········· 58

2　否　　定／*58*

　　(1)　**外　国　車**・*58*

　　　　　裁判例㉒名古屋地判平 29・9・15 交民 50 巻 5 号 1191 頁 ········· 59

　　　　　裁判例㉓名古屋地判平 29・6・16 交民 50 巻 3 号 764 頁 ········· 59

　　　　　裁判例㉔東京地判平 29・5・31LEX/DB25554620 ················ 59

　　　　　裁判例㉕大阪地判平 29・2・1 自保 2000 号 120 頁 ·············· 60

　　　　　裁判例㉖東京地判平 28・12・21LEX/DB25550072 ··············· 60

　　　　　裁判例㉗東京地判平 28・10・11LEX/DB25537949 ··············· 61

　　　　　裁判例㉘東京地判平 28・3・30LEX/DB25535004 ················ 61

　　　　　裁判例㉙名古屋地判平 27・12・25 交民 48 巻 6 号 1586 頁 ······· 62

　　　　　裁判例㉚東京地判平 27・11・9LEX/DB25532899 ················ 62

　　(2)　**国産車等**・*63*

　　　　　裁判例㉛東京地判平 30・10・10LEX/DB25556383 ··············· 63

　　　裁判例❷京都地判平 30・10・4 自保 2035 号 115 頁 ……………… 63

　　　裁判例❸横浜地判平 29・4・24 自保 2001 号 92 頁 ………………… 64

　　　裁判例❹東京地判平 29・4・21LEX/DB25554282 ………………… 64

　　　裁判例❺東京地判平 29・1・30LEX/DB25538984 ………………… 65

　　　裁判例❻東京地判平 28・8・25LEX/DB25536973 ………………… 66

　　　裁判例❼東京地判平 27・12・10 自保 1977 号 167 頁 ……………… 67

　　　裁判例❽横浜地判平 27・11・26 自保 1967 号 148 頁 ……………… 67

第 3 章　修理不能な損害 ——————————————————— 69

1　物理的全損／69

　　　裁判例❶横浜地判平 29・5・22 自保 2004 号 124 頁 ………………… 70

　　　裁判例❷東京地判平 28・2・10LEX/DB25533770 ………………… 71

2　経済的全損／73

（1）　国産車等・75

　　　裁判例❸東京地判平 28・6・17 交民 49 巻 3 号 750 頁 …………… 75

　　　裁判例❹神戸地判平 31・1・16LEX/DB25562669 ………………… 78

　　　裁判例❺横浜地判平 30・11・29 自保 2038 号 76 頁 ……………… 79

　　　裁判例❻東京地判平 30・10・9 自保 2038 号 92 頁 ………………… 79

　　　裁判例❼東京地判平 30・9・26 自保 2033 号 92 頁 ………………… 80

　　　裁判例❽東京地判平 30・6・26LEX/DB25554276 ………………… 81

　　　裁判例❾東京地判平 30・6・25LEX/DB25554274 ………………… 81

　　　裁判例❿東京地判平 30・4・23LEX/DB25552589 ………………… 82

　　　裁判例⓫東京地判平 30・1・18LEX/DB25551579 ………………… 82

　　　裁判例⓬神戸地判平 30・1・11 自保 2026 号 57 頁 ………………… 83

　　　裁判例⓭札幌地判平 29・12・25 自保 2032 号 110 頁＜参考収録＞‥ 83

　　　裁判例⓮東京地判平 29・12・18LEX/DB25551404 ……………… 85

　　　裁判例⓯名古屋地判平 29・4・24LEX/DB25554283 ……………… 85

　　　裁判例⓰札幌地判平 29・2・9 自保 2000 号 111 頁 ………………… 86

　　　裁判例⓱東京地判平 29・2・22 交民 50 巻 4 号 1122 頁 …………… 87

　　　裁判例⓲大阪地判平 28・9・27 自保 1989 号 147 頁 ……………… 87

　　　裁判例⓳東京地判平 28・10・19 自保 1991 号 107 頁 ……………… 88

　　　裁判例⓴東京地判平 28・8・30LEX/DB25537123 ………………… 89

　　　裁判例㉑金沢地判平 28・7・20 自保 1991 号 44 頁 ······················ 89

　　　裁判例㉒札幌地判平 28・7・11 自保 1987 号 143 頁 ···················· 90

　　　裁判例㉓さいたま地判平 28・7・7 交民 49 巻 4 号 840 頁 ············ 90

　　　裁判例㉔神戸地判平 27・11・19 自保 1968 号 46 頁 ···················· 91

　　(2) 外 国 車・91

　　　裁判例㉕東京地判平 30・8・30 自保 2037 号 40 頁 ···················· 92

　　　裁判例㉖東京地判平 30・8・29 交民 51 巻 4 号 1011 頁 ·············· 92

　　　裁判例㉗東京地判平 29・9・13 自保 2012 号 127 頁 ··················· 93

　　　裁判例㉘東京地判平 29・3・7LEX/DB25550237 ······················ 94

　　　裁判例㉙東京地判平 29・2・28LEX/DB25552007 ···················· 95

　　　裁判例㉚東京地判平 28・9・20LEX/DB25537531 ···················· 96

　　　裁判例㉛大阪地判平 29・7・19 交民 50 巻 4 号 922 頁 ··············· 97

　　　裁判例㉜東京地判平 28・9・13LEX/DB25537528 ···················· 98

　　(3) 改 造 車・100

　　　裁判例㉝東京地判平 29・10・3 交民 50 巻 5 号 1220 頁 ············· 100

　　　裁判例㉞名古屋地判平 28・2・17 交民 49 巻 1 号 204 頁 ············ 102

　3　本質的構造部分の重大な損傷／ 105

第 4 章　買替差額 ───────────────────────── 107

　1　買替差額／ 107

　　　裁判例❶東京地判平 30・8・23LEX/DB25555483 ····················· 108

　　　裁判例❷東京地判平 30・3・26LEX/DB25552871 ····················· 109

　　　裁判例❸東京地判平 30・1・16LEX/DB25551755 ····················· 110

　　　裁判例❹東京地判平 28・9・30LEX/DB25537543 ····················· 111

　　　裁判例❺東京地判平 28・9・26LEX/DB25537539 ····················· 112

Ⅱ　車両使用不能による損害　*113*

第 1 章　代車料──肯定 ─────────────────────── 114

　1　代車の必要性／ 115

2　代車の種類（グレード）／ 115

3　代車期間／ 115

4　仮定的代車料／ 116

裁判例❶横浜地判平 30・11・29 自保 2038 号 76 頁 ……………… 116

裁判例❷東京地判平 30・10・10LEX/DB25556383 ……………… 117

裁判例❸東京地判平 30・9・26LEX/DB25555540 ………………… 117

裁判例❹東京地判平 30・5・22LEX/DB25553562 ………………… 119

裁判例❺東京地判平 30・5・10LEX/DB25553250 ………………… 120

裁判例❻東京地判平 30・4・24LEX/DB25553243 ………………… 120

裁判例❼東京地判平 30・8・22LEX/DB25555506 ………………… 121

裁判例❽東京地判平 30・4・17LEX/DB25553515 ………………… 124

裁判例❾横浜地判平 30・3・23 自保 2024 号 135 頁 ……………… 125

裁判例❿大阪地判平 29・12・26 自保 2014 号 160 頁 ……………… 126

裁判例⓫大阪地判平 29・10・12 交民 50 巻 5 号 1235 頁 ……… 127

裁判例⓬大阪地判平 29・9・26LEX/DB25539107 ………………… 128

裁判例⓭名古屋地判平 29・9・15 交民 50 巻 5 号 1191 頁 …… 129

裁判例⓮東京地判平 29・8・16 ウエストロー 2017WLJPCA08168006

……………………………………………………………………………… 131

裁判例⓯東京地判平 29・6・21LEX/DB25555264 ………………… 132

裁判例⓰名古屋地判平 29・6・16 交民 50 巻 3 号 764 頁 ……… 133

裁判例⓱名古屋地判平 29・5・31LEX/DB25554620 …………… 134

裁判例⓲名古屋地判平 29・5・12 交民 50 巻 3 号 603 頁 ……… 134

裁判例⓳東京地判平 29・4・11LEX/DB25554294 ………………… 135

裁判例⓴東京地判平 29・3・16LEX/DB25554170 ………………… 139

裁判例㉑東京地判平 29・1・13 自保 1994 号 91 頁 ……………… 140

裁判例㉒東京地判平 28・11・16LEX/DB25538357 ……………… 140

裁判例㉓東京地判平 28・10・27LEX/DB25537969 ……………… 141

裁判例㉔東京地判平 28・9・26LEX/DB25537539 ………………… 141

裁判例㉕東京地判平 28・8・19LEX/DB25537114 ………………… 142

裁判例㉖札幌地判平 28・7・15 自保 1985 号 121 頁 …………… 143

裁判例㉗さいたま地判平 28・7・7 交民 49 巻 4 号 840 頁 …… 144

　　　裁判例㉘東京地判平 28・6・3LEX/DB25536663 ···················· *145*

　　　裁判例㉙東京地判平 28・3・30LEX/DB25535004 ··················· *148*

　　　裁判例㉚東京地判平 28・2・5 交民 49 巻 1 号 120 頁 ··············· *148*

　　　裁判例㉛名古屋地判平 27・12・25 交民 48 巻 6 号 1586 頁 ········ *152*

　　　裁判例㉜東京地判平 28・3・9LEX/DB25535521 ···················· *155*

　　　裁判例㉝東京地判平 27・11・9LEX/DB25532899 ··················· *156*

第 2 章　代車料──否定 ———————————————— *158*

1　代車の必要性／ *158*

　　　裁判例❶東京地判平 30・9・26 自保 2033 号 92 頁 ··············· *158*

　　　裁判例❷東京地判平 30・8・30 自保 2037 号 40 頁 ··············· *159*

　　　裁判例❸仙台高判平 30・7・19 自保 2037 号 164 頁 ·············· *159*

　　　裁判例❹東京地判平 27・12・17LEX/DB25535033 ················· *160*

2　仮定的代車料／ *161*

　　　裁判例❺横浜地判平 27・11・26 自保 1967 号 148 頁 ············· *161*

第 3 章　休 車 損 ———————————————————— *165*

1　肯　　定／ *165*

⑴　休車期間・ *166*

⑵　遊休車（予備車両）の有無・ *166*

⑶　NOC の趣旨（ノン・オペレーション・チャージ）・ *166*

⑷　代車の手配容易性・ *166*

　　　裁判例❶東京地判平 30・9・26 自保 2033 号 92 頁 ··············· *166*

　　　裁判例❷東京地判平 30・8・30LEX/DB25555492 ················· *167*

　　　裁判例❸名古屋地判平 29・12・26 交民 50 巻 6 号 1557 頁 ········ *169*

　　　裁判例❹横浜地判平 29・11・2 自保 2017 号 150 頁 ··············· *170*

　　　裁判例❺さいたま地判平 29・10・23 交民 50 巻 5 号 1339 頁 ······· *171*

　　　裁判例❻東京地判平 29・10・3 交民 50 巻 5 号 1220 頁 ··········· *173*

　　　裁判例❼東京地判平 29・2・22 交民 50 巻 4 号 1122 頁 ··········· *174*

　　　裁判例❽東京地判平 29・2・21LEX/DB25551993 ················· *175*

　　　裁判例❾名古屋地判平 28・2・17 交民 49 巻 1 号 204 頁 ·········· *177*

　　　裁判例❿東京地判平 28・11・21LEX/DB25538337 ················ *178*

裁判例⓫東京地判平 28・9・29LEX/DB25537541 ……………………… *180*

裁判例⓬東京地判平 27・12・24 交民 48 巻 6 号 1571 頁 ………… *181*

2　否　　定／*182*

裁判例⓭東京地判平 30・10・3LEX/DB25556379 ………………… *183*

裁判例⓮横浜地判平 29・5・22 自保 2004 号 124 頁 ……………… *183*

裁判例⓯東京地判平 29・3・21LEX/DB25553933 ………………… *184*

Ⅲ　その他の損害　*187*

第1章　車両の引き揚げ費、レッカー代 ——————— *188*

裁判例❶横浜地判平 30・11・29 自保 2038 号 76 頁 ……………… *188*

裁判例❷東京地判平 30・1・16LEX/DB25551755 ………………… *188*

裁判例❸さいたま地判平 28・7・7 交民 49 巻 4 号 840 頁 ………… *189*

第2章　車両保管料 ————————————————— *190*

裁判例❶東京地判平 30・5・22LEX/DB25553562 ………………… *190*

第3章　登録手続関係費 ——————————————— *192*

1　車両購入費用／*192*

　⑴　買替諸費用・*192*

裁判例❶神戸地判平 31・1・16LEX/DB25562669 ………………… *192*

裁判例❷横浜地川崎支判平 30・11・29 自保 2038 号 76 頁 ……… *193*

裁判例❸東京地判平 30・8・30 自保 2037 号 40 頁 ……………… *193*

裁判例❹神戸地判平 28・10・26 交民 49 巻 5 号 1264 頁 ………… *194*

　⑵　ナンバー申請費用・*195*

裁判例❺横浜地川崎支判平 30・11・29 自保 2038 号 76 頁 ……… *195*

裁判例❻東京地判平 30・6・25LEX/DB25554274 ………………… *195*

裁判例❼東京地判平 30・4・17LEX/DB25553515 ………………… *196*

　⑶　リサイクル料金（リサイクル預託金）・*196*

裁判例❽横浜地川崎支判平 30・11・29 自保 2038 号 76 頁 ……… *196*

裁判例❾東京地判平 28・2・5 交民 49 巻 1 号 120 頁 …………… *197*

　　（4）　自動車取得税・*198*

　　　　　裁判例❿東京地判平 30・1・10LEX/DB25551753 ······················ *198*

　　（5）　自動車保険料関連・*198*

　　　　　裁判例⓫東京地判平 29・1・13 自保 1994 号 91 頁 ··················· *198*

　2　抹消登録費用／ *199*

　　　　　裁判例⓬横浜地川崎支判平 30・11・29 自保 2038 号 76 頁 ········· *199*

　3　納車諸費用／ *199*

　　　　　裁判例⓭横浜地川崎支判平 30・11・29 自保 2038 号 76 頁 ········· *199*

　　　　　裁判例⓮神戸地判平 30・1・11 自保 2026 号 57 頁 ··················· *200*

　4　通関費用／ *200*

　　　　　裁判例⓯東京地判平 28・2・10LEX/DB25533770 ···················· *200*

　5　残存車検期間に相当する車検整備費用／ *201*

　　　　　裁判例⓰さいたま地判平 28・7・7 交民 49 巻 4 号 840 頁 ··········· *202*

第4章　積荷損害 ─────────────────────── *203*

　　　　　裁判例❶東京地判平 30・9・26 自保 2033 号 92 頁 ··················· *203*

　　　　　裁判例❷東京地判平 30・8・30 自保 2037 号 40 頁 ··················· *205*

第5章　携帯品・搭載品、その他の損害 ───────── *206*

　1　携帯品等／ *206*

　　　　　裁判例❶旭川地判平 31・2・1LEX/DB25562536 ····················· *206*

　　　　　裁判例❷東京地判平 30・10・9 自保 2038 号 92 頁 ·················· *207*

　　　　　裁判例❸京都地判平 30・10・4 自保 2035 号 115 頁 ················· *207*

　　　　　裁判例❹大阪地判平 30・4・20 自保 2030 号 139 頁 ················· *208*

　　　　　裁判例❺大阪地判平 30・4・16 自保 2028 号 95 頁 ·················· *209*

　　　　　裁判例❻東京地判平 29・9・5LEX/DB25539060 ···················· *210*

　　　　　裁判例❼大阪地判平 29・9・1 自保 2010 号 122 頁 ·················· *210*

　　　　　裁判例❽東京地判平 28・12・6LEX/DB25550103 ·················· *211*

　　　　　裁判例❾東京地判平 27・12・22LEX/DB25533022 ················· *212*

　2　搭　載　品／ *212*

　　　　　裁判例❿神戸地判平 31・1・16LEX/DB25562669 ··················· *212*

　　　　　裁判例⓫横浜地判平 30・5・18 自保 2030 号 88 頁 ·················· *213*

3　写真代／*214*

　　裁判例⓬神戸地判平 29・5・26 交民 50 巻 3 号 684 頁 ················· *214*

4　検査費用／*214*

　　裁判例⓭大阪地判平 29・12・26 自保 2014 号 160 頁 ··············· *214*

5　物損に関連する慰謝料／*215*

6　ペットの死傷による損害／*215*

Ⅳ　自動二輪車・原動機付自転車・自転車の損害　*217*

第1章　自動二輪車 ——————————————— *218*

1　修理可能な損害／*218*

　（1）　修 理 費・*218*

　　裁判例❶京都地判平 31・1・30 自保 2047 号 153 頁 ················ *218*

　　裁判例❷大阪高判平 30・4・20 自保 2030 号 139 頁 ················ *219*

　　裁判例❸東京地判平 30・7・19LEX/DB25554392 ················· *220*

　　裁判例❹東京地判平 29・2・1LEX/DB25551999 ·················· *220*

2　修理不能な損害／*221*

　（1）　物理的全損・*222*

　　裁判例❺東京地判平 30・5・15 自保 2026 号 123 頁 ··············· *222*

　　裁判例❻大阪地判平 30・4・16 自保 2028 号 95 頁 ················ *222*

　　裁判例❼大阪地判平 30・4・16 自保 2028 号 95 頁 ················ *223*

　　裁判例❽東京地判平 28・12・16 自保 19932 号 91 頁 ·············· *224*

　（2）　経済的全損・*224*

　　裁判例❾横浜地判平 30・10・23 自保 2036 号 1 頁 ················ *224*

　　裁判例❿東京地判平 30・8・28LEX/DB25555488 ················· *225*

　　裁判例⓫東京地判平 30・8・14 自保 2033 号 17 頁 ··············· *225*

　　裁判例⓬東京地判平 30・7・17 自保 2031 号 89 頁 ··············· *226*

　　裁判例⓭東京地判平 29・10・24 自保 2013 号 161 頁 ·············· *226*

　　裁判例⓮名古屋地判平 29・7・14 自保 2006 号 95 頁 ············· *227*

　　裁判例⓯東京地判平 29・9・5LEX/DB25539060 ·················· *228*

　　　　　裁判例⓰名古屋地判平 28・11・30 自保 1992 号 113 頁 ………… *229*

　　　　　裁判例⓱横浜地判平 28・3・31 自保 1977 号 136 頁 ………… *229*

　　　　　裁判例⓲東京地判平 27・12・21 自保 1968 号 90 頁 ………… *230*

　　3　その他の損害／ *231*

　　　　　裁判例⓳東京地判平 29・9・4LEX/DB25539059 ………… *231*

第2章　原動機付自転車 ——————————— *233*

　　1　修理可能な損害／ *233*

　　　　　裁判例❶東京地判平 30・10・10LEX/DB25566382 ………… *233*

　　2　修理不能な損害／ *233*

　　　　　裁判例❷東京地判平 28・12・9LEX/DB25550107 ………… *234*

　　3　代　車　料／ *234*

　　　　　裁判例❸京都地判平 29・2・15 自保 1997 号 157 頁 ………… *234*

第3章　自　転　車 ——————————— *236*

　　1　修理可能な損害／ *236*

　　　　　裁判例❶東京地判平 30・5・23LEX/DB25553565 ………… *236*

　　　　　裁判例❷名古屋地判平 29・9・8 自保 2009 号 134 頁 ………… *236*

　　2　修理不能な損害／ *237*

　　　　　裁判例❸大阪地判平 30・10・30 自保 2036 号 117 頁 ………… *237*

　　　　　裁判例❹東京地判平 30・10・9 自保 2038 号 92 頁 ………… *238*

　　　　　裁判例❺京都地判平 30・10・4 自保 2035 号 115 頁 ………… *238*

　　　　　裁判例❻名古屋地判平 30・7・30 自保 2032 号 86 頁 ………… *239*

　　　　　裁判例❼東京地判平 30・1・16LEX/DB25551590 ………… *239*

　　　　　裁判例❽大阪地判平 29・9・1 自保 2010 号 122 頁 ………… *240*

　　　　　裁判例❾東京地判平 28・3・22LEX/DB25535080 ………… *240*

　　　　　裁判例❿大阪地判平 28・2・18 自保 1974 号 150 頁 ………… *241*

　　裁判例一覧表／ *243*

著者紹介

I　車両損害

第 1 章　修理可能な損害──修理費

　車両自体の損害は、事故車両が修理可能な場合は、必要かつ相当な修理費が認められる。たとえば、修理のための工賃、交換した部品代、塗装費などが認められる。修理代には修理をして現に要した代金のほか、いまだ修理をしていないが修理見積代金が含まれる。これらの代金のうち必要かつ相当な額が修理費として認められる。

　自動車の改造・改装がなされていた場合はどうか。

　改造にかかる修理費も、修理の必要性・相当性がある場合には認められる（改造にかかる個人の価値観も基本的に尊重されるべきである）。ただし、当該改造が法令違反である場合や、改造が原因で損害を拡大させた場合には、それを考慮する必要がある[1]。

　修理費にかかる裁判例として、裁判例❶～❸❼を参照されたい。これらの裁判例を示すにあたり、本書は以下、1「経済的全損か否か」、2「損傷の範囲」、3「修理方法」、4「修理作業の範囲」、5「修理工賃」、6「修理未了」、7「リース車両」の場合に整理した。

　本書では、判決文中に適宜小見出し（◆見出し）を付し、裁判例の特徴を容易に確認できるようにしている。活用していただきたい。

1　経済的全損か否か

　修理費がその被害車の事故時の時価額に買替諸費用を加えた金額を超える場合を経済的全損という[2]。経済的全損の場合、狭義の車両損害としては、「事故

1）改造車の修理費・車両時価額の算定につき、蛭川明彦「改造車における修理費用及び車両価格の算定」『赤い本〔2005 版〕下巻（講演録編）』153 頁以下を参照。

2）これまでは、経済的全損の場合とは、修理費が時価額を超える場合であるといわれてきたが、近時ではこのようにいわれることが多い。

時の時価額（市場価額）＋買替諸費用」の限度で損害が認められ、修理費は認められない（後述第3章参照）。

　このように経済的全損か否かは、損害として修理費が認められるのか、車両の時価額の限度で認められるのかの境界線となることから、争点とされることが多い（第3章2「経済的全損」も参照）[3]。

　これにつき、次の裁判例❶〜⓫がある。

裁判例 ❶	基本情報[4]	①普通貨物自動車②ニッサン・1500CC ライトバン

東京地判平 30・8・30LEX/DB25555492

修理費　48万2857円

「(1)被控訴人は、本件事故後、被控訴人車の修理費用として48万2857円、本件事故現場から修理工場までのレッカー費用として5万6448円、修理工場から相模原営業所までの回送費用として1万7280円を負担しており（前提事実(4)）、本件事故により被控訴人に上記合計55万6585円の損害が生じたことが認められる。」

◆経済的全損か否か

「(2)控訴人らは、被控訴人車の経済的全損を主張するが、被控訴人車（AD5ドアバン VY12 V VE）は、新車発売当時の価格が約142万円であり、本件事故当時、初度登録から2年1か月、走行距離2万km超であったことに照らすと、被控訴人車がレンタカーとして使用されていることを考慮しても、被控訴人車の時価が被控訴人車の修理費用額を下回るとは認められない。

　また、控訴人らは、S工業が加入していた車両損害セーフティサービスの定めを根拠に、S工業の自己負担分を被控訴人の損害から控除すべきであると主張す

---

[3] 全損の場合でなければ（分損の場合は）、被害者が車両を実際に買い替えても、買替差額の請求は認められない。

[4] 本書各裁判例の基本情報について、①車両の種類②車名（国産・外国車別）③初度登録④登録からの経過年⑤走行距離を共通情報とした。

るが、同サービスは、被控訴人の顧客が誤ってレンタル車両を破損させてしまった場合に、顧客が被控訴人に賠償すべき額を損害額の10％（下限7万円）に制限するものであり、被控訴人側に過失があるとは認められない本件事故について、被控訴人の損害から控除すべきS工業の自己負担分があるとは認められない。

　さらに、控訴人らは、被控訴人車の修理後の回送の必要性を争うが、被控訴人車は相模原営業所を使用の本拠とする営業車両であり、埼玉県内で事故に遭い、修理を要することとなった被控訴人車を同県内の修理工場からその使用の本拠まで回送する費用は、被控訴人車の修理に伴い通常要すべき費用であって、本件事故との間に相当因果関係のある損害であるといえる。」

裁 判 例 ❷	基本 情報	①普通乗用自動車②スバル・インプレッサ・スポーツ③ 平成28年6月④1年3か月⑤1万0806km

東京地判平30・5・15交民51巻3号571頁

修理費　115万5600円

◆認定事実

「⑴前提事実に加え、証拠及び弁論の全趣旨によれば、〔1〕原告車の修理費用は、消費税を除いた価格が107万円であり、消費税分が8万5600円であること、〔2〕原告は、本件事故後、原告車を下取りに出して同型車を購入しており、その際の下取価格は7万円であったこと、〔3〕オートガイド自動車価格月報によれば、原告車と同型車（初度登録平成28年・スバル・インプレッサ・スポーツ（5ドア）4WD1.6i－L Eye－Sight）の中古車小売価格は156万円、下取価格は119万円であることが認められる。」

◆経済的全損か否か

「⑵ア　事故により車両が損傷を受けた場合、被害を受ける前の原状に回復する方法としては、事故車を売却して、事故前の車両と同程度の車両に買い替える方法と修理により原状回復を図る方法が考えられるが、同程度の車両に買い替える場合、買替車両の価格から事故車の売却代金を控除した差額は、修理費用を上回

ることがある。被害者は、信義則上、被害又は損害を最小ならしめる義務を負っており、このことから基本的には自動車を修理することによって事故前の原状に回復できる場合には、その修理費用相当額が損害ということになる。

　車両の買い替えが認められる場合、被害車両が事故に遭わなかった場合の事故当時における時価相当額と事故車の売却代金との差額が損害ということになる。いわゆる中古車についての事故当時の時価相当額の評価については、原則として、これと同一の車種・年式・型、同程度の使用状態・走行距離等の自動車を中古車市場において取得し得るに要する価格によって定めるのが相当と解する。

　証拠によれば、原告車を中古車市場において取得し得るに要する費用は、中古車小売価格の156万円とみるのが相当である。そして、本件においては、事故に遭った後の原告車の売却代金は、本件においては、原告が原告車と同型車に買い替えた際の実際の下取り価格が7万円であったことから、同額とみるのが相当であり、時価156万円との差額は149万円となる。

　そうすると、修理費用の額は消費税分を入れても115万5600円であり、買替差額よりも修理費用の方が低額となるため、本件事故による原告の損害は、修理費用相当額とみることとなる。」

◆修理未了の場合

「イ　自動車所有者は、事故車を修理するか、買い替えるかのどちらを選択するかは自由であり、修理が可能な場合には必ず修理をしなければならないということではなく、修理が可能な場合には、買い替えを行ったとしても修理費相当額が損害となる。

　原告は、本件においては買い替えを選択したが、修理することを選択した場合には消費税分も負担することになるのであるから、消費税分も損害に含めるのが相当である。

　よって、消費税分を含む原告車の修理費用115万5600円を本件事故による原告の損害とみるのが相当である。」

裁 判 例 ❸	基本情報	①大型貨物自動車②ニッサン・UD トラック

さいたま地判平 29・10・23 交民 50 巻 5 号 1339 頁

修理費　324 万円

◆経済的全損か否か

「証拠及び弁論の全趣旨によれば、原告 A 社と F 保険株式会社（丁野車両の任意保険会社）は、平成 27 年 3 月 3 日頃、甲川車両の損傷状態を確認した上、その修理費を 324 万円とする旨の協定を結び、その後、同協定内容に従った修理が行われたことが認められるから、上記協定に基づく修理費用 324 万円をもって、本件事故と相当因果関係を有する修理費と認める。

　被告は、甲川車両の本件事故当時における時価が 274 万円であるなどと主張し、同主張に沿う自動車両損害調査報告書を提出するが、その評価額はレッドブック以外による概算的なものにすぎず、甲川車両の客観的時価を反映するものとは認められず、ほかに甲川車両の時価が 324 万円を下回ることを窺わせる証拠はない。」

裁 判 例 ❹	基本情報	①事業用大型貨物自動車

名古屋地判平 29・9・8 交民 50 巻 5 号 1148 頁

修理費　367 万 2000 円

◆経済的全損か否か

「被告車両の修理代は、367 万 2,000 円であるところ、被告車両の時価について、大まかに新車価格の 10％として計算する原告の算定方法より、レッドブックの平成 26 年 5 月の価格を基準に、直近の価格から算出した減価率を用いて、本件事故時である平成 27 年 5 月の時価を計算する被告の算定方法の方が合理的といえるところ、当該方法によると、被告車両の時価は、450 万 3,000 円となる。したがって、被告車両は、経済的全損とはならず、上記修理代 367 万 2,000 円をもって損害と認める。」

裁判例 ❺	基本情報	①普通貨物自動車②マツダ・スクラム5ドアバンPC③平成25年10月④1年8か月

横浜地判平29・6・9自保2006号107頁

修理費　70万6698円

◆経済的全損か否か

「⑦本件事故による原告車両の修理費は70万6,698円である。

また、原告車両は、初年度登録平成25年10月のマツダ・スクラム5ドアバンPCであって、平成27年度のレッドブックによる評価額は77万円であり、本件事故による損傷を除く加減評価事項がない車両であった。

以上によれば、原告車両の修理費70万6,698円は原告の被った損害と認められる。

⑦なお、被告は、原告車両の時価額は約30万円と主張するが、これは定率時価算出の方法によるものである。

ところで、『中古車が損傷を受けた場合、当該自動車の事故当時における取引価格は、原則として、これと同一の車種・年式・型、同程度の使用状態・走行距離等の自動車を中古車市場において取得しうるに要する価額によって定めるべきであり、右価格を課税又は企業会計上の減価償却の方法である定率法又は定額法によって定めることは、加害者及び被害者がこれによることに異議がない等の特段の事情のないかぎり、許されない』ものである（最高裁昭和48年(オ)第349号同49年4月15日第二小法廷判決・民集28巻3号385頁）。そして、本件全証拠によっても上記特段の事情は認められないところ、上記⑦のとおり、本件事故前において原告車両には加減評価されるべき事項はなかったものであり、原告車両の本件事故当時の取引価格については、上記のレッドブックの価格によることが相当ということができるから、これは77万円と認定され、被告の主張は採用することができない。」

裁判例 ❻	基本情報	①普通乗用車自動車②ボルボ・V90 ③平成10年7月

東京地判平29・1・16 LEX/DB25538694

修理費　83万円

◆経済的全損か否か

「原告車の修理費相当額は83万円と認められる。

　これに対し、被告らは、経済的全損であると主張し、原告車の時価は新車価額550万円の10％であると主張するが、新車価額の10％とするのが相当であることを認めるべき事情はない。原告車の時価に関し、証拠（各記載のもの）によれば、〔1〕原告車の初年度登録は平成10年7月であること、〔2〕原告P1は平成25年7月に、車両価格95万0300円、納車整備費用8万円で原告車を購入したことが認められ、原告車の本件事故時の時価が83万円を下回るとまでは認めがたい。

　よって、修理費83万円を損害と認める。」

裁判例 ❼	基本情報	①大型貨物自動車②いすゞ・KC－CXZ82K2D ③平成11年3月④14年6か月⑤21万0898km

東京地判平28・11・21 LEX/DB25538337

修理費　280万円

◆経済的全損か否か

「原告車の修理費用相当額は、280万円であるところ、被告は、原告車の時価額は111万7000円であり、上記修理費用相当額が時価額を上回るいわゆる経済的全損であり、損害額は時価額に限定されると主張している。そこで、原告車の車両時価額を検討する。

　中古車が損傷を受けた場合、当該自動車の事故当時における取引価格はこれと同一の車種、年式、型、同程度の使用状態、走行距離等の自動車を中古車市場に

おいて取得しうるに要する価格によって定めるべきところ（最高裁判所第二法廷昭和 48 年㈠第 349 号昭和 49 年 4 月 15 日判決・民集 28 巻 3 号 385 頁参照）、原告車は、初度登録平成 11 年 3 月のダンプ（いすゞ KC － CXZ82K2D、排気量 22800cc）で、走行距離は 21 万 0898km であり原告保険会社による自動車車両損害調査報告書では原告車の時価額は 447 万円と評価されていることに加え、平成 25 年 9 月 17 日時の被告側の任意保険会社による車両損害調査報告書（対物）速報には平成 8 年式のもので 380 万円のものがあるとの報告がなされていること、また同年式のいすゞのダンプで、排気量 19000cc で走行距離が 32 万 km の車両のインターネット上の希望価格が 399 万円であること等からすれば、少なくとも原告車の本件事故時の時価額は修理費用 280 万円を上回っていたものと認められる。よって、上記被告の主張は採用できず、原告車の車両損害については修理費用相当額である 280 万円と認めるのが相当である。」

| 裁判例 ❽ | 基本情報 | ①普通貨物自動車③平成 15 年 1 月④ 11 年 7 か月⑤ 6 万 1600km |

横浜地判平 28・9・14 交民 49 巻 5 号 1137 頁

修理費　72 万 8662 円

◆経済的全損か否か

「原告車は、本件事故によりフロントバンパー、右フロントドア等の損傷を受け、その修理費用は 72 万 8622 円であるところ、被告は原告車が経済的全損である旨を主張する。

　甲第 7、第 13 号証及び弁論の全趣旨によると、原告会社所有の原告車の初年度登録は平成 15 年 1 月であり、本件事故までに約 12 年間にわたり業務に使用され、その走行距離は 6 万 1600km であること（年間 5000km 程度で格別多いとはいえない）、原告車と同種のバン（平成 15 年登録、走行距離 4000km）の支払総額が 114 万円であることが認められ、同事実に照らすと、原告車の時価額は、修理費用 72 万 8622 円を下らないというべきであり、経済的全損であるとは認め難い。そうすると、原告車の修理費用としては、同金額を損害と認める。」

裁判例 ❾	基本情報	①普通乗用自動車②トヨタ・クラウンスーパーデラックスGパッケージ③平成20年9月④3年11か月⑤30万6800km

東京地判平28・3・15LEX/DB25535526

修理費　35万0196円

◆経済的全損か否か

「本件事故による被控訴人車両の修理費用は35万0196円と認められる。

イ　ところで、証拠によれば、被控訴人車両は、初年度登録が平成20年9月、総排気量が1.99リットル（LPガス）のトヨタクラウンスーパーデラックスGパッケージであり、本件事故の約10か月前である平成24年8月20日時点の走行距離は30万6800kmであったことが認められるところ、控訴人は、本件事故時の被控訴人車両の価格は27万4000円（車両価格22万4000円及び架装品の載せ替え工賃5万円の合計額）であるから、被控訴人車両は経済的全損となり、被控訴人会社の損害額は同金額になると主張し、これに沿う証拠を提出する。

　しかし、仮に本件事故時の被控訴人車両の価格が控訴人主張の22万4000円であったとしても、自動車を新たにタクシー車両として使用するためには、従前、タクシー車両として使用していた自動車から料金メーター等の装備を載せ替える作業が必要となるところ、証拠及び弁論の全趣旨によれば、その作業にかかる費用は、少なくとも12万6196円を下回らないと認められるから、本件事故によって被控訴人車両が経済的全損になったとは認められない。そして、甲14のほかに本件事故によって被控訴人車両が経済的全損になったことを認めるに足りる証拠はない。

ウ　よって、アの修理費用35万0196円は本件事故と相当因果関係のある損害と認められる。」

裁判例 ⑩	基本情報	①普通乗用自動車②メルセデス・ベンツ・190E2.6 ④20年以上

東京地判平28・2・24LEX/DB25533783

修理費　60万4525円

◆経済的全損か否か

「ア　証拠によれば、原告車両の修理費用は67万1695円であると認められるが、飛び石により車体に損傷が発生することは極めてまれな事態であるとまではいえないことからすると、原告車両に存在する飛び石による損傷の大部分が本件飛び石被害によるものであるとは認められるものの、飛び石による損傷のすべてが本件飛び石被害によるものであると認めるには足りない。

　そこで、原告車両につき行われた修理は、本件飛び石被害によるものとは必ずしも認められない飛び石被害によるものも一定程度含まれているとみて、上記修理費用の9割である60万4525円を本件自損事故と相当因果関係のある損害と認める。

イ　これに対し、被告らは、〔1〕原告車両につき保険金額20万円の自動車保険契約が締結されていることから、原告車両の時価額は20万円であると考えるべきであること、〔2〕スタンダードプライスガイドによれば、原告車両と同型式の車両価格が39万7000円とされていることから、原告車両は経済的全損の状態にあったと主張する。

　しかし、保険契約時に定められる保険金額は、車両の時価を参考にして定められるものの、時価と必ずしも一致するわけではないと考えられること、現に、原告車両と同型式の車両につき、平成25年9月当時に本体価格48万円ないし58万円で販売されているものもあることから、被告らの〔1〕の主張は採用できない。

　また、スタンダードプライスガイドに掲載されている価格は、同ガイドを運営する会社が過去の中古車価格等を参考に定めた小売基準価格に過ぎず、実際に原告車両と同型式の車両が39万7000円又はそれ以下の価格で販売されていることを証するものではない上、上記価格は本件事故当時の価格ではなく、平成26年11月当時の価格であることから、同ガイドにより原告車両の車両価格を認定

することはできない。

　したがって、買替諸費用を含む原告車両の価格が 60 万 4525 円を下回ることを認めるには足りないから、同金額を本件飛び石被害と相当因果関係のある損害と認めるのが相当である（40 万 4525 円が原告 b に、20 万円が原告会社に帰属することとなる。）。」

裁判例 ⓫	基本情報	①中型貨物自動車③平成 10 年 9 月④ 14 年⑤ 37 万 5700km

奈良地葛城支判平 28・1・7 自保 1990 号 70 頁〈参考収録〉

修理費　118 万 2816 円

◆経済的全損か否か

「原告車は本件事故により、前部が破損したため、修理費用 118 万 2,816 円を要し、これを支払ったこと、原告車両は平成 10 年 9 月に初度登録された塵芥車（最大積載量 2,150 キログラム）で、本件事故前の平成 24 年 9 月 26 日時点で走行距離が 37 万 5,700 キロメートルのところ、塵芥車は特殊車両であり、中古車での取引が少ないことから、現時点において、走行距離が 30 万キロメートルを超える中古の塵芥車の売出しは見当たらないが、平成 10 年初度登録の塵芥車（走行距離 12 万 6,000 キロメートル）が 179 万 5,000 円で、平成 12 年初度登録の中型塵芥車（走行距離 24 万 6,000 キロメートル）が 180 万円で、平成 9 年初度登録の小型塵芥車（走行距離 14 万 2,000 キロメートル）が 139 万 5,000 円でそれぞれ売り出されていることに照らせば、原告車の価額は 118 万 2,816 円以上と認めることができる。したがって、上記修理費用を損害と認めることができる。」

2　損傷の範囲

　修理費が争われる事案では、損傷が及んだ範囲がどこからどこまでかが争われる場合や、当該事故によって生じた損傷であるか別事故によるものかが争わ

れる場合などがあり、このような損傷の範囲の問題は紛争になりやすい論点である（いわゆる便乗修理に基づく損害賠償請求は認められない）。

　これが問題となった裁判例として❷〜㉕がある。

裁 判 例 ❷	基本情報	①普通貨物自動車

東京地判平 30・9・6 LEX/DB25555521

修理費　15 万 4224 円

◆損傷の範囲

　「証拠によれば、本件事故による被控訴人車の損傷の修理には 15 万 4224 円を要することが認められる。

　控訴人は、被控訴人車の右後部側面は本件事故前から既に損傷していたとみられるから、本件事故による損害の発生はないと主張するが、上記見積書に記載された修理の内容及び額は、本件事故により被控訴人車に生じた擦過痕の修理として特に過大なものとは認められず、控訴人の上記主張は採用することができない。」

裁 判 例 ❸	基本情報	①自家用普通貨物自動車

大阪地判平 30・8・31 自保 2033 号 103 頁

修理費　5 万 9891 円

◆損傷の範囲

　「本件事故直後に撮影された原告車両の写真からは、被告二輪車が、原告車両の下部に滑り込むようにして衝突したことが分かると共に、原告車両が、本件事故以前から、本件事故で衝突していない箇所も損傷していたことが分かる。原告 C は、原告車両の写真を示すとともに、本件事故による原告車両の修理費用として、39 万 8,823 円を請求しており、これは、ｊ会社の見積書によるものである

が、リヤバンパーやマフラーはともかく、リヤフェンダーやバックドアパネルその他については、本件に現れた証拠を検討しても、どこまでが本件事故による損傷の修理なのか否か疑問の余地がある。

そうすると、本件事故と相当因果関係のある修理費用としては、下記の各項目の合計のとおり、5万9,891円の限度で認めるべきである。

リア・バンパ取替　技術料　5,600円

リアバンパー　部品代　1万9,000円

リアバンパーステー　部品代　2,332円

マフラー取付部加工修正　技術料　1万0,500円

メーン・マフラ取替　技術料　3,500円

リアマフラー　部品代　1万8,959円

以上合計　5万9,891円」

裁判例❶	基本情報	①普通乗用自動車② BMW・525i

東京地判平 30・8・14 交民 51 巻 4 号 958 頁

修理費　21万8967円

◆損傷の範囲

「前記認定事実に加えて、証拠及び弁論の全趣旨によれば、本件事故により、被告 C 所有の被告車の右側面が損傷したこと、その修理費として 21万8967円を要することが認められ、同額が本件事故と相当因果関係のある損害と認められる。

ビー・エム・ダブリュー T 社の担当者が作成した概算見積書には、被告車の右側面損傷の修理の見積額が 40万1058円と記載されているのに対し、A 損害調査会社の担当者が作成した見積書には、上記修理の見積額が 21万8967円と記載されているところ、本件証拠上、本件事故による被告車の右側面損傷を修理して原状回復するのに、上記見積書記載の修理、金額では足りず、上記概算見積書記載の修理、金額（上記見積書記載の額の 2 倍弱の金額）を要すると認める

に足りる証拠はない。したがって、上記概算見積書記載の修理費を本件事故と相当因果関係のある損害と認めることはできない。」

裁判例 ❺	基本情報	①普通乗用自動車

東京地判平30・6・7LEX/DB25554257

修理費　54万0129円

◆損傷の範囲

「本件事故による控訴人車の修理には54万0129円を要することが認められる。

　被控訴人は、右フォグランプカバー、右フェンダーサポート、左サイドステップカバーの損傷の事実、4輪アライメント調整の必要性及びショートパーツの修理費の相当性を争っている。しかし、証拠によれば、本件事故により、控訴人車は、右フロントフェンダー及び右フロントバンパーに取換えを要する損傷が生じたことが認められ、そうすると、右フロントバンパーに覆われた右フォグランプカバー及び右フロントフェンダーを支える右フェンダーサポートにも損傷が生じたと推認することができる。また、前記1⑴イによれば、控訴人車左サイドステップカバーが駐車区画左側の金属製枠に接触したことにより、同所に損傷が生じたものと認められるし、左方向に移動する衝撃を受けたことにより、4輪アライメント調整が必要となったものと認められる。さらに、ショートパーツの修理費2000円は特に過大であるとはいえない。」

裁判例 ❻	基本情報	①普通乗用自動車②トヨタ車

東京地判平30・6・5LEX/DB25554254

◆損傷の範囲

「ア　前提事実に加え、証拠及び弁論の全趣旨によれば、以下の事実が認められる。

㋐本件事故後、被告車の右フロントフェンダのプレスライン付近と右フロントドアの右前上部のプレスライン付近に損傷が確認された。

㋑被告車の右フロントフェンダには、右フロントドア寄りの高さ約82cm〜86cmの位置にサイドターンシグナルランプ（以下「本件シグナルランプ」という。）が装着されている。本件シグナルランプは周辺車体部分よりも車体外側に約1.1cm程突出している。本件事故により本件シグナルランプは損傷していない。

イ㋐上記認定事実によれば、原告が後退しながら、停車していた被告車に接触したとの事故態様や、本件シグナルランプが車体周辺よりも外側に突出していること、被告車の右フロントフェンダ及び右フロントドアの損傷の位置からすると、被告車が本件シグナルランプに接触せずに、右フロントドアの損傷箇所に直接損傷を生じさせることは困難であると考えるのが自然である。

㋑次に、原告車が被告車の右フロントフェンダに接触し、本件シグナルランプに接触せずに、原告車のバンパが被告車のフロントドアの損傷よりも下の部分に当たって被告車は一度へこんだが、物体の復元能力により元に戻る力が働き、へこみが元に戻ったが、被告車バンパが接触した部分よりも上部にはプレスラインが入っているため、その付近は復元能力が弱まり、そこだけ損傷が残った場合について検討する。

　この点、〔1〕被告から提出された再現実験の結果を前提としても、原告車の事故時の動きによっては、右フロントフェンダに接触した上で、右フロントドアの、実際に損傷がみられた部分より下部に接触することが可能であるとしても、その状況において実際の損傷部分に損傷が生じた様子はみられないこと、〔2〕原告車が後退しながら被告車に接触したという接触状況を考えると、被告の主張

する実際の損傷の位置よりも下部の、原告車が接触したとする位置やその周辺に
擦過傷等の痕跡は明らかには認められなかった様子であることなどからすると、
被告の主張するような態様で右フロントドアの損傷が生じたものとも認めるに足
りない。」

裁判例 ❶	基本情報	①普通乗用自動車②スマート・ブラバス③平成 25 年 5 月 29 日④約 2 年⑤ 1 万 km 未満

横浜地判平 30・3・23 自保 2024 号 135 頁

修理費　197 万 7814 円

◆損傷の範囲

「㋐ 1 回目の修理費　150 万円

　原告車の 1 回目の修理費として 150 万円を要したこと、当該修理費が本件事
故により原告に生じた損害となることは、当事者間に争いがない。

㋑ 2 回目の修理費　47 万 7,814 円

　証拠及び弁論の全趣旨によれば、本件事故により原告車に生じた損傷について
は、本件事故直後の平成 27 年 5 月 28 日に、被告側共済の鑑定人（アジャスタ
ー）立会いの下で確認が行われ、そこで確認された損傷について 1 回目の修理
が行われ、その修理に要した 150 万円が被告側共済によって支払われたこと、
その後、平成 27 年 10 月 2 日、原告から被告側共済に対し、「走行中リア廻り
より異音がする」との連絡が入り、再度被告側共済の鑑定人（アジャスター）立
会いの下で確認が行われた結果、原告車のエンジンマウント及びエンジンブロッ
クに破損が認められこと、そこで、上記破損を修理するため、原告車の 2 回目
の修理が行われ、その修理に 47 万 7,814 円を要したことが認められる。

　この点、被告らは、上記 2 回目の修理に係る破損について、1 回目の修理の際
には指摘されておらず、1 回目の修理から約 3 ヶ月が経過して確認されたもので
あり、その間に原告車は相当な距離を走行していることからすれば、本件事故と
は関係のないものである可能性が高い旨主張する。

　しかしながら、上記破損は、その部位からみて、一見して容易に確認できるも

のとはいい難く、1回目の確認で見落とされた可能性もあること、他方、原告車の1回目の修理後の使用の中で、走行中に生じた異音によって破損が確認されるに至ったという経過に格別不自然な点はないこと、ドライブレコーダーの映像から認められる本件事故の態様及び衝撃の程度に照らし、本件事故によって上記破損が生じたとしても不自然ではないこと、原告車の初度登録（平成25年5月）からの経過年数に照らし、経年劣化によって上記破損が生じたとは考えにくく、本件事故以外に上記破損を生じさせる原因がうかがわれないことなどの事情を総合すれば、上記破損は、本件事故を原因とするものと認めるのが相当である。

　したがって、原告車の2回目の修理費47万7,814円についても、本件事故と相当因果関係のある損害と認められる。」

裁 判 例 ❽	基本情報	①普通乗用自動車②メルセデス・ベンツ車③平成20年8月④5年3か月⑤7万3900km

名古屋地判平 29・6・16 交民 50 巻 3 号 764 頁

修理費　26万6406円

◆損傷の範囲

「本件事故は、停止していた原告車両に、後続の被告車両が追突したというものであり、被告車両の前部が原告車両のリアバンパーと接触したものであること、原告車両及び被告車両とも、外観上目立った損傷は見当たらないことからすると、リアバンパーに関する部分（修理費26万6,406円）については、本件事故により損傷したと認められるが、テールゲート、トノカバー、ブレーキ等に関するもの（修理費54万1,132円）については、原告車両が本件事故の約3ヶ月前の平成25年8月26日に車検を受けたばかりであったことを考慮しても、本件事故により損傷が生じたと認めるに足りる証拠はない。

　したがって、修理費は、26万6,406円と認める。」

裁 判 例 ⓳	基本情報	①普通貨物自動車② BMW 車

東京地判平 29・6・8LEX/DB25555261

修理費　29 万 2734 円

◆損傷の範囲

「本件事故後、控訴人車のフロントライセンスプレートの取付ボルト周辺に凹変形が生じ、フロントバンパトリムパネル（バンパカバー）全体が変形して左右フロントフェンダとの取付部分に立て付けの狂いが生じ、左右ラジエータグリルが本来の設置位置から外れて固定できない状態になっていたことが認められる。そうすると、控訴人車のフロントバンパトリムパネルは、その中央部（フロントライセンスプレート周辺）が圧着及び押し込みを受けたことにより、全体が変形したものと考えるのが合理的であるから、本件事故によって、控訴人車のフロントライセンスプレート、フロントバンパトリムパネル及び左右ラジエータグリルが損傷したものと認めることができる。」

◆経済的全損か否か

「そして、証拠及び弁論の全趣旨によれば、控訴人車の上記損傷を修理するには 29 万 2734 円を要し、この額は控訴人車の時価額を超えないことが認められるから、控訴人は本件事故により 29 万 2734 円の損害を被ったというべきである。

　これに対し、BMW 正規ディーラー作成の概算見積書は、控訴人車のボンネット、フロントバンパ及び左右ヘッドライトを交換して修理する場合の修理費用は 98 万 9463 円であるとしているが、本件事故によって控訴人車のボンネット及び左右ヘッドライトが損傷した事実を認めるに足りる証拠はないから、本件事故による控訴人車の修理に上記の額を要すると認めることはできない。

　また、BMW 正規ディーラー作成の概算見積書は、控訴人車のフロントライセンスプレート、フロントバンパトリムパネル及び左右ラジエータグリルの修理に要する費用は 37 万 2059 円であるとしているが、証拠及び弁論の全趣旨によれば、これと同内容の修理を 29 万 2734 円で行うことができると認められ、これを超える額の修理費用を本件事故と相当因果関係のある損害と認めることはできない。」

裁 判 例 ⑳	基本情報	①中型貨物自動車②日野・レンジャー

東京地判平 29・3・27LEX/DB25553921

修理費　60万円

◆損傷の範囲

「本件事故による P9 車の損傷を修理するには、184万5517円を要することが認められる。

　ただし、P9 車の前部損傷は、P9 車の P5 車への追突によっても生じているため、P11 車及び P10 車の追突が P9 車の前部損傷に与えた影響を検討する。

　この点について、P15 は、本件 P15 意見書で、P11 車と P10 車が一体となり、時速 15 から 25km で停止している P9 車に追突したとしても、P9 車を最大で時速 4.3 から 5.8km で押し出す力しかないと算定し、P5 車以前の各車両の損害に与えた影響は無視しうるほど小さいと意見するところ、その算定過程に誤りがある旨の的確な指摘はなく、そのとおり認められる。

　なお、被告アクティブら訴訟代理人から依頼を受けた P20 は、鑑定書で、追突を受けて大きく加速する例があると意見するが、被告 P9 がブレーキを完全にふみはずしたり、誤ってアクセルを踏んだりしたことを推認すべき事情はなんら認められず、採用できない。

　したがって、被告 P11 及び被告 P10 が賠償すべき損害として、相当因果関係が認められるのは、P9 車の車両後部の損傷の修理費用であり、証拠及び弁論の全趣旨により 60 万円と認める。」

裁 判 例 ㉑	基本情報	①普通乗用自動車

京都地判平 29・2・15 自保 1997 号 157 頁

修理費　50万4414円

◆損傷の範囲

「被告車の修理費用として概算見積書における被告車の修理費用は 50 万 6,650 円（消費税を含まない。）であること、上記見積書において右フロントドアの修理費用 3 万 9,600 円が含まれていることが認められるところ、本件全証拠によっても、本件事故により右フロントドアが損傷したと認めることはできない。

　したがって、右フロントドアの修理費用は本件事故と因果関係のある損害と認めることはできないから、本件事故と因果関係のある修理費用は、以下の計算式のとおり、概算見積書における修理費用から右フロントドアの修理費用を控除し、消費税を加算した 50 万 4,414 円を相当と認める。

（計算式）（50 万 6,650 － 3 万 9,600）× 1.08」

裁 判 例 ㉒	基本情報	①普通貨物自動車

東京地判平 29・1・13 自保 1994 号 91 頁

修理費　31 万円

◆認定事実

「ア　前記認定事実、証拠及び弁論の全趣旨によれば、次の事実が認められる。

(ｱ)原告車は、時速 50 ないし 60km で被告車が原告車の後部中央付近から右側にかけて衝突した本件事故により、(a)リヤバンパが損傷し、(b)バックドアについて、リヤフロアクロスメンバへの押し込みが強かったためにその開閉ができなくなり、またバックドアガラスが破損するなどの損傷が生じ、(c)リヤフロアクロスメンバにまで損傷が及んだ。

(ｲ)原告車のリヤバンパ及びバックドアパネルには、本件事故前から、上記〔1〕の損傷個所の左側に凹損等の損傷があった。もっとも、本件事故前は、バックドアの開閉は可能であった。

(ｳ)上記(ｱ)の損傷個所は上記(ｲ)の損傷個所より広範囲に及んでいた。

(ｴ)原告車のリヤバンパ、バックドア等の修理費に 39 万 3528 円を要した。」

◆損傷の範囲

「イ 上記アで認定した事実によると、確かに、本件事故前から原告車の後部には損傷があったものの、本件事故による損傷の方が、本件事故前の損傷よりも、その程度・範囲が大きかったことなど、本件事故前の損傷と本件事故による損傷の内容・程度を総合考慮すると、本件事故による原告車の修理費は31万円（上記39万3528円のおおむね8割相当額）とするのが相当である。

ウ 被告は、〔1〕本件事故における衝突箇所は原告車後部右側であって同車後部中央でない、〔2〕同車に存在した損傷は既存の損傷であるから、本件事故による損傷でなく、車両修理費は認められない旨の主張をする。

しかしながら、〔1〕(a)被告側保険会社は、内板パネルへの押し込みがあること、原告車右後部への追突によりリヤバンパ、バックドアに入力されたことのほか、トランクルームには、スライドドアからの出し入れはできずバックドアからの出し入れしかできない工具が積載されていたこと（このことは、被告側保険会社も認識していた。甲12）、(b)上記工具は、原告P1が本件事故当時、仕事に使用するため原告車に搭載していたものであることに照らすと、原告車のバックドアは、本件事故前に開閉可能であったと認められること、〔2〕原告車のリヤバンパには被告車の赤い塗料が付着するとともに、被告車の前輪タイヤとの接触によるタイヤ痕があったと認められることに照らすと、原告車は、本件事故により、バックドアの開閉ができなくなり、バックドアガラスも破損したと認められるのであるし、それ以外の個所についても、前記認定のとおり、本件事故により原告車が強い衝撃を受けたことにより、これが損傷したことは明らかであって、被告の上記主張は採用することができない。」

裁 判 例 ㉓	基本情報	①普通乗用自動車
名古屋地判平29・1・25自保1996号115頁		

修理費 12万8753円

◆損傷の範囲

「原告第2車両は、第2事故により、後部を損壊し、Rrバンパーカバー取替え、

Rr バンパーピース取替え、左 Rr バンパーサイドポート取替え、右 Rr バンパーサイドサポート取替え、Rr フロアアウタクロスメンバ修理、塗装、ショートパーツの修理を要したことは、争いがない。そして、証拠によれば、原告第 2 車両は、平成 18 年 7 月、全面のコーティングが行われ、平成 21 年 6 月、リアバンパーコーティングが行われたことは、争いがなく、その際、現品での施工効果を確認したところ、日常のメンテナンスも実施されており、同年式の未施工車と目視、比較するとボデーコートの効果は持続していると思われたこと、左 Rr バンパーアッパカバー取替え、右 Rr バンパーアッパカバー取替え、リアバンパーボデーコート再施工の修理を要したこと、当該修理代金は 12 万 8,753 円であったことが認められ、同額は、本件事故と相当因果関係のある損害と認められる。」

裁 判 例 ❷	基本情報	①普通乗用自動車③平成 24 年 12 月④ 1 年 7 か月⑤約 2 万 3500km

東京地判平 28・8・25LEX/DB25536973

修理費　25 万 7048 円

◆損傷の範囲

「〔1〕本件事故により控訴人車の右フロントフェンダー、右リアフェンダー及び右ドアミラーが損傷したこと、〔2〕控訴人車の修理費用は 25 万 7048 円（消費税を含む。）であることが認められる。

　この点、被控訴人らは、本件事故により控訴人車の右フロントフェンダー及び右リアフェンダーが損傷した事実はない旨の主張をし、JA 共済損害調査株式会社南関東支社の D も、上記の損傷は本件事故によるものではない旨の指摘をする。

　しかしながら、前記認定のとおり、被控訴人 B は、被控訴人車の進路を本件道路の第 3 車線から第 2 車線へ変更させようとして、同車の左側面を控訴人車の右側面に接触させ、その後、同被控訴人は、被控訴人車が控訴人車に接触したことを知り、被控訴人車の進路を第 3 車線へ戻したのであって、かかる事実に照らすと、本件事故により、控訴人車の右ドアミラーのみならず、右フロントフ

ェンダー及び右リアフェンダーも損傷したとすることを不合理とまでいうのは困難である。これに加え、〔1〕控訴人が、一貫して、本件事故前には控訴人車に損傷はなかった旨の陳述及び供述をすること、〔2〕被控訴人Bも、本件事故により、同車の右フロントフェンダーが損傷した可能性があることを必ずしも否定しないことにも照らすと、右リアフェンダーの損傷が鋭角的な凹損であることや、同車の損傷に対応する被控訴人車の接触部位が判然としないことを考慮しても、本件事故により、控訴人車の右フロントフェンダー及び右リアフェンダーも損傷したと認めるのが相当である。」

裁 判 例 ㉕	基本情報	①普通乗用自動車

東京地判平28・1・26LEX/DB25533550

修理費　5万5000円

◆損傷の範囲

「本件事故により、原告車のリヤバンパー中央正面部分に僅かな擦過痕が生じ、リヤパネルとの接続部分に歪みが生じたことが認められる。そして、上記の原告車の損傷の内容、程度に鑑みると、本件事故と相当因果関係のある物的損害(車両修理費用)は、リヤバンパーの脱着、分解、カバー交換等を前提とする原告の見積額18万8753円のおおむね3割に相当する5万5000円とするのが相当である。」

3　修理方法

　たとえば、板金で足りるか、部品の取替えが必要かといった修理方法の問題は、必要かつ相当な修理費の算定に際して、頻繁に問題となる(いわゆる過剰修理に基づく損害賠償請求は認められない)。

　これにつき、裁判例㉖～㉛を参照されたい。

裁判例 ㉖	基本情報	①普通乗用自動車②トヨタ・プレミオ

東京地判平 30・6・22LEX/DB25556005

修理費　19万1563円

◆修理方法

「本件車両の修理代金は19万1563円であったところ、被控訴人は修理代金が高額であると主張する。確かに、カーコンビニ倶楽部ホームページ上のキズ・へこみ見積りシミュレーションにおいては、リアバンパーに約10センチメートル四方のへこみができた場合の修理費用は、約1万6000円から2万8000円と見積もられていることが認められる。しかし、上記見積りはインターネット上で修理すべき損傷部分やその大きさを入力して算出された見積りにすぎない。そして、証拠によれば、本件車両は、本件事故により車両右側後方のバンパーと車両本体にへこみと傷が生じ、バンパーやトランクの部品を取り換える方法によって修理されたことが認められることからすると、修理代金19万1563円が不相当とはいえない。したがって、控訴人が本件車両の修理代金を必要以上に高額にしたとは認められない。」

裁判例 ㉗	基本情報	①普通乗用自動車　※原審（町田簡易裁判所平成29年（ハ）第114号）は、控訴人の請求を5500円およびこれに対する遅延損害金の支払いを求める限度で認容したところ、控訴人が請求棄却部分を不服として控訴

東京地判平 30・2・15LEX/DB25552069

修理費　5000円

◆修理方法

「控訴人車の左右のドアミラーの格納速度に若干の差が生じていることが認められ、また、証拠によれば、控訴人車の右ドアミラーの外側カバーに僅かな擦過傷

があることが認められる。

　しかし、上記のような左右のドアミラーの格納速度の差が本件事故前にはなかったものであるかは明らかではなく、左右のドアミラーの格納速度に若干の差があることによってドアミラーとしての機能を果たす上でいかなる支障があるのかも明らかではないから、控訴人車の左右のドアミラーの格納速度に若干の差が生じていることをもって、本件事故により控訴人車の左右ドアミラーを交換する必要が生じたと認めることはできない。

　また、上記の擦過傷は、被控訴人の所持していた傘との接触により生じたとみても不合理ではないものであるが、証拠上、右ドアミラーの外側カバーの表面に僅かな擦過傷が生じていることが認められるにとどまり、左右のドアミラーを全部交換したり、左右のドアミラーの内部を分解して精査したりする必要が生じているとは認められない。

　そうすると、本件事故との間に相当因果関係があると認められる修理費用は、控訴人車の右ドアミラーの外側カバーの塗装費用にとどまり、その額が5000円を超えるとは認められない。」

裁判例 ❷❽	基本情報	①普通乗用自動車②ランボルギーニ・ムルシエラゴ③平成25年1月④2年10か月　フロントバンパーを含むボディ部分は、炭素繊維強化プラスチック（Carbon Fiber Rein forced Plastic、以下「CFRP」という）でできている。

大阪地判平29・12・26自保2014号160頁

修理費　136万9440円

◆修理方法

「(1)バンパー交換修理の必要性

　上記認定事実によれば、CFRPが用いられている車両のパーツにひび割れ等の損傷が生じた場合であっても、構造上問題があるダメージの場合でなければ、積層作業による修理が可能であり、現にこのような修理が行われている実績があることが認められる。そして、本件損傷の部位・程度からすると、本件損傷が原

告車の構造上に問題があるダメージとまでは認め難いから、本件損傷については、積層作業による修理が可能といえる。

　これに対し、原告は、積層作業による修理では、本来の強度等を回復できないため、バンパー交換修理をしなければならない旨を主張するところ、たしかに、ドライカーボンの特性からすると、積層作業による修理では、本来の機能を完全に回復させるのは困難であると認められる。しかしながら、比較的損傷範囲の小さい本件損傷部位に積層作業による修理をすることで、原告車の強度や重量にどれほどの影響があるのかについては明らかでないし、b株式会社が認定する正規サービス工場においても、積層作業による修理が実際に実施されていること等に鑑みれば、D教授の意見（上記1(6)）等を考慮しても、普通乗用自動車である原告車に対して積層作業による修理をすることにつき、少なくとも安全な走行を確保する上で支障があるとは認められない。また、外観上は本件事故前の状態に復元可能であることからすると、原告が主張するように、接待等の目的で原告車を使用する上でも支障があるとは認められない。そうすると、積層作業による修理で原告車の機能が完全に回復しない場合に、これを評価損として考慮することはあり得ても、本件事故と相当因果関係のある損害として、バンパー交換修理の必要性までは認められないから、原告の上記主張は採用することができない（なお、原告は、被告らの指摘によっても評価損に関する主張をしていないため、評価損の有無については判断しない。）。

(2)ヘッドランプ交換修理の必要性

　原告は、原告車の右ヘッドランプの交換修理が必要な旨を主張するが、証拠によっても、右ヘッドランプの損傷はほとんど確認することができず、交換修理の必要性についての具体的な主張立証もなされていないから、右ヘッドランプに交換修理が必要なほどの損傷があるとは認められない。したがって、原告の上記主張は採用することができず、右ヘッドランプの損傷に関しては、被告ら見積書に挙げられている研磨・磨き修理についてのみ相当因果関係を認めるのが相当である。

(3)以上によれば、本件事故と相当因果関係のある原告車の修理費用としては、積層作業による修理を前提とする被告ら見積書による136万9,440円（上記1(7)）と認めるのが相当である。

　この点、被告らは、原告車の相当修理費用が40万円に留まる旨を主張するが、

上記１(8)のとおり、同費用は、本件損傷部位の外観を修復するための仮補修費用であると認められるため、同額を本件事故による原告車の修理費用と認めることは相当でない。」

裁判例⓼	基本情報	①普通乗用自動車②ホンダ・ステップワゴン

東京地判平29・9・26LEX/DB25539107

修理費　４万2887円

◆修理方法

〔1〕本件事故により、原告車のフロントバンパ左側部分のうちの、フロントトーイングフックカバー並びに上下に分かれたフロントバンパの上部及び下部の数か所の表面に浅い凹損が生じたこと、〔2〕損傷の状況からするとフロントバンパの交換までは必要ないこと、〔3〕フロントトーイングフックカバーは交換が必要であること、〔4〕原告車を修理した修理業者であるトム・オートサービスが作成した原告車の修理費用の見積書によれば、修理費用は10万6673円とされていること、〔5〕原告車のディーラーが作成した原告車の修理費用の見積書によれば、修理費用は４万1489円ないし４万2887円とされていることが認められる。

　原告車のフロントバンパの損傷の形状からすると、塗装のみでは原状回復できないことが考えられることから、板金による修理が必要であると認められる。もっとも、原告車と同種の車両のディーラーによる見積書において、板金塗装によっても修理費は４万2887円程度とされていることから、原告車の修理費として４万2887円」

| 裁 判 例
❸⓪ | 基本
情報 | ①普通乗用自動車②トヨタ・86 ③平成 27 年 6 月 15 日④
約 2 か月 |

東京地判平 28・10・11LEX/DB25537951

修理費　6 万 9893 円

◆修理方法

「本件損傷の修理方法にはリヤバンパーの交換による方法と板金修理の方法があるところ、リヤバンパーの交換の方法によれば修理費用は 6 万 9893 円であるが、板金修理の方法によれば修理費用は 6 万 5700 円であることが認められる。もっとも、被控訴人車は初度登録年月日が平成 27 年 6 月 15 日の車両であること、リヤバンパーの交換の方法によれば 2 時間ほどで修理が完了するが、板金修理の方法によれば修理に 7 日間ほどを要することを考慮すると、本件損傷の相当修理費用はリヤバンパーの交換の方法による 6 万 9893 円と認めるのが相当である。」

| 裁 判 例
❸① | 基本
情報 | ①普通乗用車②三菱・D － VAN |

札幌地判平 28・2・26 自保 1987 号 159 頁〈参考収録〉

修理費　33 万 8100 円

◆損傷の範囲

「1　争点 1（本件サイドパネルの損傷内容とその相当な修理方法）について

(1)本件サイドパネルの FRP の外板に亀裂が生じていたか否か

ア　原告は、本件サイドパネルの FRP の外板には亀裂が生じていた旨主張し、E は、本件サイドパネルには証言台の幅ほどの亀裂が存在した旨供述する。

　しかし、原告車両について、本件事故当日に q3 会社が撮影した写真及び平成 25 年 3 月 19 日に q6 株式会社のアジャスターである F が撮影した写真を見ても、本件サイドパネルに被告車両のものと思われる赤色の塗料が線状に付着して

いることは認められるものの、Ｅが供述するような亀裂の存在を見て取ることはできず、他に、本件サイドパネルに亀裂が存在していたことを認めるに足りる写真等の客観的証拠はない。

　そして、原告代表者も、Ｅから本件サイドパネルに亀裂が存在すると聞いたのみであり、自らは原告車両の状態を確認しておらず、原告社員から本件サイドパネルに亀裂が存在するとの話を聞いたこともないというのであって（原告代表者）、結局のところ、本件サイドパネルに亀裂が存在したことについては、Ｅの供述以外には証拠がない。

イ　また、仮に本件サイドパネルのFRPの外板に亀裂が生じていたとすれば、時間の経過に伴い、当該亀裂部分から水分や空気が内部に入り込み、FRPの外板と断熱材が剥離し、FRPサンドイッチパネルの強度が落ちることにより、ひいては冷凍冷蔵庫としての温度管理能力を損なうことになる（証人Ｅ、同Ｇ）ところ、原告車両は、本件事故後も、平成25年6月頃までの約1年4ヶ月間、本件サイドパネルを修理しないまま、従前と同様に冷凍冷蔵車両として使用されていたが、その間、取引先から苦情が出るなどの温度管理能力の低下による問題が生じたこともなかったというのであって（原告代表者）、このことからは、かえって、本件サイドパネルのFRPの外板には亀裂が生じていなかったことがうかがわれる。

ウ　以上によれば、本件全証拠によっても、本件サイドパネルのFRPの外板に亀裂が生じていたことの証明があったとはいえない。」

◆損傷の範囲、修理方法

「⑵本件サイドパネルの相当な修理方法

ア　原告は、仮に本件サイドパネルの外板に亀裂が生じていなかったとしても、FRPサンドイッチパネルは、本件事故のような衝撃を受けることにより歪み、内部の断熱材との接着部分に損傷が生じ、ひいては、FRPサンドイッチパネルの強度ないし温度管理性能が損なわれるから、その修理方法としては交換修理が相当である旨主張する。

　この点、証拠によれば、FRPサンドイッチパネルに一定の圧力が加えられた場合において、FRPの外板には明確な亀裂が生じていなくても、内部の断熱材に亀裂や変形が生じることがあり得ることは認められる。

　しかし、q5会社がFRPサンドイッチパネルの加圧テストを実施するに当たっ

ては、本件事故の態様につき、トラック同士の事故であるという程度にしか把握
しておらず、具体的な本件事故の態様を前提として被告車両の重量や接触時の速
度等を検討・考慮した上で加えるべき圧力や時間を決定したものではない（証人
E）から、そのような前提で実施された上記加圧テストの結果、FRP の外板には
明確な亀裂が生じることなく、内部の断熱材に亀裂や変形が生じたからといっ
て、本件サイドパネルにも、本件事故により内部の断熱材に亀裂や変形が生じた
ものと直ちに認めることはできない。

　そして、本件サイドパネルの FRP の外板と内部の断熱材との接着部分に、実
際に損傷が生じていたことを示す写真等の客観的証拠はなく、q5 会社ないし E、
本件サイドパネルの交換修理を行った q3 会社において、実際に損傷が生じてい
たことを確認したとの事情も認められない。

　以上によれば、本件全証拠によっても、本件サイドパネルの FRP の外板と内
部の断熱材との接着部分に損傷が生じていたことの証明があったとはいえない。
イ　そうすると、本件事故による本件サイドパネルの損傷としては、FRP の外
板に擦過痕を生じたにとどまることになるところ、本件修理要領書の記載内容
（前提となる事実(4)）に照らせば、その修理方法として交換修理が相当であると
はいえない（なお、本件修理要領書は、損害保険のアジャスターにより構成され
る全国技術アジャスター協会が作成したものであるが、その点を考慮しても、そ
の記載内容に特段の不合理な点を見出すことはできない。）。
2　争点 2（本件事故による原告の損害額）について
本件事故による本件サイドパネルの損傷は、FRP の外板に擦過痕を生じたにと
どまるところ、証拠によれば、原告車両には、そのほか、右フロントコーナーポ
スト及び右リヤドアフレームに擦過痕が生じたことが認められる。

　そして、原告車両の修理費用については、本件サイドパネルについて積層修理
（ただし、断熱材の除去、充填に係る作業を除く。）を行うことを前提とした q6
株式会社作成に係る 33 万 8,100 円（消費税込み）との見積書が存在するとこ
ろ、上記各損傷の修理作業に対する費用として上記金額が不相当に低廉であるな
どとうかがわせる事情を見出すことはできないから、原告車両の修理費用は 33
万 8,100 円と認めるのが相当である。」

4　修理作業の範囲

　たとえば、修補塗装の範囲が問題となる場合のように、必要かつ相当な修理費の算定に際して、修理作業の範囲が問題となる場合がある。

　全部の塗装費用が損害として認められるか否かについては、昭和51年札幌地裁室蘭支部判決[5]がある。同裁判例は全部の塗装が損害と認められる場合として次の場合を挙げている。

---

① 　特殊な塗装技術を施してあるため、破損部分のみを吹付塗装によって再塗装すると、他の部分との相違が明白となって美観を害する場合
② 　自動車自体が高価なもので、しかもその価値の大きな部分が外観にかかっている場合
③ 　再塗装の範囲が広く、全塗装する場合と比較して費用に大きな差異を生じない場合

　塗装箇所が争われた裁判例として**❷**がある。

裁 判 例 ❷	基本情報	①普通乗用自動車②トヨタ・bB
東京地判平 30・6・5 LEX/DB25554254		

修理費（塗装工費）　2万8770円

◆修理作業の範囲、修理工賃

　〔1〕ぼかし塗装とは、ソリッド以外の塗膜（メタリック、2コートパール、3コートパール）の場合に、フェンダやドアなど境界線で区切られている隣接パネルへカラーベースを徐々に薄くなるように塗装することであるところ、被告車の塗膜は2コートパールであることから、ぼかし塗装が必要となること、〔2〕右フロントフェンダの修理に当たっては、隣接するパーツすべてにぼかし塗装をする必要はなく、マスキング（養生）をした上で、必要なパーツについてぼかし塗

5）札幌地室蘭支判昭51・11・26 交民9巻6号1591頁

装をすることで足りること、〔3〕株式会社自研センター作成の指数テーブルマニュアルによれば、被告車と同車種（トヨタ bB）の外板パネルの補修塗装指数につき、損傷部位である右フロントフェンダの単体塗りの塗数値は 1.6 とされ、2 コートパール 1 枚の加算基礎数値は 2.8 とされていること、〔4〕被告車の修理について被告車の正規ディーラー（ネッツトヨタ）が作成した見積書によれば、被告車の塗装費用として 4 万 1008 円が計上されていることなどが認められる。

上記認定事実によれば、隣接パネルのすべてにぼかし作業が必要であるとはいえず、マスキングをした上で必要な隣接パネルにぼかし塗装をすることで足りるとするのが相当である。

それを前提とすると、株式会社自研センター作成の指数テーブルマニュアルに基づいて算定された原告見積書記載の塗装工賃 2 万 8770 円は相当な額であるというべきである。」

5　修理工賃

修理工賃は、作業時間（作業工数）×工賃単価により算定されるのが一般である。修理費において作業時間や工賃単価が争われる場合がある。

修理工賃が問題となった裁判例として❸❸・❸❹がある。

裁判例 ❸❸	基本情報	①普通乗用自動車②フェラーリ・328GTS ③昭和 62 年 8 月④ 27 年 11 か月

東京地判平 30・8・24 交民 51 巻 4 号 975 頁

修理費　86 万 6148 円

◆当事者の主張

「㋐原告は、本件事故により損傷した原告車の修理には、フロントパネルの鈑金修理、フロントバンパーの取替修理、損傷したパネル全体の塗装が必要である、上記修理の際にはフロントパネル、その付属部品及び周辺の部品の脱着が必要と

なる、その他にコンピュータ故障診断、メーターパネル内照明の点検に係る作業を要する、その修理代は254万2752円であると主張し、これに沿う証拠として、有限会社Ｉ鈑金塗装工業（以下「Ｉ工業」という。）の担当者が作成した見積書及び有限会社ヤマダ自動車が作成した見積書、同社の営業担当者のＥの意見書を提出する。他方、被告は、原告車の修理には、フロントパネルの鈑金修理、フロントバンパーの脱着分解修理、パネルの部分塗装による修理で足り、フロントパネル等の脱着、コンピュータ故障診断、メーターパネル内照明の点検に係る作業は不要であり、適正な修理費用は28万8716円であると主張し、これに沿う証拠として見積書(C)を提出する。なお、原告車の修理に係る見積書として、その他に、見積書(D)がある。」

◆修理方法

「(イ)見積書（Ｉ工業ら）及びＥ意見書は、フロントパネル、その付属部品及びヘッドランプ等の脱着、フロントバンパーの取替、損傷したパネルの全体塗装、コンピュータ故障診断、メーターパネル内証明の点検を修理項目に入れ、工賃単価を1万円として修理費を算定し、見積書(D)は、フロントパネル、その付属部品及びヘッドランプ等の脱着、フロントバンパーの取替を修理項目に入れ、工賃単価を8000円として修理費（147万5280円）を算定している。

　フロントパネルの修理に関し、証拠及び弁論の全趣旨によれば、本件事故による原告車のフロントパネルの損傷は袋状の部分に及んでおり、その部分の鈑金には通常よりも困難な作業を伴うことが認められることからすると、原告車の構造上、フロントバンパーは、フロントパネルやヘッドライトを取り外すことなく、付属部品とともに全体を外すことが可能であり、フロントバンパーを外してフロントパネルを内側から修復する鈑金作業をすることが可能であることを考慮しても、フロントパネル、その付属部品及びヘッドランプを脱着して鈑金をする修理方法が合理性を欠くものとまではいい難い。また、証拠及び弁論の全趣旨によれば、フロントパネルの修理に当たり、アンダーコート・シーリングが必要であると認められる。

　他方、フロントバンパーの修理に関し、証拠及び弁論の全趣旨によれば、原告車のフロントバンパーはFRP（ガラス繊維と不飽和ポリエステル樹脂で形成される繊維強化プラスチック）製であること、FRP製のフロントバンパーの損傷（割れ、欠損等）は、樹脂とガラス繊維を繰り返し積層することで修理すること

ができること、I工業のホームページに、フェラーリのFRP製のフロントバンパーの修理は、取替によらない方法で可能であり、その方法で修理した実例があると掲載されていること、T社が保険会社として協定（工場との合意）をした事例には、フェラーリ（時価評価額が1480万円、6937万円の車両を含む。）の修理について、FRP製のリヤバンパーの擦過傷の修理を脱着修理の方法を採ることで協定した事例、フロントバンパー又はリヤバンパーの損傷（破損、割れ、裂傷）を脱着修理の方法を採ることで協定した事例があることが認められる。これらの事情に加え、原告車のフロントバンパーの修理を取替の方法で行う場合、部品代だけで48万2000円を要するのに対し、脱着分解の方法で行う場合、それよりも相当低額ですむこと、原告車のフロントバンパーの損傷状況に照らすと、原告車は年式が古く希少性があること、原告車の時価額が834万円と評価されていることを考慮しても、脱着分解による修理で足り、取替による修理が必要かつ相当であるとは認められない。

◆修理作業の範囲

「塗装方法に関し、証拠及び弁論の全趣旨によれば、株式会社自研センター（以下「自研センター」という。）が作成した指数テーブルマニュアルには、塗装方法として、修正作業面積に応じて、パネルの全体塗装、2分の1塗装、3分の1塗装を選択する旨が記載されていること、自動車の一般的な塗装方法として、旧塗装面と新塗装面の色差をわかりにくくするためのボカシ技術があることが認められ、本件事故によって損傷したのはフロントバンパーとフロントパネルの左角部のみであること、フロントバンパー、フロントパネルは右側面に及ぶ大きなパネルであることを考慮すると、原告車が年式の古いことなどを踏まえて、色差をわかりにくくするために通常よりも塗装作業をする面積を広く取ることが不合理とはいえないとしても、塗装を行うパネル全体の塗装をしなければ、一般人からみて事故前と同様の外観にすることができない合理的な理由はみいだしがたく、原告車の修理に当たり、損傷したパネルの一部の塗装で足り、その全体の塗装が必要であるとは認められない。」

◆損傷の範囲

「本件事故により原告車に相応の衝撃が加わったといえるが、本件証拠上、本件事故により原告車のメーターパネルや内蔵のコンピュータに故障、不具合が生じた事実は認められないこと、本件事故によるフロントバンパー及びフロントパネ

ルの損傷は擦過痕、割れであり、特に大きなものではないこと、被告車と接触していない部位（メーターパネル、コンピュータを除く。）に波及損傷が生じた様子はうかがわれないことに照らせば、原告車の修理において、メーターパネル内照明点検に係る作業やコンピュータ故障診断に係る作業が必要であるとは認められない。」

「以上の事情からすると、見積書（Ｉ工業ら）、Ｅ意見書及びこれらを基礎にする原告の上記主張は採用し難く、見積書(D)についてもそのまま採用することはできない。」

◆修理工賃

「(ウ)見積書(C)においては、フロントパネルについて鈑金修理、フロントバンパーについて脱着分解の修理を行うものとし、自研センターが発行した文献（指数テーブルマニュアル、構造調査シリーズ・メルセデス・ベンツＳクラス）を基礎に、フロントバンパーの脱着分解修理に用いる指数は作業性の向上を考慮して脱着ではなく取替の指数を採用し、フロントパネルの修理に用いる指数は原告に有利に難易度を最高とし、損傷の面積を実際よりも広く見積もった数値を用いるなどとして脱着・取替、塗装、鈑金の指数（作業時間）を定め、工賃単価を6780円として原告車の修理費を算定している。

　自研センターが発行した指数テーブルマニュアルは、それに記載された脱着・取替指数、補修塗装指数を用いる前提条件として、対象車両を1～2年使用（2～3万キロ走行）、修復歴がなく、汚れ・錆び付きは軽度な車両とし、それに記載された外板板金修正指数を用いる前提条件として、対象車両を一般的な乗用車、RV車、1BOX車としており、原告車の鈑金等の作業の指数を算定するに当たり、上記マニュアルを基礎とすることの合理性については疑問が残る。見積書(C)のフロントパネルの修理（鈑金）の指数（3.15）は、見積書(D)の指数（20.00）と比較しても明らかに低い。

　被告は、東京海上日動火災保険株式会社の工賃単価の基準（6580円から7160円）を参考に、見積書(C)においては工賃単価を6780円としていると主張する。この点、証拠及び弁論の全趣旨によれば、同社が保険会社として協定をした事例には、フェラーリの修理について、工賃単価を6340円、6470円として協定が成立した事例があるが、1万2000円として協定が成立した事例もあること、見積書(D)においては、工賃単価が8000円として原告車の修理費が見積もら

れていること、工賃単価は、ヤナセでは 8360 円、BMW では 8600 円、東京都内における国産車のディーラーでは 7180 円程度とされていることが認められ、原告車の車種や年式、希少性を考慮すると、見積書(C)が工賃単価を 6780 円としていることの合理性には疑問が残る（見積書（I 工業ら）の工賃単価 1 万円が不相当に高額と直ちにはいい難い。）。

　以上の事情に加え、原告車は高級な外国車であり、本件事故当時、初度登録から約 29 年が経過している希少性のある車両であって、その修理費用は年式の古くない量産車の場合よりも高額になると考えられることに照らすと、見積書(C)はそのまま採用することができず、原告車の損傷の内容、程度、前記認定のとおりの必要性、相当性、合理性の認められる修理内容、被告が当初主張の基礎としていた見積書(D)の内容等も考慮すると、原告が原告車の修理代として支出した 254 万 2752 円のうち、原告が被告に対して請求することができる修理費相当の損害金は、見積書(C)に記載された金額の 3 倍に相当する 86 万 6148 円とするのが相当である。」

裁判例 ❸❹	基本情報	①普通乗用自動車② BMW・X6 ③平成 25 年 6 月④ 1 年 8 か月

札幌地判平 28・2・25 自保 1973 号 151 頁

修理費　34 万 3332 円

◆修理工賃

「a 会社車両の修理費用は 34 万 3,332 円と見積もられているところ、a 会社車両が外国車（BMW・X6）であることや、a 会社車両の修理を行ったのが販売会社の提携する修理業者であるとうかがわれることからすると、各工賃が不相当に高額であるとはいえない。」

◆修理作業の範囲

「また、上記修理費用のうち、塗装費用に 9 万円を要しているが、この点については、塗装されていないバンパーが納品されたために塗装が必要になったとの説明がなされており、a 会社車両が上記のとおりの外国車であることも踏まえる

と、上記塗装費用が不相当に高額であるともいえない。」

◆損傷の範囲

「さらに、本件事故は、車両総重量が 1,765 キログラムである B 車両が本件スロープの上から下りてきて a 会社車両に衝突したというものであり、本件事故の映像からも相当な衝撃があったと認められることからすると、右フロントフェンダー、右フロントフェンダーブラケット及び右フロントホイールハウスカバーについても修理が必要になったということも十分に首肯でき、かかる部分の修理の必要性が明らかになった経過についても特に不自然な点はない。

　以上によれば、見積書にある 34 万 3,332 円の修理費用については、全額を本件事故と相当因果関係のある損害と認めることができる。」

6　修理未了

　実際に修理が完了したことは、修理費の請求の前提となるものではない。現行の不法行為制度においては原状回復に要する費用がいくらかということが問題とされるからである。

　これに言及したものとして裁判例❸⑤・❸⑥がある（なお、裁判例❷も参照）。

裁 判 例 ❸⑤	基本情報	①普通乗用自動車② 1966 年製メルセデス・ベンツ 250SE ③昭和 45 年 8 月④ 41 年 11 か月

東京地判平 29・3・27 交民 50 巻 6 号 1641 頁

修理費　430 万 0401 円

◆修理可能性

「前記 1 (4)で認定したところに証拠によれば（原文ママ）、本件事故による反訴原告車両は修理が可能であり、その費用は 430 万 0401 円（消費税込み）と認められ、これに反する証拠は採用できない。

　反訴原告は、この修理がクラッシックカーとして相当ではなく反訴原告車両は修理不能であると主張するが、前記 1 (4)のとおり、修理に使用される部品はそ

のほとんどがメルセデスベンツ製純正品であり、また、フレームの修正も、前部のフレームに当たる部分（フロントバンパマウントサポート、ラジエーターロアサポート、左フロントホイールハウス及び左フロントサイドメンバ）について鈑金修理による修正が計上されていることからすると、一定程度考慮されていること、株式会社ヤナセM支店サービス課に対する調査嘱託の結果によっても、それ以外のフレームないしボディの歪みの存在について明確ではないことからすれば、修理が不相当であるとは認められない。」

◆修理未了の場合

「なお、修理費用については、被害者が修理する場合に要する費用が損害となるから、反訴原告が現に反訴原告車両を修理していないとしても、消費税を控除する理由はない。」

裁判例 ㊱	基本情報	①普通乗用自動車②トヨタ車

東京地判平29・2・7LEX/DB25552002

修理費　67万3390円

◆認定事実

「ア　証拠及び弁論の全趣旨を総合すれば、被控訴人は、本件事故が発生した日の翌日である平成26年11月9日、被控訴人車を購入したネッツトヨタT社（以下「ネッツトヨタ」という。）から被控訴人車の修理費用を77万7859円（消費税込み）とする概算見積書を発行され、その後、ネッツトヨタに対し、被控訴人車を未修理の状態のまま売却したことが認められる。この事実によれば、被控訴人とネッツトヨタとの間で締結された被控訴人車の売買契約においては、将来、被控訴人車を修理する際に77万7859円（消費税込み）の修理費用がかかることを前提に、被控訴人車の売却価格（下取価格）が決定されたと推認されるから、被控訴人は、本件事故により、77万7859円の損害を被ったと認められる。

◆修理方法

「イ　もっとも、上記 77 万 7859 円が本件事故と相当因果関係があるかは別途検討が必要になるところ、証拠及び弁論の全趣旨を総合すれば、ネッツトヨタが修理費用 77 万 7859 円と見積もった被控訴人車の修理は 67 万 3390 円（消費税込み）で行うことが可能と認められるから、本件事故と相当因果関係のある損害額は 67 万 3390 円と認めるのが相当である。」

◆修理未了の場合

「なお、控訴人らは、被控訴人は被控訴人車を未修理の状態で売却したから、消費税分は損害にならないと主張するが、アで述べたところによれば、被控訴人は消費税分も含めて損害を被ったと認めるのが相当であるから、控訴人らの主張は理由がない。」

7　リース車両

　車両のリース契約がある場合、ユーザーが加害者に対して修理費を請求できるかが問題となる場合がある。リース契約では、約款でユーザーが修理義務を負うとされている場合が多く、かかる修理義務を負うユーザーが加害者に対し修理費の損害賠償請求が可能か問題となる。そのような場合、ユーザーに修理費の損賠賠償請求権の取得を認める裁判例が散見される[6]。平成 26 年大阪地裁判決[7]は、「①リース契約上車両の修理は使用者である被告会社において行う旨定められており、リース会社が自ら修理することは想定されていなかったこと、②実際に被告会社は一定の範囲で既に修理をして費用を拠出し、未だ修理のなされていない部分についても今後修理予定であること等の事情が認められる。これに加え、実際に修理がなされればリース会社の損害は概ねてん補されること、現時点に至るまでリース会社側から修理費用を損害として請求するような動きが見られないこと等を総合すると、車両が毀損した時の修理費用分の

6）理論については、川原田貴弘「物損（所有者でない者からの損害賠償請求）について」『赤い本〔2017 版〕下巻（講演録編）』55 頁以下を参照。

7）大阪地判平 26・11・4 ウエストロー 2014WLJPCA11046003

損害賠償請求権は使用者である被告会社に帰属すると考えるのが、被告会社とリース会社との間のリース契約の合理的解釈として相当なものと認められる」とする。

　裁判例❸❼は、原告が原告者を日常的に使用していたことから、原告に修理費用相当額の損害賠償請求権の帰属を認めた。

裁判例 ❸❼	基本 情報	①普通乗用自動車②メルセデス・ベンツ ML350

東京地判平 28・3・30LEX/DB25535004

修理費　108 万 3359 円

◆リース車両の場合

「原告は、原告車両の所有者ではないものの、原告車両はいわゆるリース物件であり、原告は日常的に原告車両を使用していたと認められることから、原告には被告らに対する原告車両の修理費用相当額の損害賠償請求権が帰属していると認められる。

　修理費用の金額を明らかにする証拠として、原告は株式会社 A が作成した修理費用 120 万 6430 円の見積書を、被告らは F 保険会社が発行した修理費用 108 万 3359 円の見積書をそれぞれ提出するが、両見積書につき、修理項目や修理方法に差はなく、単に部品価格や工賃に差があるに過ぎないから、より低廉である 108 万 3359 円の限度で本件事故と相当因果関係のある修理費用と認める。」

第2章　修理可能な損害——評価損

　事故車が修理可能な場合に、①修理をしても車の機能が低下するなど、完全には元通りに修復することができない場合がある。また、②事故歴があるため交換価値が低下する場合がある。このような場合に、判例はこれを損害として認めている。このような損害を評価損という（①の場合は技術上の評価損、②の場合は取引上の評価損と呼ばれる）。評価損は「修理してもなお残る損害」といわれ、格落損ともいわれる。一般的には、外国車・高級車や新車の事故について認められる事例が多いが、必ずしもそれに限られない。

　裁判例には、評価損を認めるが、交換価値の低下が顕在化している場合や、経年的に不具合が生ずる蓋然性がある場合に限定しているようにみえるものもある。平成5年の大阪高裁判決[8]は、評価損につきY敗訴部分を取り消し、以下のように述べた。

　「本件においては、修理完了後も自動車の性能、外観等が事故前よりも劣ったまま元に戻らないこと、修理直後は従前どおりの使用が可能であるとしても時の経過とともに使用上の不便及び使用期間の短縮などの機能の低下が現れやすくなっていることを認めるに足りる証拠はない。そして、……、被害車両について日本自動車査定協会は平成3年4月24日を査定日として本件事故のための減価額が39万3200円であることを証明していることが認められるけれども、……、本件事故前にX2が被害車両を買い換える計画はなかったことが認められ、また、近い将来に被害車両を転売する予定であること、その他、右減価を現実の損害として評価するのを相当とする事情についての主張、立証はないから、右のような減価があるとしてもそれは潜在的・抽象的な価格の減少にとどまり、同原告に同額の現実の損害が発生したものとは認め難い。したがって、X2の評価損の主張は、採用することができない。」

8）大阪高判平5・4・15交民26巻2号303頁。

　もっとも、近時は比較的ゆるやかに認められる傾向にある（下記の裁判例を参照）。

　判例は評価損の算定について、修理の内容（車両の骨幹部分に及ぶか等）、修理費の額、事故当時の被害車両の価格や特徴（高級車か、国産車か外車か）、初度登録からの年数、走行距離などを総合的に評価している。評価損を認める裁判例は、損害額を修理費の○○％とするものが多い（修理費基準方式）。金額で示す方法もあり（金額表示方式）、一部に日本自動車査定協会の査定額とするものがある[9]。

1 肯　　定

(1)　外　国　車

　高級外車の修理費、事故時の査定価格は、しばしば高額になり、それに伴い評価損も高額になる場合が多い。たとえば、平成8年東京地裁判決（メルセデス・ベンツ600SEL）[10]では、事故時査定価格（800万円）と修理費（約570万円）がいずれも高額な場合に、修理費の約30％弱の評価損（150万円）を認めたものであり、高額の評価損が認められた事例である。同裁判例は評価損の要件として、重大な損傷と査定価格の下落（の予想）とを掲げ、損害として現実化することまでは必要としないが、重大な損傷と査定価格の下落（あるいはその予想）が考慮されるなど、要件にしぼりをかけている。

　損傷の部位・程度等にもよるが、一般に、外国車においては、初度登録から5年（走行距離6万km程度）以上である場合は評価損が認められにくいといわれている。

　以下の裁判例❶〜⓮は、外国車につき評価損を肯定したものであるが、これらは、クラシックカーの事例⓬を除けば、5年（走行距離6万km程度）の

9 ）影浦直人「評価損をめぐる問題点」『赤い本〔2002年版〕』295頁以下、野村好弘「車両損害の損害額算定の法理」交通法研究16号（1987）3頁、野村好弘＝小賀野晶一『車両損害の判例と考え方』（保険毎日新聞社、1988）。

10）東京地判平8・3・6交民29巻2号346頁。

目安の内にある。❸・❹以外の裁判例では、修理費基準方式を採り、修理費の
○○％という形で評価損を認めている。修理費の 20 〜 30％を認めるものが散
見される。

裁判例 ❶	基本 情報	①普通乗用自動車②メルセデス・ベンツ E250 ③平成 25 年 8 月④ 3 年 6 か月⑤ 2 万 3425km

東京地判平 30・7・19LEX/DB25554390

評価損　16 万 5000 円（修理費の 10％）
「原告車は初度登録年月が平成 25 年 8 月のメルセデス・ベンツ E250 であるこ
と、本件事故当時の走行距離が 2 万 3425 キロメートルであったことが認めら
れ、これらの事情に、前記(1)アのとおり、原告車の本件事故による損傷の修理費
が 165 万 4582 円であることを併せ総合すれば、原告車の評価損は前記(1)アの
修理費の約 1 割に相当する 16 万 5000 円と認めるのが相当である。原告会社は、
評価損の額は修理費の 30％に相当する 49 万 6375 円であると主張するものの、
上記事情に照らして高きに失し、採用することができない。」

裁判例 ❷	基本 情報	①普通乗用自動車②メルセデス・ベンツ車③平成 25 年 5 月④ 3 か月⑤ 808km

東京地判平 30・9・26LEX/DB25555540

評価損　84 万 7000 円（修理費の 30％に満たない額）
「原告車はメルセデス・ベンツであり、本件事故当時、初度登録から 3 か月余
りが経過していたにすぎず、走行距離は 808 ｋｍにすぎない状態であったこと
や本件事故による原告車の損傷が 307 万円余りの修理を要する左後部の凹損で
あったこと（上記(1)）を考慮すると、本件事故により原告車には修理を行うのみ
では回復されない交換価値の下落が生じたことを否定できないと解されるから、
評価損として 84 万 7000 円（修理費用の 3 割に満たない額）を認めるのが相当
である。」

裁判例 ❸	基本情報	①普通乗用自動車②アウディ車③平成 25 年 2 月④ 1 年 1 か月

東京地判平 30・7・17LEX/DB25554386

評価損　19 万 2310 円（修理費の 10%）

「被控訴人車は初度登録年月が平成 25 年 2 月のアウディであることが認められる。このことに、前記 2 ⑵ア及び前記⑴のとおり、被控訴人車は、本件事故によってフロントガラスが割れる等して 192 万 3103 円の修理費用を要する損傷を受けたことを併せ総合すれば、被控訴人車に本件事故による評価損が生じたことが認められ、その額は、前記⑴の修理費用の約 1 割に相当する 19 万 2310 円であることが認められる。被控訴人らは、評価損は前記⑴の修理費用の 3 割に相当する 57 万 6930 円であると主張するものの、上記各事情に照らして高きに失し、採用することができない。

　控訴人及び補助参加人は、被控訴人 D は被控訴人車の所有者ではないため評価損に係る損害賠償請求権者ではないと主張するものの、被控訴人 D が被控訴人車の売買代金を完済して被控訴人車の所有権を取得したと認められるのは前記⑴アのとおりであり、遅くともその時点で評価損に係る損害賠償請求権を取得したといえるから、採用できない。」

裁判例 ❹	基本情報	①普通乗用自動車②メルセデス・ベンツ S クラス③平成 27 年 8 月④ 7 か月⑤約 7600km

京都地判平 30・3・26 自保 2021 号 135 頁

評価損　25 万円（修理費の 20%）

「ア　証拠及び弁論の全趣旨によれば、〔1〕C 車はメルセデス・ベンツの S クラス（車両保険金額は 1,030 万円）であり、〔2〕初度登録が平成 27 年 8 月の新車であり、〔3〕本件事故（平成 28 年 3 月）当時の走行距離は約 7,600 キロメートルであることが認められるから、これら C 車の車種、初度登録からの期

間、走行距離に、前記争点(2)記載の修理の箇所及び程度を総合考慮すると、C車の修理費用（128万0,944円）の2割に相当する25万円の評価損の発生が認められる。

　この点、第1事件被告らは評価損の発生を否認し、前記のとおり主張するが、C車が初度登録から1年も経過していない高級車であることに照らし採用できない。

イ　これに対し、原告Aは修理費の5割に相当する評価損が生じたと主張するところ、f社g支店担当者作成にかかる査定書において、C車について42万7,100円の修復歴減額がされる旨が記載されている。しかしながら、前記修理の箇所及び程度に照らすと、そこまでの客観的な価値の低下が発生したとは認定できない。

　また、原告Aは、C車の右リアドア部分について、右リアドアを閉めたうえで、手で右リアドアの上の部分を押さえると、左リアドアを押さえた場合と比べて、若干の緩み・弾力が感じられるし、右リアドアと右フロントドアとの間には若干のずれがあると主張する。

　確かに、証拠に照らし、原告A主張のようなわずかな違いが現時点で残存していることは否定しない。しかしながら、事故で損傷があった以上は、修理をしても事故前の状態と完璧に同一の状態に戻ることはなく、前記の程度の違いは、前記認定の評価損により考慮されているから、これを超えた金額の認定は困難である。」

裁判例 ❺	基本情報	①普通乗用自動車②スマート・ブラバス③平成25年5月29日④約2年⑤1万km未満

横浜地判平30・3・23自保2024号135頁

評価損　39万5562円（修理費の20％）

「原告車は、スマート・ブラバスという外国車であること、その初度登録日は、平成25年5月29日であり、本件事故時までの経過年数は約2年で、走行距離は1万キロメートル未満であったこと、原告車の修理は2回に及び、合計で約

200 万円の修理費を要していることなどの事情に鑑みれば、原告車には事故歴による取引上の評価損が生じているというべきであり、その額は、前記カの修理費合計額の 2 割と認めるのが相当である。」

裁 判 例 ❻	基本情報	①普通乗用自動車②BMW 車③平成 25 年 10 月④1 年 2 か月⑤9988km

名古屋地判平 29・12・26 交民 50 巻 6 号 1557 頁

評価損　70 万 5525 円（修理費の 20％）
「原告車両の車種（BMW）、初度登録から本件事故までの経過年月（本件事故当時、約 1 年 2 か月経過）、内板骨格の修理を要する損傷であったこと、レッドブックで時価約 495 万円、走行距離 9988km であること等に照らすと、修理費の 2 割の限度で評価損が生じたと認めるのが相当である。
　（計算式）352 万 7628 円 × 0.2 ＝ 70 万 5525 円（1 円未満切捨て。以下同じ）」

裁 判 例 ❼	基本情報	①普通乗用自動車②ポルシェ・911 カレラ GTS ③平成 27 年 11 月④4 か月⑤4982km

大阪地判平 29・10・12 交民 50 巻 5 号 1235 頁

評価損　72 万 6000 円（修理費の 20％）
「証拠によれば、本件事故により、中枢部分には及ばないものの、原告車両の後部が損傷し、多くの部品の取替等の修理が必要となったこと、原告車両は、初度登録が平成 27 年 11 月の高級外車であるポルシェ・911 カレラ GTS であること、原告甲野が原告車両を購入した時の車両本体価格は 1702 万円であったこと、本件事故の時点で初度登録から 4 か月が経過しており、走行距離は 4982 キロメートルであったことが認められる。これらによれば、上記修理費用 363 万 0000 円の 20 パーセントである 72 万 6000 円の評価損が発生したというべ

きであり、これは被告丁川が責任を負うべき損害である。」

裁 判 例 ❽	基本情報	①普通乗用自動車②ベンツ・G550L③平成27年5月29日④4か月未満⑤1971km

東京地判平29・10・5LEX/DB25539462

評価損　3万5000円（修理費の30％）

「前提事実のとおり、控訴人車は外国製ワゴン車（ベンツ G550L）であり、本件事故当時、初度登録から4か月を経過しておらず、走行距離は2000kmにも満たない状態であったことを考慮すると、本件事故による控訴人車の損傷が上記のとおりフロント廻りの塗装、PTSセンサーの交換等の修理で足りる比較的軽微なものであったことを考慮しても、本件事故により控訴人車には修理を行うのみでは回復されない交換価値の下落が生じたことを否定できないと解されるから、評価損として修理費用の約3割に相当する3万5000円を認めるのが相当である。」

裁 判 例 ❾	基本情報	①普通乗用自動車② BMW 車③平成27年8月④1か月⑤306km

東京地判平29・6・14LEX/DB25553940

評価損　12万円（修理費の15％）

「〔1〕原告車は初度登録年月が平成27年8月の BMW であり、本件事故発生までの走行距離は約306kmであったこと、〔2〕本件事故による原告車の損傷は骨格部分までには至っていないことが認められる（なお、修理により原告車の機能や外観に欠陥が残存すると認めるに足りる的確な証拠はない。）。これらの事実に、原告車の損傷の部位及び修理費用の額を総合すれば、本件事故による原告車の評価損は修理費の約15％の12万円と認めるのが相当である。」

裁 判 例 ⑩	基本情報	①普通乗用自動車②メルセデス・ベンツ E350 ③平成 24 年 3 月④3 か月程度

東京地判平 29・3・27LEX/DB25553921

評価損　77 万円（修理費の 25%）

「P1 車の修理内容は、フロントクロスメンバの取替、リアクロスメンバの取替、トランクフロア全般のゆがみ等の骨格部分に及び 311 万 1171 円を要するものであったことが認められ、P1 車は購入時価格約 817 万円のメルセデスベンツ E350 であり、初度登録は平成 24 年 3 月で（甲 8）、事故時までに 3 か月程度しか経過していないことを考慮すると、評価損を認めるのが相当である。修理費用の約 25 パーセントである上記金額を認める。」

裁 判 例 ⑪	基本情報	①普通乗用自動車②クライスラー・300C ツーリング③平成 19 年 3 月④5 年 3 か月⑤約 5 万 8000km

東京地判平 29・3・27LEX/DB25553921

評価損　14 万円（修理費の 10%）

「P3 車は、車両前部及び後部に広範囲の修理を要する損傷を受けたこと、平成 19 年 3 月初度登録のクライスラー 300C ツーリングであり、新車発売価格は 616 万円、平成 24 年 6 月当時の中古車小売価格は 290 万円であること、走行距離は約 5 万 8000km であることが認められ、評価損を認めるのが相当である。修理費用の約 10 パーセントである上記金額を認める。」

裁 判 例 ⑫	基本情報	①普通乗用自動車② 1966 年製メルセデス・ベンツ 250SE ③昭和 45 年 8 月④ 41 年 11 か月

東京地判平 29・3・27 交民 50 巻 6 号 1641 頁

評価損　300 万円（修理費の 70%）

「修理において一部フレームの修正が計上されていること、反訴原告車両が本件事故当時製造から 48 年が経過しており、部品の経年劣化が考えられることから鈑金修理による通常の車両以上の強度低下のおそれが考えられること、また、反訴原告車両が実用よりも美観等が重視されるクラッシックカーであることから、事故による修復歴の影響が軽視できないこと、メルセデスベンツの代理店である株式会社ヤナセが、反訴原告車両について職人の手作業によるフレーム修正の可能性について指摘していること（調査嘱託の結果）など、本件に顕れた事情を総合すると、反訴原告車両を修理したとしても、修理代の約 7 割である 300 万円の評価損を生じると認めるのが相当である。

　なお、反訴原告車両が本件事故後 4 年近くの闇修理業者等により保管され、その間十分な手入れがなされていないと窺われること（和解条項においても、移動及び保管について免責条項がある）からすれば、反訴原告車両の評価損について、現実の売却価格、車両時価及び修理費用を単純に加減する方法で算出することとは相当でない。

(3)なお、反訴被告は、反訴原告との間で、12 月 21 日、本件事故により車両損害 1200 万円が発生した事実に間違いがない旨の書面を作成しているが、文言上、一定の金員の支払を約したものではなく、訴訟外の和解契約であるとは認めがたく、また、同書面には、車両について修理見積もりも出ていない旨の記載があり、概算見積書が 11 月 15 日に発行されていることと整合しないことからしても、本件訴訟における損害額の認定を拘束するものとは解されない。」

裁 判 例 ⓭	基本情報	①普通乗用自動車②メルセデス・ベンツ S550L ③平成 27 年 5 月④4 か月⑤7216km

東京地判平 28・12・20LEX/DB25550068

評価損　50 万円

「原告車は初年度登録が平成 27 年 5 月のメルセデス・ベンツ S550L であり、本件事故発生までの走行距離は約 7216km であったこと、本件事故当時の原告

車の時価額が約 1321 万 6000 円であったこと、本件事故により、右フロントフェンダ、右フロントドア、右リアドア、右クォータパネル、右リアホイール等が損傷し、その修理費が 198 万 3517 円であることが認められる。これらの事実に鑑みれば、本件事故による原告車の評価損は 50 万円と認めるのが相当である。

　そして、原告プライマリーは、原告車の所有者であるジャックスから原告車の上記評価損に係る損害賠償請求権の受領権限を付与されたから、被告 C は、原告プライマリーに対し、上記評価損に係る損害賠償金を支払う義務がある。」

裁 判 例 ❶	基本情報	①普通乗用自動車②アウディ・A5 スポーツバック③平成 23 年 5 月④ 1 年 11 か月⑤ 3 万 7631km

東京地判平 28・2・26LEX/DB25533607

評価損　10 万円

「ア　証拠によれば、被告車は初年度登録が平成 23 年 5 月のアウディ A5 スポーツバックであり、本件事故発生までの走行距離は約 3 万 7631km であったこと、本件事故時の被告車の価格は 305 万円であったことが認められる。これらの事実に、前記認定の被告車の損傷の部位及び修理費用の額を総合すれば、本件事故による被告車の評価損は 10 万円と認めるのが相当である。

イ　なお、証拠と弁論の全趣旨によれば、被告 c は、本件事故後、被告車を修理せずに Audi Approved A 店に売却し、その売却価格は 145 万円であったことが認められるところ、被告 c は、本件事故による被告 c の損害は、本件事故時の被告車の価格 305 万円から修理費用 93 万 7240 円及び被告車の売却価格 145 万円を控除した額（66 万 2760 円）になると主張する。しかし、本件事故と相当因果関係のある損害は、修理後の被告車の価格と本件事故時の被告車の差額（評価損）になるところ、仮に被告 c が被告車を修理していれば、修理後の被告車の価格は 145 万円を上回った可能性があるから、被告車の売却価格 145 万円をもって修理後の被告車の価格とみることはできない。よって、被告 c の主張は採用できない。

　他方、原告らは、被告 c は被告車を修理せずに売却したから評価損は発生しな

いと主張する。しかし、前記認定の被告車の車種、初年度登録からの期間、走行
距離及び本件事故時の価格からすれば、仮に修理によって完全に原状回復された
としても、被告車の価格は事故歴・修理歴の存在によって低下すると認めるのが
相当であり、現に被告車の売却価格が 145 万円になったのはその現れといえる。
よって、被告ｃには評価損（いわゆる取引上の評価損）が発生したと認められる
から、原告らの主張は採用できない。」

(2)　国産車等 [11]

　修理費が比較的低額にとどまった場合でも、評価損が認められる場合があ
り、外国車に比べて修理費が高額とならない国産車においても評価損が認めら
れる場合がある。

　損傷の部位・程度等にもよるが、一般に、人気の国産車においては、初度登
録から 5 年（走行距離 6 万 km 程度）以上である場合、通常の国産車においては
初度登録から 3 年（走行距離 4 万 km 程度）を経過すると評価損が認められにく
いといわれている。

　以下の裁判例**⓯**〜**㉑**でもこの一般論が妥当している。

　裁判例**⓰**では、金額表示方式（金額で示す方法）、裁判例**⓯**・**⓱**・**⓳**〜**㉑**で
は、修理費基準方式（修理費の○○％とするもの）が採られている。裁判例**⓲**で
は、事故時の時価から修理後の価値を控除する減価方式が採られている。

裁 判 例 **⓯**	基本情報	①普通乗用自動車②スバル・インプレッサ③平成 28 年 6 月④ 1 年 3 か月⑤ 1 万 806km
東京地判平 30・5・15 交民 51 巻 3 号 571 頁			

評価損　23 万円（修理費の 20%）
　「⑴前提事実⑵によれば、原告車はスバル・インプレッサであり、初度登録は平
成 28 年 6 月、平成 29 年 9 月 22 日時点で走行距離は 1 万 0806 ｋｍであり、

11）外国車か国産車か不明なケースについては便宜上国産車の項目に含めた。以下同。

本件事故による原告車の損傷の修理費用は消費税込で 115 万 5600 円である。

　原告車の車種、原告車の初度登録から本件事故まで約 1 年 3 か月ほどであること、走行距離が 1 万 0806 km であること、原告車の修理内容、修理費用の額、損傷の程度等を考慮し、原告車の評価損については、修理費用 115 万5600 円の約 2 割に当たる 23 万円とするのが相当である。

　(2)原告は、原告車の評価損は、日本自動車査定協会作成の「事故減価額証明書」記載の 25 万 4000 円とすべきであると主張するが、同証明書は、減価額の算出方法が不明であり、これを採用することはできない。

　(3)被告は、原告車の処分時点における交換価値の減少分の 112 万円のうち、107 万円が修理費用相当の賠償として填補されれば、填補されない損害は 5 万円にすぎない旨主張するが、損傷した車両に施した修理費用の額自体が、必ずしも修理によって回復した原告車の価値となるわけではないことなどから、被告の主張は採用できない。その他の被告の主張を検討しても、上記認定は左右されない。」

裁判例 ⑯	基本情報	①普通乗用自動車②トヨタ・エスティマ③平成 23 年 12 月④ 2 年 5 か月⑤ 7660km

東京地判平 30・3・8LEX/DB25552867

評価損　15 万円

「前記認定事実に加えて、証拠及び弁論の全趣旨によれば、原告車は初度登録が平成 23 年 12 月のトヨタ・エスティマであること、原告車の走行距離が、平成25 年 12 月 14 日の時点で 6394km、平成 26 年 5 月 9 日の時点で 7660km であること、本件事故による原告車の損傷部位や損傷状況、修理費が 115 万6886 円であること、原告車の新車価格が 309 万円であること、トヨタ東京カローラ株式会社の担当者が、原告車と車種、初度登録年月が同じで、走行距離が7771km の車両の時価額を、平成 26 年 7 月 3 日のチェック時に 187 万円と評価していることが認められる。これらの事実に鑑みれば、同社の担当者が、原告車の時価を平成 26 年 5 月 9 日のチェック時に 58 万円と評価したことを考慮し

ても、本件事故による原告車の評価損は 15 万円と認めるのが相当である。

　前提認定事実に加えて、弁論の全趣旨によれば、本件事故により、原告車に係る原告 A の損害として、原告車の修理費 115 万 6886 円、代車料 21 万 6000 円が生じたことが認められるところ、前提事実(4)のとおり、原告 A は、原告車に係る物的損害の塡補として上記修理費と代車料の合計額に相当する 137 万 2886 円の支払を受けている。

　したがって、上記塡補後の損害は、上記評価損の 15 万円である。」

裁判例 ❼	基本情報	①普通乗用自動車②日産・セレナハイウェイスター③平成 28 年 9 月④ 2 か月⑤ 585km

東京地判平 30・1・16LEX/DB25551756

評価損　38 万 9740 円（修理費の 20％）

「〔1〕原告車は、日産セレナハイウェイスターであり、初度登録年月は平成 28 年 9 月、走行距離は 585km であること、〔2〕原告車は、車体本体にメーカーオプション、付属品等を加えて、値引き後の購入価格 401 万 5445 円で平成 28 年 8 月 14 日に発注されたものであること、〔3〕原告車は、本件事故の約 2 週間前である平成 28 年 11 月 6 日に納車となったこと、〔4〕原告車は、本件事故によりリアフロア・リアメンバーが曲損し、フロアパネルの切断・溶接、フレームの修正等の修理が必要となり、その修理費用は 194 万 8702 円であったことなどが認められる。

　原告車の車種、納車間もない新車であったこと、購入価格、損傷状況、修理の内容・程度、修理後の状況、修理費用の額等を考慮すれば、原告車の評価損としては修理費用の 20％に相当する 38 万 9740 円を認めるのが相当である。」

裁判例 ⓲	基本情報	①普通乗用自動車②レクサス・LS600h ③平成 26 年 3 月 ④ 1 年 11 か月⑤ 2 万 8947km

東京地判平 29・11・28 自保 2014 号 149 頁

評価損　104 万円

「本件事故当時、原告車の所有者は B リース株式会社であったが、原告会社は、B リース株式会社に対し、本件事故前である平成 28 年 1 月 29 日に車両入替えを理由としてリース契約の解約申入れをし、本件事故後である同年 4 月 1 日に同社から提示された中途解約金の全額（ただし、同年 2 月分までのリース料が支払済みであることを前提とした甲 12 記載の提示額から同年 3 月分のリース料を差し引いた 978 万 4340 円）を支払い、同年 4 月 2 日に同社から本件事故に基づく損害賠償請求権（原告車に関する物件損害）の一切の譲渡を受けていることが認められるから、本件事故により原告車に関して生じた損害賠償請求権は全て原告会社に帰属すると認められる。

イ　原告会社は、本件事故発生前に原告車を K 社に 1080 万円で売却する予定であったにもかかわらず、本件事故による損傷のため、本件事故後に同社に対する売却価格を 750 万円に改めざるを得なかったことを理由として、原告車の売買により得べかりし利益 330 万円の損害賠償を求める。そして、申込日欄に「H28 年 1 月 28 日」、販売車両欄に原告車の登録番号等、車両本体価格欄に「1080 万円」、売主（販売者）欄に「T 社」と記載され、買主（注文者）欄に B 社の記名押印がある「注文書（売買契約書）」と題する書面（甲 14）が存在する。

　しかし、証拠によれば、原告車は、平成 26 年 3 月初度登録のレクサス（ハイブリッド車、LS600h、バージョン C・I パック）で、その新車購入時の本体価格は 1115 万円（税込。以下、特記しない限り同じ。）、オプション・付属品を加えた販売価格でも 1231 万 3040 円であり、本件事故があった平成 28 年 2 月当時、走行距離は 2 万 8947km、車検残月数は 14 か月未満で、レッドブックによる評価額（これらの条件による加減調整を加えた額）は 854 万円であって、B リース株式会社が原告会社からのリース解約申入れを受けて中途解約金額を提示した際（その時期は明らかではないが、甲 12 の記載内容に照らし、平成 28 年

2月分のリース料支払期日である同月15日以前と推認される。）には、中途解約時の車両売却代金は324万円とされていることが認められる。これらの事実に照らすと、甲14に記載された「1080万円」という価格は原告車の適正な時価とみるには過大であるといわざるを得ず、原告会社主張の原告車売買により得べかりし利益をそのまま本件事故による損害と認めることはできない。

　一方、上記の事実に加えて、証拠によれば、原告側、被告側双方の保険会社による原告車の修理費用の協定に当たっては、上記のレッドブックによる評価額に従い、本件事故当時の原告車の時価を854万円と算定していることが認められることも考慮すると、本件事故当時の原告車の時価は854万円であると認めるのが相当である。そして、証拠によれば、原告会社は、本件事故後、平成28年4月5日までに、Ｔ社を介して、Ｋ社に対し、原告車を売却し、その売却代金として750万円の支払を受けた事実が認められる。同年3月13日付けのレクサスのディーラーによる査定では、原告車の下取価格は460万円（税抜）とされていることに照らし、750万円という上記の売却代金額は本件事故後の原告車の時価を下回るものではないと認められる。

　そうすると、原告車は、本件事故当時は854万円の価値を有していたのに、本件事故に遭ったことにより、本件事故による損傷の修理をしても回復されない交換価値の低下を来しており、その低下額は104万円（854万円－750万円）を下らないと認めることができるから、原告会社に原告車の取引上の評価損として104万円の損害が生じたものと認められる。」

裁 判 例 ❶❾	基本情報	①大型貨物自動車③平成25年7月④1年1か月⑤8万7661km

横浜地判平29・11・2自保2017号150頁

評価損　109万円（修理費の20%）

「原告q1会社は、q7株式会社作成の証拠に基づき、中古車店頭相場価格と買取査定金額との差額及びそれに対する消費税を評価損として請求するが、前記各書面は前記会社のみの評価であり、その評価の詳細な理由やそれを根拠付ける客

観的資料はなく、前記金額は採用できない。

　しかしながら、原告車両の初度登録の時期、走行距離に加え、原告車両が新車価格（税抜）で 1,236 万 6,000 円の車両であること等を総合考慮すれば、修理によってもなお減価が生じると考えられ、金額としては、前記のような事情を総合考慮すると、修理費の約 20％である 109 万円が相当である。」

裁判例 ❷	基本情報	①普通乗用自動車③平成 25 年 11 月 14 日④約 1 年半⑤ 1 万 6598km

名古屋地判平 29・8・22 交民 50 巻 4 号 1053 頁

評価損　19 万 8738 円（修理費の 40％）

「被控訴人夏男の主張する評価損 47 万 5000 円は、B レンタリースが本件事故の前後に査定した被控訴人車の評価額（計算時入庫価格）の下落分であるところ、この下落分は、被控訴人夏男と B レンタリースとの間の本件リース契約及び同契約の解約に由来する事情（一般に、計算時入庫価格が下落すれば解約時精算金は上昇するという関係にあるうえ、規定損害金を不足なく確保しようとすれば、計算時入庫価格は低く査定される可能性のあることは否定し難いなどの事情）があるから、被控訴人車の客観的な価値の下落そのものを示したものと直ちに認めることはできない。加えて、本件事故後の B レンタリースによる被控訴人車の査定は、修理後の被控訴人車を直接確認した上でなされたものではないので、本件事故後の被控訴人車の評価額を正確に査定したものとも認められない。そうすると、上記下落分が本件事故により通常生ずべき損害を示すものであるとはいい難い。

　また、控訴人丁山が、本件事故当時、被控訴人夏男において本件リース契約の中途解約を予定していたことや本件リース契約の内容等について予見し又は予見できたことを認めるに足りる証拠はないから、被控訴人夏男主張の下落分をもって相当因果関係のある特別損害と認めることもできない。

　したがって、被控訴人夏男の主張する下落分を被控訴人車の評価損として採用することはできない。

エ　そこで、証拠から認められる被控訴人車の損傷状況と修理費（49万6845円）、初度登録（平成25年11月14日）から本件事故までの期間（約1年半）、と走行距離（1万6598km）、車種等に鑑み、被控訴人車に生じた評価損については、修理費の4割である19万8738円と認めるのが相当である。」

裁 判 例 ㉑	基本情報	①普通乗用自動車②スズキ・エブリィ③平成24年9月24日④2か月12日⑤239km

横浜地判平29・7・18交民50巻4号884頁

評価損　15万円（修理費の20％）

「被告車は、本件事故で損傷し、その損傷がクロスメンバやピラーなどの骨格部分に及んでいること、被告車（スズキ・エブリィ）は国産の乗用自動車であり、初度登録が平成24年9月24日であり、同年12月6日の時点で走行距離が239キロメートルであったことが認められる。

　上記事情から、被告車は、本件事故による損傷で価値が下落したといえ、修理費用のおよそ2割に相当する15万円の評価損を認めるのが相当である。」

2　否　　定

(1)　外 国 車

　以下の裁判例㉒〜㉚は評価損を否定した。先に述べたように、一般に、外国車においては、初度登録から5年（走行距離6万km程度）以上である場合は評価損が認められにくいといわれている。この範囲にあっても、損傷の部位・程度、車種、中古車小売価格等も考慮され、評価損が否定される場合もある。以下の裁判例においてもそのことが概ね確認されよう。

　なお、裁判例㉙は、所有権留保のある車両の評価損につき、損害が帰属するのは、価値権を把握する留保所有権者（売主）であるとして、車両売買代金完済の主張・立証のない原告の請求を認めなかった。

裁 判 例 ㉒	基本情報	①普通乗用自動車②メルセデス・ベンツ S クラス③平成19 年 5 月④ 9 年⑤ 8 万 2403km

名古屋地判平 29・9・15 交民 50 巻 5 号 1191 頁

評価損　否定

「原告車両は、メルセデス・ベンツの S クラスであり、初度登録平成 19 年 5 月、走行距離 8 万 2403km であったこと、本件事故により、フロントバンパーがやや変形するなどしたにとどまり、骨格部位は損傷していないことが認められ、これらの事情からすると、本件事故により原告車両に評価損が生じたとは認められないというべきである。」

裁 判 例 ㉓	基本情報	①普通乗用自動車②メルセデス・ベンツ車③平成 20 年 8 月④ 5 年 3 か月⑤ 7 万 3900km

名古屋地判平 29・6・16 交民 50 巻 3 号 764 頁

評価損　否定

「原告車両（メルセデス・ベンツ）について、初度登録が平成 20 年 8 月、走行距離が 7 万 3,900 キロメートル（平成 25 年 8 月 26 日時点）であること、本件事故による損傷状況からすると、原告車両に評価損が発生したと認めることはできない。」

裁 判 例 ㉔	基本情報	①普通乗用自動車②メルセデス・ベンツ S クラス③平成19 年 6 月④ 9 年⑤ 6 万 5770km

東京地判平 29・5・31LEX/DB25554620

評価損　否定

「初度登録年月（平成 19 年 6 月）、走行距離（6 万 55770km）、本件事故による反訴原告車の損傷の状況、修理内容に照らすと、その車種等を考慮しても、本件事故により反訴原告車につき評価損が生じたとは認められない。」

裁判例 ㉕	基本情報	①普通乗用自動車②メルセデス・ベンツ CL550 ④ 7 年以上⑤ 4 万 8900km

大阪地判平 29・2・1 自保 2000 号 120 頁

評価損　否定

「原告は、本件事故により修理代金の少なくとも 2 割程度の評価損が発生したと主張する。この点、証拠及び弁論の全趣旨によれば、原告車は新車価格が 1,500 万円を超えるメルセデス・ベンツ CL550 であるが、本件事故当時は初度登録から 7 年以上が経過し、走行距離も 4 万 8,900 キロメートルを超えていたと認められ、前記⑴で認定した原告車の修理内容に鑑みると、本件事故により評価損が発生するとは認め難い。」

裁判例 ㉖	基本情報	①普通乗用自動車②アウディ・A84.2L FSI クワトロ③平成 20 年 2 月④ 6 年 5 か月⑤本件事故の約 6 か月前時点：5 万 1750km、本件事故の約 9 か月後で時点：約 6 万 9000km

東京地判平 28・12・21LEX/DB25550072

評価損　否定

「〔1〕原告車は初度登録平成 20 年 2 月であり、本件事故当時約 6 年 5 か月が経過していたこと、〔2〕原告車の走行距離は、本件事故の約 6 か月前である平成 26 年 1 月 23 日時点で 5 万 1750km、本件事故の約 9 か月後である平成 27 年 3 月 23 日時点で約 6 万 9000km であったことが認められ（なお、本件事故の影響が同車の骨格部位にまで波及していること、修理後、機能障害、美観障害が残存していることを認めるに足りる的確な証拠はない。）、その車種（アウディ

A84.2L FSI クワトロ)、新車価格や中古車小売価格等を考慮しても、本件事故により原告車に評価損が発生したと認めるのは困難である。」

裁判例 ❷⑦	基本情報	①普通乗用自動車②BMW・アルピナ③平成 27 年 3 月④5 か月⑤ 9500km

東京地判平 28・10・11LEX/DB25537949

評価損　否定

「〔1〕原告車の車種は BMW アルピナであり、初度登録年月は平成 27 年 3 月であること、〔2〕原告車には、本件事故により、フロントバンパー左角部分が変形する損傷が生じたが、原告車のフロントバンパーの内部まで損傷するには至っていないこと、〔3〕原告車には、フロントバンパーの交換やデコラインの貼り換え等の修理が実施され、その修理費用は 45 万 9963 円であること、〔4〕原告車は、修理後、機能や外観に欠陥は残存していないことなどの事実が認められるところ、原告車の損傷の部位や程度、修理の程度等からすれば、原告車の車種や初度登録からの期間を考慮しても、原告車について評価損が生じたものとは認められない。」

裁判例 ❷⑧	基本情報	①普通乗用自動車②メルセデス・ベンツ ML350

東京地判平 28・3・30LEX/DB25535004

評価損　否定

「本件事故による原告車両の損傷は、左後部ドア、左クォータパネル、左後部ホイールの擦過傷や軽度の押し込み変形が中心であり、損傷箇所が車体の骨格部分に及んでいない上、左サイドパネルを除きすべて新しい部品に取り替えられることになることから、本件事故により原告車両に評価損が発生するとは認められない。」

| 裁判例❷ | 基本情報 | ①普通乗用自動車②メルセデス・ベンツ CLK320 カブリオレ④ 9 年未満 |

名古屋地判平 27・12・25 交民 48 巻 6 号 1586 頁

評価損　否定

「原告は、本件事故により修理によっても回復できない価格の低下が原告車両に生じたとして、評価損の発生を主張する。

　しかし、原告車両の所有権は、原告車両の売買代金の完済まで A 社に留保されているところ、原告がこれを完済したとの事実は主張されていない。そして、原告が主張する評価損は、結局のところ、原告車両の交換価値の侵害であるから、所有権留保の性質につき担保的構成を採った場合においても、その損害が帰属するのは、価値権を把握する留保所有権者であると評価すべきである。

　そうすると、原告において評価損の賠償を請求することは、できないといわざるを得ない。」

| 裁判例❸ | 基本情報 | ①普通乗用自動車② BMW・3 シリーズ④ 11 年 |

東京地判平 27・11・9LEX/DB25532899

評価損　否定

「原告車は平成 15 年式の BMW3 シリーズのセダンタイプであり、初度登録から約 11 年経過しており、証拠によれば、その時価額は 77 万円と認められる。そして、原告車の修理費用が 105 万 2199 円であるから（争いがない）、原告車は経済的全損であると認められる（なお、前記アについて、被告 C は対物超過特約に加入しているため、経済的全損であっても修理費用全額は損害として認められることに変わりない。）。そうすると、修理歴があることによって中古車市場価格が低下するものとは認められないから、評価損が発生したとは認められない。」

(2)　国産車等

　明確な基準は存在しないが、一般に、人気の国産車においては、初度登録から 5 年（走行距離 6 万 km 程度）以上である場合、通常の国産車においては初度登録から 3 年（走行距離 4 万 km 程度）を経過すると評価損が認められにくい傾向にある。

　以下の裁判例❸❶〜❸❸は評価損を否定したものであるが、この一般的傾向が確認できる。

　裁判例❸❶は、原告は原告車の使用者であるにすぎず、交換価値を把握する所有者ではないことから評価損の発生を否定している。

裁 判 例 ❸❶	基本情報	①普通乗用自動車②トヨタ・エスクァイア③平成 29 年 10 月 12 日④約 2 か月⑤ 1636km

東京地判平 30・10・10LEX/DB25556383

評価損　否定

「原告は、本件事故によって原告車の交換価値が 88 万円下落したから同額の評価損が発生したと主張するが、証拠及び弁論の全趣旨によれば、原告は原告車の使用者にとどまり、交換価値を把握する所有者ではないことが認められるから、原告に上記の評価損が発生したとは認められない。」

裁 判 例 ❸❷	基本情報	①普通乗用自動車②国産大衆車③平成 24 年 5 月④ 4 年 4 か月⑤約 4 万 5000km

京都地判平 30・10・4 自保 2035 号 115 頁

評価損　否定

「原告車は、平成 24 年 5 月初度登録の乗用車であり、本件事故当時、登録から 4 年以上が経過し、4 万 4,628 キロメートル程度の走行がされていたこと、前記のとおり原告車の損傷は自転車との衝突事故によるものであり、車両の骨格部分

に重大な損傷が生じたとは考えにくいこと（証拠の原告車の修理見積書におい
て、フロントサイドメンバの修理費が計上されている点は原告主張のとおりであ
るが、その修理費は工賃 6,600 円にとどまる。）に照らすと、原告車に評価損が
発生したとは認められない。」

裁 判 例 ㉝	基本情報	①普通乗用自動車②トヨタ・ヴォクシー③平成 22 年 4 月 21 日④ 2 年 5 か月⑤ 3 万 0495km

横浜地判平 29・4・24 自保 2001 号 92 頁

評価損　否定

「被告車（トヨタ・ヴォクシー）は、国産車で、初度登録は平成 22 年 4 月 21
日であり、本件事故はそれから約 2 年 5 ヶ月後の事故であること、被告車の走
行距離は平成 24 年 9 月 16 日の時点で 3 万 0,495 キロメートルであること、被
告車の修理は骨格部分には及んでおらず、ホイールとバンパの損傷が中心であ
り、修理費用は 6 万 7,193 円であることが認められる。

　以上の事情を考慮すれば、被告車は、上記の軽微な損傷で価値が下落するもの
とは考え難く、評価損は認められない。」

裁 判 例 ㉞	基本情報	①中型貨物自動車②トヨタ・ハイエース③平成 25 年 5 月④約 2 年 5 か月⑤ 2 万 8504km

東京地判平 29・4・21LEX/DB25554282

評価損　否定

「原告は、本件事故により原告車には機能に欠陥が生じたとして、技術上の評価
損が発生した旨の主張をし、これに沿う証拠として、有限会社オグショーのＥの
意見書を提出する。

　しかしながら、原告は、本件事故後に原告車を修理することなく売却したから
（原告代表者Ｂ 12 頁）、上記意見書は、実際に原告車を修理した上でなお残存し

た機能の欠陥を記載したものではない上、記載内容としても、ボディ全体でずれが出て、走行を続けるうちにバックドア合わせ面等から水漏れや軋み音が生じる可能性があることを指摘するにとどまるものであって、上記意見書によっても原告車に技術上の評価損が生じたとは認められない。そして、他に、原告車に技術上の評価損が生じたことを認めるに足りる証拠はない。　また、取引上の評価損についても、前記認定事実のほか、証拠によれば、原告車は、初度登録年月が平成 25 年 5 月の国産車（ハイエース）であり、新車購入時の車両本体の価格が329 万 7382 円であったこと、本件事故まで約 2 年 5 か月が経過し、走行距離が 2 万 8504km であること、内装架装代を除く原告車本体の修理費用は 77 万7298 円にとどまることに照らすと、一方で、本件事故により、原告車はフロアサイドやクロスメンバー等にまで損傷が及んだことは認められるものの、前記認定の原告車の車種（国産普通車）、走行距離、初度登録からの期間、修理費用の額を総合考慮すると、上記のとおりの損傷の部位・程度を併せ考慮しても、評価損が発生したと認めることはできず、他に評価損を認めるべき的確な証拠はない。

　なお、原告は、内装架装代 244 万円を含めた原告車の新車価格は 573 万7382 円であり、一般的な同車種と比較しても高額であり、評価損を認めるべきである旨の主張をするが、原告車の購入時に高額な内装架装代がかかったことは、評価損が認められないとの上記判断を左右するものでなく、原告の上記主張は採用することができない。」

裁 判 例 ㉟	基本情報	①普通乗用自動車②トヨタ・ヴェルファイアロイヤルラウンジ LE ③平成 24 年 2 月④ 3 年経過⑤ 5 万 km 超

東京地判平 29・1・30LEX/DB25538984

評価損　否定

「〔1〕原告車は、初度登録が平成 24 年 2 月のヴェルファイア ロイヤルラウンジ LE であり、走行キロ数約 5 万 3000km であること、〔2〕原告車の固定資産台帳上の取得時の価格は約 1129 万円であること、〔3〕本件事故後の修理の主

な内容は、リアバンパー交換、リアスカート交換、バックドアパネル交換、ロアーパネル修理であることが認められる。

　前記修理によっても原告車の機能や外観に欠陥が残存したことを認めるに足りる立証はない。原告は、原告車の外板価値減価額を20万3000円と評価する一般財団法人日本自動車査定協会作成の外板価値減価額証明書を提出するが、特記事項には「バックドア交換跡。リヤエンドパネル交換跡。」とあるのみで、なぜ減価が生じるのか、また上記金額を算定した根拠は不明であり、採用できない。さらに、原告は、〔1〕S社が、平成27年11月19日付けで作成し、「事故が無い状態380万前後」、「事故後、修復歴がつかない場合340万前後」、「事故歴、修復歴がつく場合320万前後」と記載された書面、〔2〕S社が、平成27年11月27日付けで作成し、「事故が無い状態350万前後」、「事故後、修復歴がつかない場合310万前後」、「事故歴、修復歴がつく場合280万前後」と記載された書面、〔3〕ネッツトヨタ東京株式会社P4店が作成し、「220万」、「事故現状車170万」と記載された書面を提出するが、いずれも算定根拠は不明であり、客観性を認めるべき記載はなく、採用できない。

　原告車は、メーカー希望小売価格を300万円以上も上回る内装等を施したというのであり、そのような特別な車両が、初度登録から3年が経過し、走行距離が5万kmを超える条件下で、本件事故による前記内容の修理をしたことによって客観的価値が低下するのが当然であるとは認められず、客観的価値が低下したことを認めるに足りる的確な立証はない。

　したがって、評価損の発生は認められない。」

裁判例 ㊱	基本情報	①普通乗用自動車③平成24年12月④1年7か月⑤2万3500km

東京地判平28・8・25LEX/DB25536973

評価損　否定

「本件事故による控訴人車の損傷の状況（右フロントフェンダー及び右リアフェンダーの凹損、右ドアミラーの擦過傷）に照らすと、その車種、初度登録年月

（平成24年12月）、走行距離（約2万3500km）等を考慮しても、本件事故により控訴人車につき評価損が生じたとは認められない。」

裁 判 例 ❸❼	基本 情報	①普通乗用自動車②ニッサン・GT－R③平成26年1月 ④1か月⑤1161km

東京地判平27・12・10自保1977号167頁

評価損　否定

「本件汚損事故は、塗料が付着したというものであり、付着した塗料を除去されることで、特段の事情がない限り、評価損は生じないところ、既に、上記1(1)オのとおりの修理が行われ、上記の特段の事情も認めることができないのであるから、本件汚損事故により、本件自動車に評価損が生じたと認めることはできない。

　原告は、本件汚損事故により、発がん性のある塗料が本件自動車内部にも付着しており、これらを除去するには、本件自動車を全塗装する必要があり、この場合には原告主張額の評価損が生じる旨主張し、それに沿う証拠もあるが、原告が主張する評価損の根拠となる査定について、全塗装車が修復歴車扱いとなる理由が不明確であり、それを措いても、本件自動車の汚損状況を撮影したものからは、直ちに本件自動車の内部に塗料が付着し、全塗装の必要性が明らかになっているとは認めることができず、他に本件自動車の内部に塗料が付着していることを具体的に裏付ける証拠はないのであって、原告の主張に理由はない。」

裁 判 例 ❸❽	基本 情報	①普通乗用自動車②トヨタ・ランドクルーザー③平成20年2月④4年7か月⑤平成23年2月10日の時点で6万0300kmであり、平成25年3月7日の時点で8万6684km（事故日：平成24年9月25日）

横浜地判平27・11・26自保1967号148頁

評価損　否定

「原告車の初度登録は平成 20 年 2 月であり、本件事故はそれから 4 年 7 ヶ月後の事故であること、原告車の走行距離は平成 23 年 2 月 10 日の時点で 6 万 0,300 キロメートルであり、平成 25 年 3 月 7 日の時点で 8 万 6,684 キロメートルであることが認められる。

　以上の事情から、原告車の修理は骨格部分に及んでいるものの、評価損は認められない。」

第 3 章	**修理不能な損害**

1 物理的全損

　事故車両が大破するなどして修理不能と認められる場合には、市場で同種車両を入手すれば損害はてん補されると捉え、事故時の時価（市場価額）の限度で損害が認められる。

　事故時の時価（車両価格）は、原則として被害車と同一の車種・年式・型、同程度の使用状態・走行距離などの自動車を中古車市場で取得しうる価格をいう。

　昭和49年の最高裁判決[12]は「いわゆる中古車が損傷を受けた場合、当該自動車の事故当時における取引価格は、原則として、これと同一の車種・年式・型、同程度の使用状態・走行距離等の自動車を中古車市場において取得しうるに要する価額によって定めるべきであり、右価格を課税又は企業会計上の減価償却の方法である定率法又は定額法によって定めることは、加害者及び被害者がこれによることに異議がない等の特段の事情のないかぎり、許されないものというべきである。」と述べている。中古車市場で流通していない場合や改造車であり、時価の算定が困難な場合等、特段の事情がある場合には、減価償却法が参考にされる（裁判例❸❸・❸❹参照）。なお、同最高裁判決は、**第 1 章「修理可能な損害――修理費」**裁判例❺および❼において引用されている。

　具体的に時価を算定するための資料として、オートガイド自動車価格月報（有限会社オートガイド）（いわゆるレッドブック）、中古車価格ガイドブック（一般財団法人日本自動車査定協会）（いわゆるイエローブック）、中古車販売インターネットサイト等がある。

12）最判昭 49・4・15 民集 28 巻 3 号 385 頁。

　実務上は被害車の査定を行う技術アジャスター[13]が重要な役割を果たしている。流通量が少ない稀少車等については時価の算定が困難な場合があり、具体的事情を総合的に考慮して時価を求める場合も多い。

　次の裁判例❶・❷はそのような事例である。

裁判例 ❶	基本情報	①中型貨物自動車（コンクリートポンプ車）

横浜地判平 29・5・22 自保 2004 号 124 頁

時価額　950 万円

「⑴原告車は、平成 13 年 9 月製造、車両総重量 7,985 キログラムの PY75A －19A 型コンクリートポンプ車（4.5 トン車）であり、原告は、同年 10 月 5 日、これを 2,003 万 3,500 円で取得し、その使用を開始した。

　原告は、平成 26 年 12 月 15 日、株式会社 d との間で、PY75B － 19B 型ブーム付コンクリートポンプ車（5.5 トン車）を、発注の 8 箇月後を受渡時期、税抜価格 2,600 万円で購入する契約を締結し、その代金のうち 1,000 万円について、原告車の下取車両として引き取ることにより相殺する旨を合意した。

　本件事故後も上記売買契約は解消されず、原告は、平成 27 年春頃、新型機種である PY90 － 17 型コンクリートポンプ車（5.5 トン車）が発売されることを知り、同機種に注文を変更し、平成 28 年 2 月、その納車を受けた。その請求額合計 3,300 万円のうち、購入車両の税抜き価格は 2,909 万 2,593 円であり、下取車両の引取り等による値引きはない。

⑵原告車の性能、希少性等に鑑みれば、原告車の時価については必ずしも製造・使用開始からの経過年数に応じた新車価格からの減価が生じているとは考えられず、平成 27 年 10 月に原告車と同型で平成 13 年製造の中古コンクリートポンプ車について税抜価格を 950 万円、同額からの値引額を 50 万円とする取引事例があったことも考慮すると、本件事故当時、証拠記載の下取価格に近い時価を

13）アジャスターとは一般社団法人日本損害保険協会に加盟する保険会社から委嘱を受け保険事故の損害調査業務を行う者で、協会にアジャスター登録された者をいう。自動車の物損事故による損害額や事故の原因・状況などの調査を行う。

有していたことが推認される。

　もっとも、原告車の下取価格を1,000万円とした具体的な査定根拠は明らかでなく、原告車と上記取引事例対象の車両との使用状況等の相違も明らかではない。また、下取車両の引取りを伴う車両販売契約においては、購入車両の値引分を考慮して下取価格を設定する例が多いこと自体は否定し難い。上記取引事例においても約5％の値引きがなされており、原告が平成28年2月に納車を受けたコンクリートポンプ車についても、請求書記載の税抜価格が本来の車両価格と一致するとは考えにくく、明示はされていないものの、ある程度の値引をした後の金額であることが推認される。

　以上の諸事情に鑑みれば、原告車の時価は、上記下取価格1,000万円の95％に相当する950万円と認めるのが相当である。」

裁判例 ❷	基本情報	①普通乗用自動車②デロリアン車

東京地判平28・2・10LEX/DB25533770

時価額　244万8000円

「車両価格について

㋐証拠及び弁論の全趣旨によれば、以下の事実が認められる。

a　原告車（車名デロリアン、製作昭和56年〔西暦1981年〕10月31日）は、平成2年12月10日、税関を通過して日本に輸入された。

b　デロリアンは、販売台数が少ない希少な車種であるが、平成56年当時の新車価格は2万5000ドルであった。

c　原告Aは、カーコミュニティDear（以下「ディア」という。）との間でデロリアンを購入してもよい旨を話していたところ、ディアから、海外で良いデロリアンが出たからなどと持ちかけられ、原告車を購入することとした（原告A本人）。

d　原告会社は、平成24年4月、ディアとの間で、原告車を、車両本体価格の他、アメリカ合衆国での買付手数料、同国から日本への輸入費用等を含めた代金

630万円（うち30万円は消費税）及び法定費用70万円（9万0700円を値引いた額）の合計700万円で購入する旨を約した。

e　原告車は、原告会社に1度納車されたが、その後、悪臭や雨漏りなどを理由に、数度にわたり調整・整備を必要としたことから、最終的な納車までは2年を要した（原告A本人）。

f　原告会社は、平成24年6月14日から平成26年9月10日までの間、10回にわたり、ディアに対し、651万3894円を支払った。

g　原告Aは、デロリアンが登場することで有名な映画（「バック・トゥ・ザ・フューチャー」）の主要な出演者の一人である俳優（E氏）から、原告車のハンドルにそのサインをもらった。

h　平成27年10月30日に印刷されたデロリアン社のホームページ等によれば、アメリカ合衆国では、同一の中古車であっても、販売価格は、〔1〕検査査定済みだが会社が購入した状態での現状引渡しのもので、走行に制限・支障のある場合もあるもの、〔2〕検査査定済みで、全ての主要装置が正しく機能しているもの、〔3〕検査査定済みであり、かつ幅広い修繕をしているものに分かれる。そのため、同一のデロリアンであっても、その各ランクにつき〔1〕3万2500ドル、〔3〕4万6000ドルのもの、〔1〕2万9000ドル、〔2〕3万6000ドル、〔3〕4万7000ドルのもの、〔1〕2万7500ドル、〔2〕3万9750ドル、〔3〕4万8500ドルのものがある。

i　原告車は、本件事故により、フレームが曲がり、ボディの部品にも損傷が及んでいるところ、デロリアンの販売台数が少ない上、その部品・フレームなどの在庫もないことから、修理不能となった。

(イ)上記認定事実によれば、まず、原告会社がディアとの間で締結した売買契約上の購入価格630万円は、適切に積算された金額であるとは直ちに認め難いから、これを基に損害額を算定することは相当とはいえない。

　他方、原告車は、販売台数の少ない希少な車種であり、中古車販売会社から購入する場合、現状引渡しのもので走行に制限・支障のあり得る車両（前記〔1〕ランクのもの。）であっても、昭和56年当時の新車販売価格2万5000ドルを上回る希望販売価格（2万7500ドル～3万2500ドル）がつけられている。そうすると、被告Bの主張する販売価格の1割などという金額をもって、原告車の時価と認めることも相当とはいえない。

　そして、原告車は、平成 24 年 4 月の売買契約後、数回にわたり整備を要し、納車まで 2 年を要したことが認められること、他方、その結果一定の整備がなされたことに照らすと、前記の 3 ランクのうち〔1〕に該当する車両であったと解するのが相当である。また、原告車はマニュアル車でグレーの仕様であるのだが、同様の仕様の車両でも〔1〕のランクの車両価格は 3 万 2500 ドルから 2 万 7500 ドルのものがあること、平成 27 年にはデロリアンの価格が上がったとされること（原告 A 本人）、前記の各価格は希望販売価格であって実際の売却価格とまではいえないこと等を勘案すると、原告車の車両本体価格は、2 万 4000 ドルとするのが相当と解する。また、本件事故当時（平成 26 年 4 月頃）の円とドルの為替レートの中値は 1 ドル約 102 円であったと認められるから、原告車の車両本体価格は 244 万 8000 円と認めるのが相当である。」

2　経済的全損

　修理費がその被害車の事故時の時価額に買替諸費用を加えた金額を超える場合を経済的全損（あるいは経済的な修理不能）といい、修理不能と捉え物理的全損と同様に扱われる。したがって、物理的全損と同様に、「事故時の時価額＋買替諸費用」の限度で損害が認められることなる[14]。

　車両の時価を算定するための資料として、物理的全損の冒頭で述べた、レッドブック、イエローブック、インターネットサイト等がある。

　被害者側は全損でない（分損である）ことを主張して修理費を請求し、他方、加害者側は、経済的全損であると主張して、損害は時価額＋買替諸費用の限度に限られると争う裁判例が多くみられる（以下に挙げる裁判例のほか、**第 1 章 1**「経済的全損か否か」も参照）。

　修理費が時価額を超える場合に、被害車を引き続き使用したいとする希望が社会通念上是認するに足る相当の事由があるときには、例外的に時価額を超える修理費が認められる場合がある。シボレー・カマロについて、平成 9 年の大

14）東京地判平 14・9・9 交民 35 巻 6 号 1780 頁等。

阪高裁判決[15]は、次のように述べた。

「交通事故により中古車両が破損した場合において、当該車両の修理費相当額が破損前の当該車両と同種同等の車両を取得するのに必要な代金額の基準となる客観的交換価格（以下、単に「交換価格」という）を著しく超えるいわゆる全損にあたるときは、特段の事情のない限り、被害者は、交換価格を超える修理費相当額をもって損害であるとしてその賠償を請求することは許されず、加害者は、交換価格からスクラップ代金を控除した残額を賠償すれば足りるというべきである。不法行為による損害賠償の制度は不法行為がなかったならば維持し得たであろう利益状態を回復することを目的とするものであることはいうまでもなく、中古車両を毀損された所有者は、通常は、破損箇所の修復をすることにより右利益状態の回復をなしうるのであるから、修理費がこの場合の損害額であるとみるべきであるが、自動車は時の経過に伴って修理費及び整備費がかさむものであり、まして事故により毀損された場合の修理費は、毀損の程度、態様の如何により経常の修理、整備費をはるかに上廻りその額が前記交換価格を著しく超える結果となることもあり、このような場合には、被害者は、より低廉な価格で代物を取得することによって前記利益状態を回復しうるのであるから、右交換価格が損害額となるものというべく、交換価格より高額の修理費を要する場合にもなお修理を希望する被害者は、修理費のうち交換価格を超える部分については自ら負担すべきものとするのが公平の観念に合致するものというべきである。」

　本判決は、右において、交換価格を超える修理費相当額をもって損害であるとしてその賠償を請求することの許される特段の事情として、①被害車両と同種同等の自動車を中古車市場において取得することが至難であること、あるいは、②被害車両の所有者が、被害車両の代物を取得するに足る価格相当額を超える高額の修理費を投じても被害車両を修理し、これを引き続き使用したいと希望することを社会観念上是認するに足る相当の事由が存することなどが、典型的なものとして考えられるとする（本件では特段の事情が認められないとし、

15）大阪高判平 9・6・6 交民 30 巻 3 号 659 頁。

車両の交換価格は 70 万円を損害として認めた)。

　以下に、経済的全損に関する裁判例を示す。ここでは、(1)「国産車等」、(2)「外国車」、(3)「改造車」に分けて整理している。主として時価額の判断を行っている裁判例を取り上げている。

(1)　国産車等

　国産車の場合は、外国車に比べ、判決文において時価額算定の根拠につき、単に「証拠」を挙げるだけのものも多い。

　裁判例❸は、経済的全損の判断を詳細に行っている（結論は経済的全損を否定）。

裁判例 ❸	基本情報	①普通乗用自動車②ニッサン・エクストレイル 5D ワゴン NT31 20X/XT2000（F クラス）③平成 23 年 7 月 19 日④3 年 2 か月⑤4 万 4988km

東京地判平 28・6・17 交民 49 巻 3 号 750 頁

経済的全損を否定

※この裁判例は、仮に本件事故によって被害車が経済的全損になっていた場合、損害額から被害車を修理せずに売却していれば取得できた代金（取得可能な売却代金）を控除すべきかについて言及しており（結論否定）、やや長いが参考として紹介する。

「1　本件では本件事故によって c 車が経済的全損になったかが争われているので、まずこの点について判断する。

(1)不法行為に基づく損害賠償制度の目的は、被害者に生じた現実の損害を金銭的に評価し、加害者にこれを賠償させることにより、被害者が被った不利益を補てんして、不法行為がなかったときの状態に回復させることにある（最高裁昭和 63 年(オ)第 1749 号平成 5 年 3 月 24 日大法廷判決・民集 47 巻 4 号 3039 頁参照）。この目的からすると、交通事故によって車両が損傷し修理を要する状態になった場合、加害者は、当該車両（以下「被害車両」という。）の所有者又は使用者（以下「被害者」という。）に対し、原則として、適正修理費用を賠償する

責任を負うと解するのが相当である。なぜなら、被害者を不法行為がなかったときの状態に回復させるためには、適正修理費用の賠償が必要だからである。

　もっとも、適正修理費用が交通事故前の被害車両の価格及び被害車両と同種同等の車両を市場で取得するのに要する費用（以下この費用を「買替諸費用」という。）の合計額を上回るときは、いわゆる経済的全損として、加害者は、被害者に対し、交通事故前の被害車両の価格及び買替諸費用の合計額を賠償すれば足りると解するのが相当である。なぜなら、交通事故前の被害車両の価格及び買替諸費用が賠償されれば、被害者は被害車両と同種同等の車両を取得することができ、その結果、被害者は不法行為がなかったときの状態に戻ることができるからである。

　なお、被害車両が経済的全損になったこと、すなわち、適正修理費用が交通事故前の被害車両の価格及び買替諸費用の合計額を上回ることは、適正修理費用の賠償を免れようとする加害者において立証する必要があると解するのが相当である。

(2)証拠によれば、本件事故前のc車の本体価格（消費税別）は161万9000円と認められ、この認定を覆す証拠はない。

　また、証拠と弁論の全趣旨によれば、c車には電動サンルーフ（純正品）とカーナビゲーション（パイオニア製メモリーナビ・社外品）が装備されていたことが認められるところ、証拠と弁論の全趣旨によれば、上記装備品による加算額（消費税別）は7万円（電動サンルーフ分が4万円、カーナビゲーション分が3万円）と認めるのが相当である。

　さらに、証拠と弁論の全趣旨によれば、c車はレグザーニ社製のアルミホイール「Johnson2」（以下「c車アルミホイール」という。）4本を装着していたことが認められるところ、証拠によれば、c車の純正品アルミホイール4本の価格（消費税別）は18万0400円（1本につき4万5100円）、c車アルミホイール4本の価格は55万6000円（1本につき13万9000円）と認められるから、本件事故前のc車の価格を算定するに当たっては、その差額を考慮するのが相当である。もっとも、上記c車アルミホイール4本の価格は新品の価格であるから、上記差額である37万5600円をそのまま本件事故前のc車の価格に加算することはできず、加算額は、c車の初年度登録年月日や本件事故発生日等を考慮し、上記差額の6割である22万5360円を相当と認める。

　以上によれば、本件事故前のｃ車の価格（消費税別）は191万4360円となるところ、これに消費税等の買替諸費用を加算すると、合計額はｃ車の適正修理費用204万7302円を上回る。よって、本件事故によってｃ車が経済的全損になったとは認められない。

　したがって、被告が賠償責任を負うｃの損害額は204万7302円である。
2　以上によれば、その余の点について判断するまでもなく被告の主張は理由がないが、仮に本件事故によってｃ車が経済的全損になっていた場合、ｃの損害額からｃがｃ車を修理せずに売却していれば取得できた代金（取得可能な売却代金）を控除すべきかについて当裁判所の見解を付言しておく。

　まず、ｃがｃ車を修理せずに売却した場合、ｃの損害額はｃ車の売却代金を控除して算定するのが相当である。なぜなら、この場合、ｃはｃ車の売却代金を実際に取得するから、本件事故前のｃ車の価格及び買替諸費用の合計額からｃが取得した売却代金の差額が賠償されれば、ｃは不法行為がなかったときの状態に戻ることができるからである（前記最判平成5年3月24日は、被害者が不法行為によって損害を被ると同時に、同一の原因によって利益を受ける場合には、損害と利益との間に同質性がある限り、公平の見地から、その利益の額を被害者が加害者に対して賠償を求める損害額から控除することによって損益相殺的な調整を図る必要があると述べているが、同最判の考え方は上記に示した考え方と同趣旨と解される。）。

　問題は、ｃがｃ車を修理して使用した場合に、ｃの損害額から取得可能な売却代金を控除すべきかである。

　この点について被告は、これを肯定するのが公平と主張する。

　しかし、ｃは、ｃ車の使用者として、ｃ車を修理して使用することも選択できる以上、ｃがｃ車を売却せずに修理して使用したことを理由に、ｃの損害額からｄへの売却代金（取得可能な売却代金）を控除することはできない。また、被告はｃに本件事故前のｃ車の価格を支払っていないのであるから、そもそも民法422条類推適用の余地はなく、被告がｄへｃ車を売却できなくなったことを理由に、ｃの損害額からｄへの売却代金（取得可能な売却代金）を控除することもできない。

　結局、被告の主張は、ｃ車が経済的全損になった以上、ｃはｃ車を修理せずに売却する義務があることを前提にした主張と解するほかはないところ、ｃにその

ような義務はないのであるから、被告の主張は失当である。

　なお、被告は、昭和49年最判が被告の主張を前提にしていると主張する。しかし、昭和49年最判は、被害車両の所有者が加害者に対し事故当時における被害車両の価格と売却代金との差額を請求した事案において、同請求が認められるための要件について判示したものであり、被害車両の使用者が被害車両を修理して使用した場合における使用者の損害額について何ら判示していないから、昭和49年最判が被告の主張を前提にしていると解することはできない。

　また、被告の主張は、取得可能な売却代金は前記最判平成5年3月24日が述べる被害者の利益に当たるから、公平の見地から損益相殺的な調整を図る必要があるとの主張とも解しうる。しかし、cは取得可能な売却代金を取得していない以上、これを利益に当たるとしてcの損害額が現実に補てんされたと解することはできないというべきである。よって、公平の見地から損益相殺的な調整を図る必要があるとはいえず、被告の主張は失当である。」

裁判例❹は、証拠から時価額を認定した。

裁判例 ❹	基本情報	①普通乗用自動車②スバル・ヴィヴィオビストロ③平成10年3月④12年2か月⑤12万6738km

神戸地判平31・1・16LEX/DB25562669

時価額　10万円

「証拠によれば、原告車は、平成10年式のヴィヴィオビストロであり、排気量が660cc、駆動方式が前輪駆動、初度登録が平成10年、本件事故当時の走行距離が12万6738kmであること、平成23年3月当時、原告車と同じ年式・車種・グレード・駆動方式・初度登録年度の走行距離約10万kmの車両が10万円で販売されていたことが認められるから、本件事故当時の原告車の車両時価額は10万円と認めるのが相当である。原告が指摘する中古車両は、原告車とグレード・駆動方式等の点において異なる上、いずれも走行距離が10万kmに満たないから、これらが15万円を超える価格で販売されていることは上記認定を左右しない。

　原告車の修理費が 10 万円を超えることは明らかであるから、経済的全損として上記時価額を原告車に生じた損害として認める。」

　裁判例❺は、証拠から時価額を認定した。

裁判例❺	基本情報	①普通乗用自動車

横浜地川崎支判平 30・11・29 自保 2038 号 76 頁

時価額　40 万 9000 円

「本件事故により、原告車は経済的全損の状態となったことが認められる。経済的全損の場合には、車両の事故当時の時価で損害を算定すべきである。原告は、車両損害として 158 万円と主張するが、証拠によれば、この価格は、原告車と同じ仕様の自動車を市場で調達する場合の価格の 1 例にすぎないことが認められる。証拠によれば、年式を 1994 〜 1995 とする同型車であっても、走行距離によって価格の差が大きいことが認められ、158 万円が一般的価格ということはできない。証拠によれば、原告車と同型車を中古市場において調達するときの一般的価格としては、40 万 9,000 円であると認められる。」

　裁判例❻は、証拠から（レッドブック、インターネットサイトも考慮）時価額を認定した。

裁判例❻	基本情報	①普通乗用自動車②マツダ・プレマシー DBA－CREW 20F 2WD 2000 ③平成 17 年 3 月④ 12 年 1 か月⑤ 3 万 2043km

東京地判平 30・10・9 自保 2038 号 92 頁

時価額および買替諸費用　20 万円

「証拠によれば、本件事故により原告車に生じた損傷を修理するには、少なくとも 24 万 7644 円を要することが認められる。

　一方、前提事実に加えて、証拠及び弁論の全趣旨によれば、原告車は、マツダ・プレマシーの中でも安価なタイプ（DBA－CREW 20F 2WD 2000）で、本件事故当時（平成29年4月）には、初度登録（平成17年3月）から12年以上を経過しており、レッドブックにはもはや同年式・同種車両の掲載はなく、平成30年6月のレッドブックに掲載された平成20年式の同種車両（発売当時新車価格168万4000円）の中古車小売価格は27万円とされており、平成30年6月時点のインターネット検索の結果では、同年式・同種車両の売出し事例は本体価格10万8000円とする1例（ただし、走行距離11.2万kmのもの）があるにすぎないことが認められる。これらの事実からすると、原告車は上記の売出し事例に比して走行距離が短く、また、同等車両を再調達するには買替えのための諸費用を要することを考慮に入れても、原告車の本件事故当時の時価に買替諸費用を加えた額は20万円程度にとどまると認められる。

　そうすると、原告車は本件事故により経済的全損となったというべきであり、本件事故による車両損害として認めることができるのは、20万円の限度にとどまる。」

裁判例❼は、証拠から時価額を認定した。

裁 判 例 ❼	基本情報	①普通貨物自動車③平成27年7月④1年4か月⑤6万2652km

東京地判平30・9・26自保2033号92頁

時価額　358万2000円

「D車は、初度登録平成27年7月、本件事故時頃の走行距離6万2,652キロメートルであり、走行距離等を踏まえた時価額は上記金額であると認められる。そして、修理費用が時価額及び後記の買替諸費用を上回り、経済的全損と認められるから、同時価額が損害として認められる。

　なお、D車の所有者はh株式会社であり、本件事故時、D車はc会社にリースされていたものであるが、証拠によれば、h株式会社は、D車に係る損害について独自に損害賠償請求する意思を有しておらず、c会社が同請求権を行使する

ことについて異存がないとしていることから、D 車の車両損害は c 会社の損害として認められる。」

裁判例❽は、業者の査定を基に時価額を認定した。

裁 判 例 ❽	基本 情報	①普通乗用自動車②ホンダ・LEAD125 ③平成 25 年 8 月 30 日④ 8 か月⑤ 9979km

東京地判平 30・6・26LEX/DB25554276

時価額　17 万 6000 円

「〔1〕亡 D が所有する原告車は、車名がホンダ・LEAD125、型式が JF45、総排気量が 124cc、登録年月日が平成 25 年 8 月 30 日であること、〔2〕本件事故により、原告車のメインフレーム、フロントフォーク等が損傷したこと、〔3〕株式会社 A の担当者が、原告車の車種、購入時期（平成 25 年 8 月）、走行距離（9,979km）、中古車流通価格（18 万円ないし 22 万円）を考慮し、本件事故当時の原告車の時価が 17 万 6000 円と査定したこと、〔4〕原告車の修理費が 17 万 6000 円を上回ることが認められる。

　上記の事実からすると、本件事故当時の原告車の時価は 17 万 6000 円と認めるのが相当であり、同額が本件事故による原告車の損害と認められる。」

裁判例❾は、証拠から時価額を認定した。

裁 判 例 ❾	基本 情報	①普通乗用自動車

東京地判平 30・6・25LEX/DB25554274

時価額　112 万 6000 円

「本件事故により原告車は損壊しているところ、本件事故前の原告車の時価額は 112 万 6000 円であり、本件事故による原告車の修理見積費用は 153 万 6720

円であって上記時価額を上回っており（甲16及び弁論の全趣旨）、当事者間に争いがないことも踏まえ、車両損害は上記時価額に相当する112万6000円と認める。」

裁判例❿は、証拠から時価額を認定した。

裁　判　例 ❿	基本 情報	①普通乗用自動車
東京地判平30・4・23LEX/DB25552589		

時価額　34万5000円

「本件事故による原告車の修理費用見積額は98万7221円であるところ、原告車の本件事故時の時価額は34万5000円であるから（甲3及び弁論の全趣旨）、いわゆる経済的全損として原告車の車両損害は34万5000円と認めるのが相当である。」

裁判例⓫は、新車価格の10％[16]を基準として時価額を認定した。

裁　判　例 ⓫	基本 情報	①普通乗用自動車②トヨタ・コンフォート③平成14年11月④13年1か月⑤41万7026km
東京地判平30・1・18LEX/DB25551579		

時価額　24万7000円

「〔1〕本件事故により、控訴人車には、フロントライセンスプレート、フロントバンパカバー、右ヘッドランプ、右フロントフェンダ等に損傷が生じており、これらの損傷を修理するには33万8990円を要すること、〔2〕一方、控訴人車は、平成14年式トヨタ・コンフォート（型式TA－YXS10）をベースにタク

16）減価償却法の法定耐用年数を超えた場合の償却率と一致（現行法では、残価1円まで償却可能）。

シー用の装備を架装した車両であり、初度登録年月は平成 14 年 11 月、本件事故当時の走行距離は 41 万 7026km であって、控訴人車と同車種の平成 23 年新車価格は 171 万円であり、架装費用等は 76 万 2038 円であることが認められる。

　上記のとおり、控訴人車は、相当年式が古く、走行距離も極めて長い中古のタクシー車両であることからすると、本件事故当時の控訴人車の時価は、せいぜい新車の購入価格に架装費用等を加えた額の 10％である 24 万 7000 円にとどまるものと認められるから、いわゆる経済的全損となり、本件事故による控訴人の損害は 24 万 7000 円の限度で認められるにとどまる。」

　裁判例❷は、屋台営業に必要な改装を施すなどして使用されていたこと、車検残日数が 120 日間であることを考慮して時価額を認定した。

裁 判 例 ❷	基本情報	①普通貨物自動車

神戸地判平 30・1・11 自保 2026 号 57 頁

時価額　20 万円

「証拠及び弁論の全趣旨から、本件事故によって原告車両が損傷し、経済的全損の状態になったと認める。被告は、時価が 12 万 4,000 円であると主張し、レッドブックを根拠に上記のとおり算定したとの立会損害確認報告書を提出するが、原告車両は、屋台営業に必要な改装を施すなどして使用されていたこと、車検残日数が 120 日間であることを考慮し、時価を 20 万円と認める。」

　裁判例⓭は、レッドブック、インターネットサイト、中古車情報誌を基に時価額を認定した。

裁 判 例 ⓭	基本情報	①普通乗用自動車②ニッサン・セレナ③平成 12 年④ 25 年⑤ 13 万 2991km

札幌地判平 29・12・25 自保 2032 号 110 頁〈参考収録〉

時価額　25 万円

「本件事故当時の A 車の時価については、証拠及び弁論の全趣旨によれば、①有限会社オートガイド発行の「オートガイド自動車価格月報・国産乗用車」(いわゆるレッドブック) の平成 22 年 11 月版における A 車と同じ年式の同種同型同仕様車の価格は 15 万円であること、②平成 21 年 11 月版における価格は 25 万円であること、③平成 20 年 11 月版における価格は 54 万円であることがそれぞれ認められる。また、証拠及び弁論の全趣旨によれば、〈a〉 M 保険会社作成の平成 27 年 7 月 29 日付け「時価額算定チェックシート」における本件事故当時の A 車の時価は 33 万 0300 円と算定されていること、〈b〉 その算定に当たっては、A 車の助手席のスライドアップシート (リフトアップシート) が車両本体とは別に 4 万 6500 円と評価されていること、〈c〉 P 社運営の中古車等情報検索サイトである「クルマ・ポータルサイトグーネット」(平成 27 年 7 月 23 日時点) における A 車と同じ年式のニッサンセレナ (二輪駆動) 27 台分の平均価格は 25 万 6000 円であることがそれぞれ認められる。これらの事情に加え、本件事故当時の A 車 (初度登録平成 12 年) の走行距離は 13 万 2991km であったこと (前提事実 2 ⑴)、本件事故当時の B 車 (初度登録平成 11 年、本件事故当時の走行距離 9 万 0546km、前提事実 2 ⑵) の時価は乙第 4 号証の 1 から 3 まで (株式会社リクルートホールディングス発行の中古車情報誌である「カーセンサー北海道版」平成 26 年 6 月号) を主たる根拠として 38 万円と認めること (後記 3 ⑴) をも併せ考慮すれば、本件事故当時の A 車の時価は、25 万円と認めるのが相当である。

　したがって、A 車は、本件事故によって、いわゆる経済的全損に至ったことが認められ、本件事故と相当因果関係のある物的損害 (車両損害) の額は、25 万円であることが認められる。」

　裁判例⓮は、共済の事故調査報告書、被告提出資料を基に時価額を認定した。

裁 判 例 ⓮	基本情報	①普通乗用自動車

東京地判平29・12・18LEX/DB25551404

時価額　45万円

「本件事故により原告車は損傷し、その修理費用は118万3561円である。ここで、本件事故時における原告車の時価額については、原告共済組合が行った事故調査報告書では65万円と評価されているのに対し、被告らが提出する時価額算定シートと題する資料によれば時価額は28万円と評価されており、評価額について一定の幅があるから、その時価額は45万円と認めるのが相当である。そうすると、原告車の修理費用がその時価額を上回るので、いわゆる経済的全損として、原告の車両損害は時価額相当の45万円となる。」

裁判例⓯は、原告車の購入日、代金、走行距離等から時価額を認定した。

裁 判 例 ⓯	基本情報	①普通乗用自動車

名古屋地判平29・4・24LEX/DB25554283

時価額　20万円

「原告が平成26年6月12日に代金21万円で原告車を購入したことは争いがないところ、本件事故時の同年12月31日（事故日：筆者注）までに原告車が一定距離の走行をしていたこと等の事情に照らせば、原告車の本件事故時の時価額は20万円と認めるのが相当である。

　この点に関し、原告は本件事故前にエンジン故障の修理費用や内装の変更のための費用を上記代金額に加えて原告車の時価額であると主張しているが、エンジンの故障費用については故障した原告車を維持するための費用であって、この修理費用がそのまま原告車の時価額を増加させたとは認められないし、内装変更費用も、原告が物品販売をするために内装の仕様を変更するために投じた費用であ

って、これが原告車の時価額を増加させたとは認められない。

　　ここで、原告車は、本件事故により左後部から左後輪にかけての押し込み損傷及び左前部のパネル変形等の損傷が生じており、その修理費用は 48 万 7474 円を上回ると原告が修理業者から告げられたことに照らせば、いわゆる経済的全損として原告車の時価額 20 万円が車両損害となる。」

　　裁判例⓰は、中古車情報誌、被告保険会社の新車価格の 10 分の 1 に相当するとの評価を基に時価額を認定した。

裁 判 例 ⓰	基本情報	①普通乗用自動車②ホンダ・インスパイア③平成 15 年 9 月④ 11 年 3 か月

札幌地判平 29・2・9 自保 2000 号 111 頁

時価額　45 万円

「証拠によれば、原告車両の修理見積金額は 87 万 6、714 円であると認めることができ、また、原告が、本件事故の後、原告車両をとりあえず走行することができる程度にまで修理し、その修理費 50 万円のうち 20 万円を支払ったことは、上記 1⑶のとおりであるところ、証拠によれば、中古車情報誌（北海道版）の平成 23 年 9 月号に、原告車両（平成 15 年 9 月初度登録）と同型の車両（平成 15 年車）が車両本体価格 79 万 8,000 円、支払総額 95 万円で掲載されていたと認めることができ、また、証拠によれば、被告の保険会社は、原告車両の新車価格が 350 万円であり、本件事故の時に法定耐用年数である 6 年を経過していたことから、原告車両の時価を新車価格の 10 分の 1 に相当する 35 万円と評価したと認めることができることからすると、本件事故の当時の原告車両の時価は 45 万円であったと認めるのが相当である。そうすると、原告車両は経済的全損となったものであり、原告車両の修理費は 45 万円となる。」

　　裁判例⓱は、レッドブックから時価額を認定した。

裁判例 ⓱	基本情報	①大型貨物自動車②日野・プロフィア KL－FR2PPHA ③平成 14 年 9 月④ 11 年 5 か月

東京地判平 29・2・22 交民 50 巻 4 号 1122 頁

時価額および買替諸費用　350 万円

「原告車は、車名日野、初年度登録平成 14 年 9 月、型式 KL－FR2PPHA の車両であり、平成 23 年度 1 月期から 2 月期のレッドブック上では、平成 14 年初年度登録を受けた原告車類似の型式の車両の小売価格は 300 万円〜390 万円であること、原告車の修理代金が 786 万 8165 円と見積もられたことが認められる。そして、本件事故発生日が上記レッドブックの発行時期から 3 年を経過した平成 26 年 2 月であること等を勘案すると、車両修理費については、これを経済全損と認めたうえ、買替諸費用（登録代行料 5 万 1982 円、自動車取得税 10 万 0800 円、自動車重量税 1 万 3700 円、消費税）を含め、350 万円と認めるのを相当と解する。」

　裁判例⓲は、中古車小売価格、被告の自認金額などから、時価額を認定した。

裁判例 ⓲	基本情報	①普通貨物自動車②ダイハツ・ハイゼットトラックスペシャル⑤ 48 万 90000km（事故の 1 年近く前）

大阪地判平 28・9・27 自保 1989 号 147 頁

時価額　90 万円

「証拠及び弁論の全趣旨によれば、原告車両は本件事故により経済的全損となったこと、原告車両は、初度検査平成 20 年 12 月の軽自動車（ダイハツハイゼットトラックスペシャル、車体の形状：冷蔵冷凍車）であり、本件事故までに約 5 年 9 ヶ月使用され、本件事故の 1 年近く前の平成 25 年 8 月 28 日の時点で走行距離が 48 万 9,000 キロメートルを超えていたこと、原告車両の新車車体価格は 172 万円であること、冷蔵冷凍庫及びコンテナー（以下「冷蔵冷凍庫等」とい

う。）が付いていない仕様の上記軽自動車と同型車両の新車車体価格は 63 万円であり、本件事故が起きた平成 26 年における一般的な中古車小売価格は 33 万円であること、原告車両は、平成 25 年 8 月 28 日、そのエンジンが別の中古エンジン（走行距離約 3 万 7,000 キロメートル）に交換されたことが認められる。

　上記認定事実をふまえると、本件事故時の原告車両本体部分（冷蔵冷凍庫等を除く部分）の時価については、一般的な中古車小売価格 33 万円から、走行距離が比較的長いことを相当の減額事由として、他方で、そのエンジンが走行距離の短い中古のものに交換されたことを同減額の減殺事由として、それぞれ考慮した額を基礎に算定することが相当である。また、本件事故時の原告車両の冷蔵冷凍庫等の部分の時価については、新品価格相当額 109 万円（上記 172 万円と 63 万円の差額）を前提に、その使用期間を考慮すれば、少なくとも被告が自認する 62 万 7,000 円を下回ることはないと考えられる。以上を前提に、個別に評価して加算するのではなく、原告車両を一体のものとして評価すると、本件事故時の原告車両の時価は、90 万円を下回ることはないと認めるのが相当である。

　これに対し、原告は、証拠を根拠に、原告車両の時価につき 99 万 8,000 円を下回ることはない旨主張する。しかし、証拠によっても、インターネット上において、原告車両の類似車両が 99 万 8,000 円で売りに出されている事実が認められるにすぎない上、同車両の走行距離は、8 万 6,500 キロメートルにとどまるから、原告の上記主張は採用できない。」

裁判例⓳は、レッドブックから時価額を認定した。

裁 判 例 ⓳	基本情報	①普通乗用自動車②スバル・ディアスワゴン③平成 15 年 3 月④ 10 年 8 か月⑤ 11 万 1276km
東京地判平 28・10・19 自保 1991 号 107 頁		

時価額　31 万 5000 円

「証拠及び弁論の全趣旨によれば、原告車両は平成 15 年 3 月初度登録、走行距離 11 万 1276 キロメートル、車検有効期限平成 26 年 3 月 14 日のスバルディアスワゴンであり、平成 25 年 11 月当時のいわゆるレッドブック掲載価格は 42

万円であること、レッドブック掲載の加減評価参考値において、スバルディアスワゴンについては、車検の有効期間4か月未満の場合3万5000円を、走行距離が約11万キロメートルで初度登録から120か月以上経過している場合には7万円をそれぞれ控除することになっていることが認められる。そうすると、原告車両の時価は上記金額となる。」

裁判例❷は、証拠から時価額を認定した。

裁 判 例 ❷	基本情報	①普通乗用自動車
東京地判平28・8・30LEX/DB25537123		

時価額　227万円

「証拠及び弁論の全趣旨によれば，〔1〕本件事故により原告車のフロントフェンダー等が損傷したこと，〔2〕原告車の修理費は286万4432円（消費税を含む。）、時価額は227万円であることが認められる。そうすると、原告車は経済的全損というべきであるから、本件事故によるCの損害額は227万円となる。」

裁判例❷は、根拠を特に明示せず、時価額を認定した。

裁 判 例 ❷	基本情報	①普通乗用自動車
金沢地判平28・7・20自保1991号44頁		

時価額　63万円

「ア　原告は、原告車の車両損害額として修理費用相当額97万0,170円を請求している。
イ　しかしながら、〔1〕原告車は修理せずに廃車処分にしたこと、〔2〕原告車の時価額が63万円程度と認められることから経済的全損とみることができるこ

と等の諸事情を総合考慮して、原告車の車両損害額は 63 万円と認定するのが相当である。」

裁判例㉒は、新車価格の 10％を基準として時価額を認定した。

裁 判 例 ㉒	基本情報	①普通乗用自動車

札幌地判平 28・7・11 自保 1987 号 143 頁

車両損害額　40 万円

「原告車両の修理費が 51 万 3,400 円であることは当事者間に争いがないところ、被告らは、原告車両の時価額は、本件事故当時における原告車両の新車価格 122 万 9,000 円の 1 割に当たる 12 万 2,900 円である旨主張する。しかしながら、証拠及び弁論の全趣旨によれば、原告車両の時価額は 29 万円程度と認めるのが相当であって、被告らの上記主張は、採用できない。そして、これに買替えに伴う諸費用も要することを考慮して、D の損害額は、40 万円と認めるのが相当である（民訴法 248 条）。

　そうすると、原告車両は経済的全損であるから、本件事故による原告車両の車両損害は、40 万円となる。」

裁判例㉓は、新車価格の 10％を基準として時価額を認定した。

裁 判 例 ㉓	基本情報	①中型貨物自動車②日野・レンジャー③平成 9 年 1 月④16 年 4 か月⑤約 92 万 km

さいたま地判平 28・7・7 交民 49 巻 4 号 840 頁

時価額　101 万円

「原告車は平成 9 年 1 月に初度登録された日野レンジャー 4 トン積ベースの事業用冷凍車であること、同一の車種・年式・型の冷凍車であれば新車価額は

1,010 万円であること、本件事故には走行距離約 92 万キロメートルであること
が認められるから、車両時価額としては 101 万円であると認定するのが相当で
ある。

　そうすると、原告車の修理費用は 412 万 0,378 円であって、車両時価額を上
回る（なお、車両時価額に後記認定の車検費用を加算した額をも上回る）から、
車両損害としては、本件事故時の時価相当額である 101 万円とするのが相当で
ある。」

裁判例❷❹は、レッドブックを基に時価額を認定した。

裁 判 例 ❷❹	基本 情報	①普通乗用自動車⑤ 10 万 6881km
神戸地判平 27・11・19 自保 1968 号 46 頁		

時価額　27 万円
「証拠及び弁論の全趣旨によれば、原告車両が経済的全損となったと認められる
ところ、いわゆるレッドブックに基づく同一車種、年式、形式の中古車価格のほ
か、車両状態（走行距離 10 万 6,881 キロメートル、車検残月数 8 月。弁論の
全趣旨）を考慮すると、車両時価額は 27 万円と認めるのが相当である。原告会
社は、レッドブック価格から減額すべきではないと主張するが、上記に照らして
採用できない。」

(2)　外　国　車

　外国車は一般に高級車であり、車両価格や修理代が高額になる場合が多い。
国産車に比べ、全損となる理由や、時価額の算定根拠、事故車の初度登録・走
行距離を明確に示している裁判例が多い。

　裁判例❷❺は、インターネットサイトを基に時価額を認定した。

裁 判 例 ㉕	基本 情報	①普通乗用自動車②メルセデス・ベンツ E230 ③平成 9 年 3 月④ 15 年 5 か月⑤ 6 万 5260km

東京地判平 30・8・30 自保 2037 号 40 頁

時価額　60 万円

「〔1〕被告車は、平成 9 年 3 月初度登録のメルセデス・ベンツ E230 であり、本件事故発生時の走行距離は 6 万 5260km で、別事故による修理歴があり、車両全体の状態は中の下程度であったこと、〔2〕平成 24 年 9 月 3 日時点で中古車検索サイトに掲載された被告車と同年式のメルセデス・ベンツ E230 の売出価格は、走行距離 5 万 7300km のもので 63 万円、走行距離 9 万 5000km のもので 49 万 8000 円、走行距離 14 万 3000km のもので 48 万円であることが認められ、これらの事実を総合考慮すると、本件事故当時の被告車の時価は 60 万円と認めるのが相当である。」

裁判例㉖は、被告の自認金額を基に時価額を認定した。

裁 判 例 ㉖	基本 情報	①普通乗用自動車②ポルシェ車③平成 2 年 6 月④ 12 年 2 か月⑤ 21 万 0382km

東京地判平 30・8・29 交民 51 巻 4 号 1011 頁

時価額　131 万 5000 円

「本件事故による A 車の修理費用は 900 万 0051 円であること、A 車は初度登録年月が平成 2 年 6 月のポルシェで、本件事故当時の走行距離が 21 万 0382 キロメートル、新車価格が 1315 万円であったことが認められる。そして、本件全証拠を精査しても、上記諸条件を有する中古車が市場を形成していたと認めるに足りる証拠はない。

　上記各事実、殊に、A 車の初度登録年月から本件事故までの期間が、税法上定められた耐用年数である 6 年を大幅に超えていることを考慮すると、本件事故当時における A 車の時価額は、被告 B の自認する時価額である 131 万 5000 円

を超えるものとは認められない。

　以上によれば、Ａ車の本件事故当時の時価額はその修理費用を大きく下回ることから、Ａ車はいわゆる経済的全損であったことが認められる。そのため、Ａ車の損傷に係る損害は131万5000円の限度で認められる。Ａは、Ａ車は市場での実勢価格が500万円を下らない車両であると主張するものの、これを認めるに足りる証拠はない。

(イ)この点について被告Ｂは、Ａ車について、第3事故においてＢ車がＡ車に追突する前に、第2事故においてＡ車がＤ車に追突することで既に経済的全損になっていたと主張し、その根拠として、Ａ車のフロント部分の修理費用が295万7042円であったことを挙げる。しかしながら、本件事故態様（前記1(1)ア）によれば、Ａ車のフロント部分は、第2事故の際にＤ車に追突した時のみならず、Ｂ車に追突され、その衝撃で押し出されてＤ車の後部に衝突した際にも損傷したと認められるのであって、フロント部分の損傷の全てが第2事故により発生したと認めることはできない。これを踏まえてもなお、第2事故によるＡ車の損傷が131万5000円を超えていたことを認めるに足りる証拠はないから、被告Ｂの上記主張を採用することはできない。」

裁判例**㉗**は、中古車販売価格などを基に時価額を認定した。

裁 判 例 **㉗**	基本情報	①普通乗用自動車②タコマ・2WD PRERUNNER ③平成23年2月④3年⑤10万8640km

東京地判平 29・9・13 自保 2012 号 127 頁

時価額　330万円

「本件事故により、被告車にタイヤの脱輪等の損傷が生じ、その修理費用として425万3040円の見積りが出されていることが認められる。

イ　証拠及び弁論の全趣旨によれば、被告車は、米国で製造された2006年式の「タコマ」（モデル「2WD PRERUNNER」）という車種であり、平成23年2月、日本で初度登録されたこと、平成26年2月7日時点での被告車の走行距離は6万7900マイル（約10万8640km）であったことが認められる。

　そして、前記のとおりの被告車の年式、走行距離のほか、「タコマ」の中古車販売価格、一般的な車両購入時の諸費用の額、被告車につきカスタムが行われていることなどを総合考慮すれば、本件事故時の被告車の時価額に相当な買替諸費用を加えた車両損害額は、330万円を認めるのが相当である。

ウ　被告は、カスタムにより被告車の時価額は大幅に上がっていると主張するが、被告の行ったカスタムが被告車の効用、時価額に与える影響は証拠上必ずしも明らかでない上、カスタム費用の額も一部を除き明らかでなく、前記車両損害額の認定を左右しない。

エ　したがって、被告車は、経済的全損と認められ、車両損害として330万円が認められる。」

　裁判例❷は、レッドブックなどを基に時価額を認定した。

裁判例 ❷	基本情報	①普通乗用自動車②ジャガー・CBA－J12LA③平成22年5月④5年11か月⑤2万3908km

東京地判平29・3・7LEX/DB25550237

時価額　350万円

「本件事故により、原告車が損傷し、その修理費相当額が511万8249円であることが認められる。

　また、証拠及び弁論の全趣旨によれば、〔1〕原告車は、車種がジャガー、型式がCBA－J12LA、グレード（仕様）がラグジュアリー、排気量が4.99L、初度登録が平成22年5月、車検有効期間が平成29年5月24日、平成28年6月16日当時の走行距離が2万3908kmであること、〔2〕レッドブックでは、原告車と車種、型式、グレード、排気量、初度登録年が同じ車両の中古車小売価格が350万円であることが認められる。以上の事情に加え、アジャスターのCが、上記〔1〕、〔2〕の事情を考慮して、本件事故当時の原告車の時価額を350万円と算定していることに鑑みると、本件事故当時の原告車の時価額は350万円と認めるのが相当である。

　以上によれば、原告車の時価額は前記の修理費相当額よりも低いから、原告車

は、本件事故により、経済的全損になったといえ、本件事故と相当因果関係のある原告車の損害は、350 万円と認められる。」

　裁判例❷は、被告側の保険会社の算定結果などを基に時価額を認定した。

裁 判 例 ❷	基本情報	①普通乗用自動車②メルセデス・ベンツ S クラス 4 ドアセダン③平成 14 年 9 月④ 9 年 9 か月⑤ 10 万 8736km

東京地判平 29・2・28LEX/DB25552007

時価額および買替諸費用　219 万 7110 円

「本件事故による原告車の修理費として、ABC システム以外の損傷部分の修理について 176 万 0840 円（ただし、ABC ポンプの取替修理費を含む。）、ABC システムの修理について 272 万 7433 円（ただし、ABC ポンプの修理費は含まない。）を要すること（合計 448 万 8273 円）が認められる。

イ　証拠及び弁論の全趣旨によれば、〔1〕原告車は、車種がメルセデスベンツ、型式が S クラス 4 ドアセダン、GF － 220178 S600L、排気量が 5785cc、初度登録が平成 14 年 9 月、車検有効期間が平成 25 年 10 月 1 日、同年 6 月 4 日当時の走行距離が 10 万 8736km であること、〔2〕インターネットの中古車市場において、平成 25 年 6 月（本件事故の翌月）の時点で、原告車と車種、型式が同じで、初度登録が平成 14 年である車両 3 台が、それぞれ本体価格 126 万円（走行距離 11.1 万 km）、208 万円（走行距離 5.7 万 km、車検なし）、249 万円（走行距離 10 万 km、車検有効期間平成 25 年 8 月）で販売されていたこと、〔3〕レッドブックでは、原告車と車種、型式、排気量、初度登録年が同じ車両の中古車小売価格（走行距離を考慮しない場合の価格）が 240 万円であり、初度登録から 120 月超で、走行距離が 10 万 km 以上 11 万 km 以下の場合は 33 万円の減算を目安にする旨が記載されていることが認められる。以上の事情に加え、被告側の保険会社が、上記〔1〕ないし〔3〕の事情を考慮して、本件事故当時の原告車の価格を、207 万円と算定していることに鑑みると、本件事故当時の原告車の価格は、207 万円と認めるのが相当である。

　証拠及び弁論の全趣旨によれば、原告車と同等の車両を買い替える場合に要す

る費用として、重量税３万2800円、車庫証明費用2600円、登録費用５万0540円、リサイクル費用２万円、手続代行費用２万1170円（合計12万7110円）は、本件事故と相当因果関係があるものと認められる。なお、自賠責保険料及び自動車税は、買替にかかわらず発生し、廃車した場合には還付されるものであるから本件事故による損害とは認められない。

ウ　以上によれば、原告車の時価額及び買替諸費用の合計は、219万7110円と認められる。これは、前記アの原告車の修理費よりも低いから、原告車は、本件事故により、経済的全損になったといえ、本件事故と相当因果関係のある原告車の損害は、219万7110円の限度で認められる。」

裁判例❸は、インターネットサイト等を基に時価額を認定した。

裁 判 例 ❸	基本情報	①普通乗用自動車②アルファロメオ・E916C1 ③平成９年８月④ 14 年 11 か月⑤約 14 万 km

東京地判平 28・9・20LEX/DB25537531

時価額　65 万円

「前記前提事実、証拠及び弁論の全趣旨によれば、本件事故により、原告車には、フロントバンパー、フード、右フロントサスペンション、ディスクホイール・タイヤ（１個）等に損傷が生じたこと、上記損傷に係る原告車の修理費用は88 万1466円であることが認められる。

　他方、証拠及び弁論の全趣旨によれば、〔１〕原告車は、車種がアルファロメオ、型式が E916C1、グレードが GTV3.0、排気量が約 3000cc、初度登録が平成９年８月、車検有効期間が平成 24 年 10 月４日、本件事故当時の走行距離が約 14 万 km であること、〔２〕原告車には、フロントバンパーアンダースポイラー、フロントサイドスポイラー、アルミホイールの装備が取り付けられていて、フードは FRP 樹脂製であること、〔３〕インターネットの中古車市場において、平成 24 年７月（本件事故の翌月）の時点で、原告車と車種、グレード及び排気量が同じで、初度登録が平成９年である車両３台が、それぞれ本体価格 39 万円（走行距離 5.6 万 km、車検なし）、69 万 8000 円（走行距離 5.0 万 km、車検有

効期間平成 24 年 8 月)、48 万円 (走行距離 7.2 万 km、車検整備付き) で販売されていたことが認められる。

　原告車の走行距離、装備、車検の状況、原告車と車種等が同じ上記中古車の販売価格のほか、経済的全損の場合、車両の時価に加えて買替に伴う諸費用等を加えた金額を損害とすることを考慮すれば、本件事故によって原告車が経済的全損となった場合の損害は、65 万円とみるのが相当である。なお、原告が原告車の時価を示すものとして提出した資料には、原告車と車種とグレードが同じ車両 2 台の本体価格が 78 万円、88 万円である旨の記載があるが、上記車両 2 台は原告車よりも年式が新しいものである (それぞれ平成 11 年、平成 10 年) し、本件証拠上、上記資料の作成者や作成時期は明らかでなく、上記資料を原告車の時価の算定の基礎とすることは相当でない。

　したがって、原告車の前記修理費用は、原告車の時価に買替に伴う諸費用等を加えた金額を上回り、原告車は、本件事故により、経済的全損になったといえるから、本件事故による原告車の車両損害は 65 万円と認められる。」

裁判例❸❶は、インターネットサイト等を基に時価額を認定した。

裁判例❸❶	基本情報	①普通乗用自動車②ジープ・チェロキーリミテッド③平成 13 年 12 月④ 12 年 6 か月⑤約 5 万 3000km

大阪地判平 29・7・19 交民 50 巻 4 号 922 頁

時価額　173 万 8000 円

「証拠及び弁論の全趣旨によれば、原告車は、初度登録が平成 13 年 12 月、本件事故当時の走行距離が約 5 万 3000km のジープチェロキーリミテッドであり、原告は、本件事故から 1 年前後頃に、20 万円以上のカーナビゲーションシステムを付けるとともに、10 万円以上を支出してタイヤを交換したことが認められる。そして、中古車情報 G のホームページ上では、平成 13 年式の同型の車両が本体価格 158 万円で販売されているが、原告が前記のオプション品等を付けたことを考慮すると、原告車の本件事故当時の時価額は、その 1 割増の 173 万 8000 円と認めるのが相当である。

　他方、原告車の修理費が 348 万 2882 円であることからすると、原告車は経済的全損となっており、車両損害は、原告車の時価額である 173 万 8000 円の限度で認めるのが相当である。」

　裁判例❷は、ボルボ車（中古車）の販売、整備・点検会社の評価を基に時価額を認定した。

裁判例❷	基本情報	①普通乗用自動車②ボルボ・940 ポラール SX エステート③平成 8 年 4 月④ 16 年 11 か月⑤ 10 万 6151km

東京地判平 28・9・13LEX/DB25537528

時価額および買替諸費用　135 万 6600 円

「⑴本件では、本件事故によって原告車が経済的全損になったことには争いがないが、本件事故当時の原告車の価値について争われているので、まずこの点について検討する。

⑵前記前提事実等並びに後掲の証拠及び弁論の全趣旨によれば、〔1〕原告車は、VOLVO940 ポラール SX エステート（7 人乗りエクストラシート装着モデル）で、販売価格が 377 万円（特別塗装費用 10 万円、7 人乗りエクストラシート費用 7 万円を含む。）、初年度登録が平成 8 年 4 月、平成 25 年 3 月 15 日（本件事故の 6 日後）時点での走行距離が 10 万 6151km であること、〔2〕VOLVO940 ポラール SX エステートは、日本国内 1000 台限定で発売され、そのうち、7 人乗りエクストラシート装着モデルの車両は 125 台であり、同モデルのうち現存する車両は、平成 26 年 8 月 25 日の時点で、VOLVO940 ポラール SX オーナーズ倶楽部が把握する限りで 7 台であったこと、〔3〕原告車には、特別な車内装備として、カーナビ（Pioneer Carrozzeria　VOLVO940 用。詳細は別紙物件目録記載 1 のもの。なお、現時点で上記カーナビと同じ又は類似する型のシステムの販売価格〔希望小売価格〕は合計 70 万円以上である。）、運転席及び助手席のシート（RECARO － Cclassic シート）が搭載され、車外装備として、アルミホイールタイヤのほか、LED バルプ等の装備（詳細は別紙物件目録記載 2 のもの。）が搭載されていたこと、〔4〕原告車には、平成 14 年 9 月 20 日以

降、本件事故まで、VOLVO 社指定のディーラー（主に VOLVO CARS JAPAN γ店）において、毎年整備・点検等が実施され、その入庫回数は合計 76 回、その費用は合計 443 万 1919 円に及んだことが認められる。

　上記の事実に加え、VOLVO 車（中古車）の販売、整備・点検等を業務とする株式会社 A（以下「A」という。）の代表取締役である E が、上記のような VOLVO940 ポラール SX エステート・7 人乗りエクストラシート装着モデルの希少性、原告車の車内・車外の装備、整備・点検の状況を考慮して、原告車の時価を 125 万円を下らないと評価していることに鑑みると、本件事故当時の原告車の価格は、前記の車内・車外の装備を含めて 125 万円と認めるのが相当である。

　これに対し、被告は、原告車の前記装備は、その価格に影響を与えるものではないし、仮に価格に影響を与えるものであったとしても、その価格の増加分は特別損害に当たると主張する。しかし、自動車にカーナビ、特別なシート、アルミホイール等の特別な装備が搭載されていることは通常あり得ることや、一般に、上記のような特別な装備には経済的な価値が認められていることに照らすと、原告車の前記装備は同車の経済的価値を増加させるものと認められ、本件事故と相当因果関係のある原告車の車両損害には、前記装備による価値の増加分も含まれるというべきである。

　また、被告が加入する任意保険会社は、本件事故当時の原告車の価格を 1996 年式 VOLVO940 エステートの中古同型車の平均価格である 68 万円と評価している。しかし、本件証拠上、上記評価は、原告車と同車種（VOLVO940 ポラール SX エステート）の中古車の価格を基礎にし、原告車の価格の算定に当たり、前記の車内・車外の装備を考慮しているものと認めることはできず、上記評価は、原告車の価値を合理的に算定したものとはいえず、採用できない。

(3)　証拠及び弁論の全趣旨によれば、原告車の買替諸費用として、10 万 6600 円（検査・登録法定費用 3 万円、車庫証明法定費用 1 万円、ナンバープレート関係費用 2600 円、車両費に係る消費税 3 万 4000 円、納車整備費用 3 万円）を要したことが認められる。

(4)　以上によれば、原告の車両損害は、本件事故当時の原告車の価格と買替諸費用の合計額である 135 万 6600 円と認められる。」

(3)　改 造 車

　改造車の場合は、時価の算定が困難な場合も多い。

　裁判例❸❸は、特段の事情のある場合であるとして、減価償却法により時価額を認定した。

裁 判 例 ❸❸	基本情報	①事業用貨物自動車③平成9年12月④18年1か月⑤平成26年4月28日時点で66万3500km、平成27年4月20日時点で70万8500km（事故日：平成28年1月15日）

東京地判平 29・10・3 交民 50 巻 5 号 1220 頁

時価額　419 万 0376 円

　〔1〕原告車は、初度登録が平成9年12月の事業用普通貨物自動車であること、〔2〕原告車の走行距離は、平成26年4月28日時点で66万3500km、平成27年4月20日時点で70万8500km であったこと、〔3〕原告車のベース車両部分時価額は86万3000円であること、〔4〕原告車の改造費は合計911万6100円であったこと、〔5〕原告車の修理費用のキャビンの修理費として63万5990円を要したこと、〔6〕原告車のキャビンを除く修理費用の見積額は695万0880円であること、〔7〕原告車には、平成15年7月22日ころから順次改造が施されたこと、〔8〕原告車のキャビンについては、平成24年1月7日にハイルーフ製作取付がされてから、平成25年10月14日の日野パスマークが製作されるまでの間、順次改造が施されたこと、〔9〕原告車のボディーについては、平成24年1月7日にフレーム延長の改造がされてから、平成26年3月17日にメッキガゼット 10mm 丸棒巻取付の改造がされるまで順次改造が施されたことが認められる。

⑵　いわゆる中古車が損傷を受けた場合、当該自動車の事故当時における取引価格は、原則として、これと同一の車種・年式・型・同程度の使用状態・走行距離等の自動車を中古車市場において取得しうるに要する価格によって定めるべきであり、右価格を課税又は企業会計上の減価償却の方法である定率法又は定額法によって定めることは、加害者又は被害者がこれによることに異議がない等特段の事情がない限り、許されないというべきである。

　原告車のような改造車については、同一の車種・年式・型・同程度の使用状

態・走行距離等の自動車を中古車市場において取得しうるに要する価格によって定めるのは困難であることから、上記特段の事情がある場合に該当するとして、その改造の内容に応じて、その価格の減価状態を考慮し、課税又は企業会計上の減価償却の方法である定率法又は定額法によって定めるのが相当であると解する。

　そして、定率法・定額法を用いる場合の耐用年数及び償却率については、改造自体については、基本的には、耐用年数の適用等に関する取扱通達２－５－１（車両にとう載する機器）を用いて、車両と一括してその耐用年数を検討し、車両自体についての耐用年数は、減価償却資産の耐用年数に関する省令別表１「車両及び運搬具」を、その償却率は同省令別表第９を適用するのが相当である。

(3)　そこで本件についてみるに、事業用貨物自動車である原告車の耐用年数は４年とするのが相当であり、改造自体についても車両と一括して耐用年数を４年とみるのが相当である。

　原告車は車体自体に改造を加えており、キャビン及びボディーが完成しないと走行することができず、少なくとも平成26年3月17日まではボディーの改造が行われていたものとみて、同日を改造の完成日とすると、改造部分についての残存率は0.365となる。

　よって、原告車の改造費の合計額911万6100円に残存率0.365を乗じた額である332万7376円を改造部分の時価とし、これにベース車両の時価86万3000円を加算した419万0376円を原告車の時価とするのが相当である。

　そうすると、原告車の修理費用合計758万6870円（キャビンの修理費63万5990円、キャビンを除く修理費695万0800円）は時価額419万0376円を上回り、原告車は経済的全損となっていることが認められることから、原告車の車両損害として時価額の419万0376円を認めるのが相当である。」

　裁判例❸❹は、霊柩車の時価額を、レッドブックの市場価格を参考にしてベース車両の減価率を算定し、原告車両の取得価格を減価して認定した。

裁 判 例 ❸❹	基本情報	①普通乗用自動車②トヨタ・クラウンエステート③平成15年3月④11年⑤15万4700km

名古屋地判平 28・2・17 交民 49 巻 1 号 204 頁

時価額　195万1275円

「⑴原告車両は、平成14年式、平成15年3月初度登録のトヨタ社製クラウンエステートをベースにした洋型霊柩車（型式 TA－JZ S171W 改）であり、上記のとおり車台がベース車に比較し約35センチメートル延長されて車長が519センチメートル、高さは151センチメートルとなるなど、内外装の改造が施されていた。平成25年3月6日時点の走行距離は15万4,700キロメートルであった。

⑵ア　本件新車の取得価格は899万1,660円（消費税込み）とされているが、その内訳は、もともとのベース車両の価格が353万円のところ、これに車体延長、室内の天井サイズと観音扉の間口を確保するため天井が高くされた結果、車両本体価格が832万5,000円に増加し、ナビバックカメラ等の付属品価格が42万4,500円、税金等諸費用が24万2,160円となっている。

イ　被告側の調査ではベース車両価格330万円、改造費用（車体延長、ルーフ、後扉の改造）が345万円と見積もられている。

⑶　価格の参考資料

ア　トヨタクラウンをベースにした洋型霊柩車の市場価格については以下のようなものがある。

㋐a　クラウンステーションワゴン洋型霊柩車（平成8年初度登録、走行距離5万7,000キロメートル、長さ2,100ミリメートルの棺対応）が平成27年10月1日時点で58万円

b　クラウンバン洋型霊柩車（定員3名、平成8年式、走行距離2万9,000キロメートル、色ホワイト）が平成25年4月23日時点で38万円

c　クラウンバンリヤストレッチ洋型霊柩車（定員3名、平成11年式、走行距離23万キロメートル）が平成25年4月23日時点で68万円

d　クラウンステーションワゴン洋型霊柩車（平成7年式、走行距離4万9,000キロメートル）が平成25年4月23日時点で74万8,000円

㈲なお、原告が、本件事故直後に本件リース車両を導入するに先立ち調査した同型霊柩車について、車両本体価格が 378 万円ないし 346 万 5,000 円とされている（証人 F）が、原告担当者の聞き取りによるものにすぎず、一般市場の価格としては採用できない。

イ　原告車両のベース車両（平成 15 年度登録トヨタクラウンエステートアスリート、型式 TA － JZS171W）の価格については、レッドブックによると新車発売時 350 万円、平成 25 年当時の中古車販売価格 101 万円となっている。

　なお登録から 120 ヶ月超で走行距離 15 万キロメートルの場合、さらに 31 万円の減算とされている。

⑷　検討

ア　交通事故による被害車両の取引価格の算定は、原則として同一の車種、年式、型、同程度の使用状態、走行距離等の自動車を中古車市場において取得し得るに要する価額によって定めるべきであり、その価格を課税又は企業会計上の減価償却の方法である定率法又は定額法によって定めることは、加害者及び被害者がこれによることに異議がない等の特段の事情がない限り許されないものというべきであるが、原告車両のように特殊な用途に用いられる車両は、同一の年式等の車両が中古車市場に多数流通しているわけではないと考えられるため、取得価格から一定の方法で減価を行うことで車両時価を把握するという手法を採用すること自体もやむを得ないと解される。

　そして、霊柩車については、上記のとおり市場において現に登録から 10 年を超え、20 年近くが経過しようとする車両が実際に流通しているほか、証拠によっても、同程度の利用がなされている車両のあることが認められ、また、霊柩車については、一般の乗用車と異なり、一定の距離の搬送を行うことができれば、ほぼ型式の新旧にかかわりなく一定の収益を上げられると考えられること、さらに、新たにベース車両から霊柩車を作成しようとすれば相当高額の架装費用を要するといえ、かかる費用面から既に架装がなされている中古車両に潜在的なニーズがあると考えられることからすれば、その耐用年数が 20 年程度になるという原告の主張も不当とはいえない。

イ　しかしながら、原告が主張する残価率を 0 とし、20 年の耐用年数について定額法で減価する（1 年あたり新車価格の 5％を減価する。）という手法は、中古車両の時価が経時的に一定の金額で低下していくことが通常とは考え難いこと

からして、直ちには採用し難い手法である。

　この点、上記(3)ア(ア)のとおり市場で取引されている各車両の価格が、当該車両について、原告の主張する算定方法で導き出される車両価格に一致すると仮定すると、そこから逆算される取得時の価格は、同じようにトヨタクラウンをベースとし、霊柩車用の架装を施した車両であるにもかかわらず、それぞれが大幅に異なる結果となり、翻って、原告が主張する価格推定方法では市場価格との乖離が大きくなることが窺われる。

ウ　霊柩車については、上記の特殊事情があるとはいえ、一般の乗用車をベースに改造したものであり、しかも、原告車両は洋型霊柩車であり、その架装のうち、改造費用の増加に影響を及ぼしているのは、車台の延長や車高のかさ上げなど、ほとんどが、車両そのものの骨格に加えられた車両本体と一体となった改造というべきであって、宮型霊柩車のように特殊な装飾に架装費用を要しているわけではない。

　そうすると、原告車両の時価についても、基本的には市場で流通するベース車両と同様の程度でその価値が下落していくが、ベース車については市場ではほとんどその評価がつかないような経過年数となった場合でも、中古のベース車を取得して新たに架装を施すために要する費用とのかねあいで、その市場価値の下落が下げ止まると考えるのが相当である。

　そこで、原告車両の時価を算定にするに当たっては、レッドブックの市場価格を参考にベース車両の減価率を算定し、それを踏まえて、原告車両の取得価格を減価するのが相当と解される。

エ(ア)原告車両の取得価格については、そのベース車両の価格に関してレッドブックでは350万円となっているところ、これは、原告及び被告の双方が提示する本件新車のベース車両の価格とも大差がないことから、これをもって原告車両のベース車両の価格と考える。

　他方、改造費用については原告車両と同等の架装及び改造を施す本件新車については、原告の取得価格からするとベース車両との価格差である479万5,000円、被告側の調査によると345万円であるから、その中間値をもって相当価格と判断し412万2,500円と認める。

　そうすると、レッドブック上の新車価格には消費税が含まれていないと考えられるから、この分の消費税は加算し、本件新車の改造価格には消費税が含まれて

いるから、この部分の消費税は加算しないこととして、原告車両の新車価格は、消費税も含んだ評価として779万7,500円程度であったと認められる。

(イ)レッドブックの価格を前提にした原告車両のベース車両の減価率（走行距離による減価は、その車両固有の減価要因であるのでここでは考慮しない。）は新車価格350万円が事故当時の小売価格101万円となっていることから約71％である。

そうすると、本件事故時の原告車両の価格は226万1,275円と認められる。ここに走行距離による31万円の減価を考慮すると195万1,275円となる。

(ウ)上記の価格は、市場価格の判明している車両の価格を大きく上回るが、これらがいずれも原告車両よりも初度登録からの経過年数が長いことや、車台の延長がなされていないと思われることを考慮すると、不当とはいえないと解される。

また、本件リース車両は、原告車両とさほど登録時期が相違しない平成12年度登録のトヨタクラウンをベースにし、新たに架装を施した上で、リース料金として合計384万3,000円の支払がなされているが、上記のとおり架装費用自体は54万円にとどまっており、そのほか諸経費が含まれていることを考慮しても、本件リース車両については、そのベース車両の評価額が、レッドブックから算定される市場価格と大きく乖離していたと考えられるため、本件リース車のリース料金との比較で上記の認定した価格の相当性を判断するのは妥当ではない。

(エ)以上のとおりであるから、原告車両の時価は195万1,275円と認める。」

3　本質的構造部分の重大な損傷

昭和49年の最高裁判決[17]は、「交通事故により自動車が損傷を被った場合において、被害車輌の所有者が、これを売却し、事故当時におけるその価格と売却代金との差額を事故と相当因果関係のある損害として加害者に対し請求しうるのは、被害車輌が事故によって、物理的又は経済的に修理不能と認められる状態になったときのほか、被害車輌の所有者においてその買替えをすることが社会通念上相当と認められるときをも含むものと解すべきであるが、被害車輌

17）最判昭49・4・15前掲注12）。

を買替えたことを社会通念上相当と認めうるがためには、フレーム等車体の本質的構造部分に重大な損傷の生じたことが客観的に認められることを要するものというべきである。」と述べている。

　すなわち、全損には、①物理的全損、②経済的全損、③フレーム等車体の本質的構造部分に重大な損傷が生じ、買替えをすることが社会通念上相当と認められるとき、という３つの場合があることになる（**凡例３**「損害内容による分類図」参照）。③の場合に該当するとされる裁判例は極稀である[18]。

　③の場合について次の解説がある。「例えば、フレーム等車体の重要な本質的構造部分が事故によって重大な損傷を受けたような場合である。この場合、被害者は、修理することなく事故車を売却することが許される。また、必要な修理をやらせることも出来るし、修理によって車の使用能力が回復した場合であっても、車を売却することが許されると解すべきである。何故なら、事故によって、車が右の部分に重大な損傷を受けた場合には、車の修理がなされた後でも、常に、とるに足りないとはいえない危険があり、また、修理作業は、実際上は、常に十分な注意をもってなされているとはいえないから、ある事故によって生じた欠陥が知られないままになることもあり、後になって、損傷が現われたとしても、この損傷が前の事故の結果であるとの証拠の提出が困難となる等、車の売却を正当化ならしめる事情があるからである」[19]。

18）肯定例として、札幌高判昭 60・2・18 交民 18 巻 1 号 27 頁。

19）柴田保幸「判例解説」『最高裁判所判例解説 民事篇〔昭和 49 年度〕』（法曹会、1977 年）112 頁。

第4章　買替差額

1　買替差額

　第3章3で述べたように、全損には、①物理的全損、②経済的全損、③フレーム等車体の本質的構造部分に重大な損傷が生じ、買替えをすることが社会通念上相当と認められるとき、という3つの場合がある[20]。これら全損の場合において、事故時の車両時価相当額と事故車両の売却代金の差額が損害として認められることがある。この差額を買替差額という。事故車両はスクラップ代（下取代金）として値が付く場合や、人気車種等の場合には部品のみで流通し、相応の売却代金が見込める場合がある。

　なお、分損の場合には、被害者が実際に車両を買い替えても買替差額の請求は認められない。

　損害額認定のあり方としては、「i　賠償以前にスクラップの売却代金を被害者が取得している場合には、原則として、その代金額が売却価額相当額として認められ、同額が損害賠償額から控除されることとなり、ii　また、賠償以前にスクラップが売却されていない場合には、加害者において、その主張に係る価額で売却できることを具体的に主張、立証しなければ、結論として、売却価額相当額が控除されることはない」[21]と理解することが妥当であろう。

　次の裁判例❶～❺では、全損の場合における買替差額の認定（および時価額の認定）が確認できる。

20）最判昭 49・4・15 前掲注 12）がいうところの「事故当時におけるその価格と売却代金との差額」。

21）石井義規「全損事故における損害概念及び賠償者代位との関係」『赤い本〔2019 版〕下巻（講演録編）』21 頁。

裁 判 例 ❶	基本情報	①普通乗用自動車 ② BMW・325iGH － AV25 ③平成 16 年 6 月 ④ 12 年 8 か月 ⑤ 2 万 3694km

東京地判平 30・8・23LEX/DB25555483

時価額＋買替諸費用－事故車両売却代金　50 万 7500 円

◆控訴人車が経済的全損となったことに当事者間に争いなし

「⑴控訴人車は、本件事故当時、初度登録から既に 12 年 8 月が経過した中古車であり、レッドブックでは、控訴人車と同じ平成 16 年式 BMW325i ハイラインパッケージ（型式 GH － AV25）の中古車小売価格が、平成 28 年 2 月ないし同年 3 月版では 65 万円、平成 28 年 12 月ないし平成 29 年 1 月版のレッドブックでは 60 万円とされており、走行キロ加減評価参考値として、輸入車〈3〉クラス、120 か月超、走行距離 2.5 万 km ないし 3.0 万 km の場合は 10 万円加算とされているものの、本件事故発生月のレッドブックには、同年式・同車種のものは掲載されていない。

⑵　スタンダードプライスガイド（情報誌等に掲載されたデータを分析して毎月の標準的な取引相場データを算出し提供する法人向け自動車データ検索システム）の検索結果では、平成 16 年式 BMW325i ハイラインパッケージ（型式 GH － AV25）、走行距離 2 万 4000km の平成 29 年 2 月時点の小売基準価格は 45 万 6000 円とされている。

　なお、上記の検索結果では、「ホイールベース」、「トレッド前」、「トレッド後」、「車両重量」の各項目の数値がいずれも「99999」とされているが、当該車両の取引価格動向を把握する上ではこれらの各項目の数値は特に意味を有するとは解されず、上記のとおり、年式、車種・形式、走行距離等の情報が具体的に把握できる以上、上記の検索結果の参照価値を否定すべき理由はない。

⑶控訴人の担当者が、平成 29 年 3 月 3 日にカーセンサー（中古車情報サイト）において検索した BMW325i（型式 GH － AV25）の販売情報 11 件（ただし、検索条件は不詳。）のうち、同年式の 5 件から最高価格及び最低価格のものを除外した 3 件（走行距離平均約 4.6 万 km）の本体価格は、平均約 55.9 万円であった。

⑷上記のとおり、本件事故より少し前の時期のレッドブックでは、控訴人車と同

等の車両の小売価格が 60 万円（走行キロ加減評価参考値のとおりの加算をした額は 70 万円）とされているものの、スタンダードプライスガイドでは、本件事故当時の同等車両の小売基準価格は 45 万 6000 円とされており、中古車情報サイトに実際に掲載された同等車両の取引事例のうち平均的なものの本体価格は 55 万 9000 円程度であることに照らすと、一般に事故車両を同等の中古車に買い替える場合には少なくとも数万円程度の買替諸費用の出費を余儀なくされるであろうことを考慮に入れても、控訴人車の買替えに要する費用（控訴人車の本件事故当時の取引価格に買替諸費用を加えた額）が 55 万 7500 円を超えると認めることはできない。

2　一方、控訴人は、控訴人車の処分代金として 5 万円を取得しているから、これを控訴人が被控訴人に対し損害賠償を求めることができる額から差し引くべきである。

　そうすると、原審認容の 50 万 7500 円を超えて、控訴人の請求を認容することはできない。」

裁判例 ❷	基本情報	①普通乗用自動車②ニッサン・セレナライダーパフォーマンススペックブラックライン S－HYBRID

東京地判平 30・3・26LEX/DB25552871

時価額－スクラップ回収相当額　165 万 9400 円

「ア　原告車は、セレナオーテックといういわゆる改造車であり、その車台番号から原告車のグレードは、ライダーパフォーマンススペックブラックライン S－HYBRID であることが認められる。オートガイド自動車価格月報（いわゆるレッドブック）においては、「ライダー S ハイブリッド」の中古車価格は 204 万円とされているところ、原告車には HDD ナビが搭載されていること、車検の残月数等があることから、その時価額を 211 万 3000 円とした算定は相当であり、211 万 3000 円を原告車の車両時価額と認めるのが相当である。

　これに対し、被告は、その陳述書において原告車のコーションプレートの型式が EDRARQV であるから、グレードはライダー S ハイブリッドではなく、甲

11、15 は公信力がない等と述べるが、コーションプレートは改造のベースとなった車両型式であり、また原告車のグレードは前記のとおり認定できること、甲11 及び 15 は、車両メーカーによる公式のウェブサイトによるグレード情報であると認められることから、その供述内容はいずれも採用できない。

イ　前記原告車のグレードや原告がスクラップ回収相当額を自認していることも踏まえて、スクラップ回収相当額を 45 万 3600 円と認める。

ウ　したがって、原告の車両損害は、前記アの車両時価額 211 万 3000 円から前記イのスクラップ回収相当額 45 万 3600 円を控除した 165 万 9400 円と認めるのが相当である。」

裁 判 例 ❸	基本情報	①普通乗用自動車②ダイハツ・ムーブ・コンテ③平成 21 年 3 月④ 6 年 7 か月⑤ 3 万 6291km

東京地判平 30・1・16LEX/DB25551755

時価額－事故車両売却代金　54 万 5000 円

「証拠及び弁論の全趣旨によれば、〔1〕原告車は、車種がムーブ・コンテ、型式が DBA － L575S X、初度登録が平成 21 年 3 月、平成 27 年 10 月 22 日当時の走行距離が 3 万 6291km、同月の時点での車検残月数が 5 か月であること、〔2〕レッドブックでは、原告車と車種、型式、初度登録年が同じ車両の中古車小売価格が 62 万円であること、〔3〕原告の調査担当者が上記〔1〕、〔2〕の事情を考慮して本件事故当時の原告車の価格を 59 万 2000 円（上記 62 万円から車検算月数 23 か月未満の場合の 2 万 8000 円を減算した額）と算定していることが認められ、これらの事情からすると、本件事故当時の原告車の価格は 59 万2000 円と認めるのが相当である。

　前提事実に加えて、証拠によれば、原告車が、本件事故の衝突後、本件交差点の信号機の柱に設置された信号機ボックスに突っ込んで停止し、前部（フロントバンパからフロントフードにかけての部分）が大きく損傷し、内部の部品がむき出しになり、右側面にも擦過が生じたこと、原告の調査担当者が本件事故当時の原告車の価格を考慮し、全損と評価していることからすると、本件事故による原

告車の修理費は 59 万 2000 円を上回ると認められる。

　そして、証拠及び弁論の全趣旨によれば、本件事故により損傷した原告車が 4 万 7000 円で売却されたことが認められる。

　したがって、本件事故による原告車の損害は、本件事故当時の原告車の価格 59 万 2000 円からその売却代金 4 万 7000 円を控除した 54 万 5000 円と認められる。」

| 裁判例❹ | 基本情報 | ①普通乗用自動車②ニッサン・エルグランドハイウェイスター UA − E51 ③平成 16 年 6 月④ 9 年 3 か月⑤約 6 万 km |

東京地判平 28・9・30LEX/DB25537543

時価額−事故車両売却代金　91 万 9000 円

「証拠及び弁論の全趣旨を総合すれば、C 車（日産エルグランドハイウェイスター、型式 UA − E51、総排気量 3.491、初度登録平成 16 年 6 月、本件事故時の累積走行距離約 6 万 km、車検有効期限平成 27 年 6 月 16 日、カーナビゲーション HDD 装備）の本件事故時の価格は 97 万円と認められ、この認定を覆す証拠はない。

⑵証拠及び弁論の全趣旨によれば、C 車は、本件事故後、5 万 1000 円で落札されたことが認められる。

⑶以上によれば、本件事故による C の物件損害額は 97 万円から 5 万 1000 円を控除した 91 万 9000 円と認めるのが相当である。

　なお、証拠及び弁論の全趣旨を総合すれば、C 車は、⑵の後、解体業者に 10 万円で売却されたことが認められるが、10 万円を取得したのは C 車を落札した業者であるから、C 車が解体業者に 10 万円で売却された事実は前記本件事故による C の物件損害額に対する判断を左右しないというべきである。」

裁 判 例 ❺	基本情報	①普通乗用自動車③平成 13 年 7 月④ 12 年 2 か月⑤ 14 万 1806km

東京地判平 28・9・26LEX/DB25537539

時価額＋買替諸費用－廃車買取価額　35 万 8000 円

「原告車は、本件事故により損壊し、その修理費用の見積額は 88 万 8573 円であるところ、本件事故当時の原告車の車両時価額については、原告 B による原告車の購入額、エンジン等の交換、同年式、同種の中古車価格も踏まえ、30 万円とするのが相当である。そして、原告 B は、本件事故後に普通自動車を購入して買い替えているところ、原告車が軽自動車であったことも考慮し、買替諸費用については 6 万 1000 円とするのが相当である。

　そうすると、上記の修理費用よりも車両時価額と買替諸費用の合計額のほうが低額であるから、いわゆる経済的全損として、原告 B は、原告車の車両時価額及び買替諸費用の合計額を請求しうるに止まる。なお、軽自動車の廃車買取り価格が 3000 円程度であること（乙 9 及び弁論の全趣旨）を踏まえ、同額を控除するのが相当である。

　したがって、原告車の車両損害額は 35 万 8000 円と認められる。

（計算式）車両時価額 30 万円＋買替諸費用 6 万 1000 円－ 3000 円＝ 35 万 8000 円」

II 車両使用不能による損害

第1章　代車料——肯定

　代車料（代車費用、代車使用料ともいう）は、事故車両に代わる代車を使用しその費用・運賃を支払った場合に、相当な修理期間または買替期間の範囲内において認められる。人損でいうと、車両損害と同様（ただし、評価損は異なる要素がある）、積極損害に相当する。

　代車料算定の主たる手順として、代車の必要性、相当性と代車期間の妥当性が吟味されなければならない。なお、代車料とともに休車損も請求される場合には、両者を総合的に検討する必要がある（両者がともに認められることはない）。

　代車料の算定については、代車の必要性および相当性と代車期間の妥当性が吟味される。

　代車の使用は一時的な代替の目的が達せられれば十分であり、加害者に不測の損害を与えるべきでない（被害者には信義則上損害拡大を防止する義務がある）。したがって、代車は、必ずしも同種、同等、同格の車種である必要はなく、事故車両の車種、利用状況等を勘案し、必要性・相当性が吟味されることになる。代車料は通常、被害車両によって得られる利益額に、相当な代車期間（修理期間・買替期間）を乗じて算出される。

　高級外車の代車としては通常、同クラスの高級外車ではなく、国産高級車が認められることが多い。たとえば、メルセデス・ベンツの中でも最高級ランクの車の代車につき、国内最高級クラスの車両（「クラウンマジェスタ」クラスの車両）が相当であると認める裁判例[1]がある。

　例外的に、被害者の職業などが考慮されることもある。たとえば、東京地裁判決[2]では、フォード・マスタング・コンバーチブル（1966年製）は、原告の

1）東京地判平8・3・22交民29巻2号346頁。
2）東京地判平8・7・2交民29巻4号976頁。

職業がモータージャーナリストであることを考慮し、代車として外国車を借りたことは不当ではないとした。このような場合に代車期間が限定されることがある。

代車料は、通常、代車費用（日額）に、相当な代車期間（修理期間・買替期間）（日数）を乗じて算出される。

次の裁判例❶〜㉝は、代車料を認めた。代車料が事故と相当因果関係ある損害と認められるためには、代車を使用する必要性があること、車種（グレード）が相当であること、代車期間が相当であることが必要であり、実務では特にこれらが吟味される。裁判例❶〜㉝においても、実質的にこれらを踏まえ代車料の判断が行われている。これらにつき、判決文に追記した小見出し（◆見出し）等から確認していただきたい。小見出しにつき、いくつか補足する。

1　代車の必要性

「代車の必要性」とは、通勤・通学、通院等日常生活のために代車使用が必要であることを意味する。「遊休車の有無」もこれに密接に関連する。

裁判例❷・❹・❼〜❾・⓫〜⓭・⓯・⓱・⓳・⓴・㉔・㉕・㉗・㉘・㉚・㉝が直接・間接的に代車の必要性について言及している。

2　代車の種類（グレード）

「代車の種類（グレード）」については、事故車両に照らして相当と認められる種類・グレードの代車の使用の場合に相当性が認められるというもので、裁判例❸・⓫・⓭・⓯・⓰・㉙・㉚・㉛がこれに言及している。

3　代車期間

「代車期間」については、相当期間は、一般に、修理については1〜2週間、買替えについては経済的全損の場合1か月程度といわれている。

　代車の認められる期間について修理のための代車期間に関しては、裁判例❷〜❻・❾〜⓮・⓰・⓱・⓴・㉑・㉖・㉘・㉙・㉜・㉝がこれに言及している。

　買替えのため代車期間に関しては、裁判例❶・❼・❽・⓳・㉒・㉔・㉚がこれに言及している。

　なお、代車期間の「延長」が問題になる裁判例がある。保険会社との交渉に要するためや、修理部品の調達のため、代車期間が長期化する場合にはその延長部分についても相当性が認められる場合がある。このように、代車期間は、個別具体的に相当性が判断される。裁判例⓰・㉖・㉝がこれに言及している。

4　仮定的代車料

　「仮定的代車料」の問題とは、平成13年の東京地裁判決が「代車料の支払がないまま修理が完了し、損害として現実化しないことが確定した場合には、当該車両の利用価値の侵害は、抽象的なものにとどまるのであって、損害賠償の対象にはならないものというべきである。したがって、控訴人主張の代車料（仮定的代車料）は、本件事故による損害とは認められない。」[3]と判示したように、仮に代車が必要であるとしても、現実に代車を使用しなかった場合に、仮定的な代車料の請求が認められるかという問題であり、不法行為制度の趣旨から、原則として仮定的代車料は認められないと解される。

　裁判例㉕および第2章「代車料——否定」❺がこの問題に関係している。

裁　判　例　❶	基本情報	①普通乗用自動車
横浜地川崎支判平30・11・29自保2038号76頁		
代車料　38万8800円　◆代車期間（買替えのため）、代車料の金額		

3）東京地判平13・1・25交民34巻1号56頁。

「原告 A は、代車費用として、現に支出した代車費用を請求するが、買い替えに伴う代車であるから、原告車と同等の自動車を買い替えに必要な期間借りるだけの費用が本件事故による損害と認められる。証拠によれば、1 日当たり 1 万 2,960 円（消費税相当額を含む。）とし、買い替えに必要な期間を 30 日として算定した 38 万 8,800 円が代車費用としての損害と認められる。」

裁 判 例 ❷	基本情報	①普通乗用自動車②トヨタ・エスクァイア③平成 29 年 10 月 12 日④約 2 か月⑤ 1636km

東京地判平 30・10・10 LEX/DB25556383

代車料　4 万円

◆代車の必要性、代車期間（修理のため）、代車料の金額

「原告は、個人事業主として電気工事業を営んでおり、その業務を行うためには移動用の車両を欠かすことができないため、原告車の修理期間である平成 30 年 2 月 8 日から同月 17 日まで代替車両としてレンタカーを借り、レンタカー代合計 4 万円を要したことが認められる。これによれば、代車の必要性、代車期間及び金額の相当性はあったといえ、同額を原告の損害と認める。」

裁 判 例 ❸	基本情報	①普通乗用自動車②メルセデス・ベンツ車③平成 25 年 5 月④ 3 か月⑤ 808km

東京地判平 30・9・26LEX/DB25555540

代車料　40 万 9500 円

◆認定事実

「証拠及び弁論の全趣旨によれば、〔1〕原告車は、初度登録年月が平成 25 年 5 月のメルセデス・ベンツであること、〔2〕原告会社は、本件事故当時、原告車を含む 2 台の車両を保有していたが、原告車は原告会社の代表取締役を務める原告 A が主要な取引先であるアパレル業者との打合せに向かうなどのために頻

繁に使用され、他の1台（メルセデス・ベンツ）は原告会社の取締役で営業部長を務めるFが日常的に使用していたこと、〔3〕本件事故により原告車が損傷したため、原告会社は、ヤナセに修理を依頼し、その修理工場に原告車を入庫したが、原告会社には原告車を買い取ってもらいたいとの意向もあり、直ぐには原告車の修理の着工はされず、平成25年10月上旬には、被告会社から買取りを拒否する旨の連絡があったこと、〔4〕その後、原告車の修理の着工がされないまま、同年12月2日、原告A、被告側保険会社の担当者やアジャスター等の立会いの下、修理費の協定のため原告車の損傷状態が確認されたこと、〔5〕ヤナセは、翌同月3日、同日付けの概算見積書を作成し、その頃、原告車の修理に必要となる部品をドイツ本国に発注して、原告車の修理の着工がされ、平成26年1月末日頃に修理が完了したこと、〔6〕ヤナセ作成に係る同月29日付け精算見積書には、完成予定日が「2014年01月25日」と記載されていること、〔7〕原告会社は、原告車の代車として、平成25年10月2日から平成26年2月3日までの間、F社からメルセデス・ベンツ SL550（途中からポルシェ911 カレラと入替）を月額40万9500円で借り、合計163万8000円の代車使用料を支払ったことが認められる。」

◆代車の種類（グレード）

「上記認定によれば、原告車は、原告会社の業務のため原告Aにより日常的に使用されていた車両であり、本件事故により損傷して修理するまで使用できなくなったことから、原告車の代車として、メルセデス・ベンツ SL550 やポルシェ911 カレラを使用したものであり、原告会社の他の車両1台はFが日常的に使用していたことに照らすと、原告車の修理期間中に代車使用の必要性があったと認められる。」

◆代車期間（修理のため）

「そして、上記認定によれば、原告車の本件事故による損傷に対する現実の修理期間は、平成25年12月3日頃から平成26年1月末日頃までの約2か月間であり、原告会社がヤナセの修理工場に原告車を入庫した後、直ちに修理に着工していれば、遅くとも平成25年11月1日には修理を完了したものと認められるから、本件事故と相当因果関係のある修理期間としては平成25年11月1日までと認めるのが相当であり、原告車が外国産高級車であることを考慮して、原告会社が現実に支出した代車使用料の1か月分40万9500円が本件事故と相当因

果関係のある損害と認めるのが相当である。」

裁判例❹	基本情報	①普通乗用自動車

東京地判平 30・5・22EX/DB25553562

代車料　15 万円

◆認定事実

「証拠及び弁論の全趣旨によれば、〔1〕被告 C は、通勤や業務に被告車を使用していたこと、〔2〕被告 C は、原告側保険会社が手配した代車を、平成 27 年 10 月 16 日から使用していたこと、〔2〕上記代車は、KK レンタカーが貸し出した代車であること、〔3〕被告 C は、KK レンタカーに対し、平成 28 年 4 月 1 日に代車を返還したこと、〔4〕被告 C が KK レンタカーから借りた代車はトヨタ・レクサスであり、代車費用は日額 1 万 9000 円（税込 2 万 0520 円）であったこと、〔5〕KK レンタカーを営む株式会社 KK トレーディングは、平成 28 年 2 月 2 日、被告 C に対し、平成 27 年 10 月 16 日から平成 28 年 2 月 1 日まで 109 日間のレンタカー代 223 万 6680 円（日額税込 2 万 0520 円× 109 日）のうち、平成 27 年 12 月 4 日までの 50 日間の原告側保険会社支払分 102 万 6000 円を除く 59 日分 121 万 0680 円の支払を請求したこと、〔6〕被告 C は、平成 28 年 4 月 1 日、株式会社 KK トレーディングとの間で、代車費用につき 15 万円の解決金を支払うことで合意したことが認められる。」

◆代車の必要性

「上記認定事実によれば、被告 C は代車使用の必要性が認められる。」

◆代車期間（修理のため）

「本件において、〔1〕被告 C は、原告側保険会社が損害立会をした平成 27 年 10 月 21 日以降は、修理に着手できる状況にあったこと、〔2〕修理のための見積もりの期間等は長くみたとしても 2 週間程度であること、〔3〕被告車の損傷の程度等を考慮すると、被告車の修理に要する期間としては 3 週間程度とみるのが相当であることからすると、本件における代車使用の相当期間としては 35

日間とするのが相当である。」

◆代車料の金額

「35 日分の代車費用は 71 万 8200 円（日額税込 2 万 0520 円× 35 日）となるところ、被告 C が請求する代車費用はこれを下回る 15 万円であることから、本件事故による被告 C の損害として代車費用 15 万円を認めるのが相当である。」

裁判例 ❺	基本情報	①普通乗用自動車②トヨタ・アルファード

東京地判平 30・5・10LEX/DB25553250

代車料　6 万 4800 円

◆代車期間（修理のため）、代車料の金額

「被控訴人は、業務上の必要から、平成 28 年 3 月 27 日から同年 4 月 26 日までの 30 日間、同車種の代車を使用し、日額 6480 円（税込）の代車費用の負担を要したと主張するが、本件事故による被控訴人車の修理に要する日数は 10 日であり、本件事故後直ちに被控訴人車の修理に着工することができない事情があったと認めるに足りる主張立証はないから、6 万 4800 円（日額 6480 円× 10 日）の限度で本件事故との間に相当因果関係のある損害と認める。」

裁判例 ❻	基本情報	①普通乗用自動車

東京地判平 30・4・24LEX/DB25553243

代車料　16 万 1000 円

◆認定事実

「証拠によれば、控訴人 B は、本件事故後、平成 27 年 8 月 8 日から同月 31 日までの 23 日間、1 日 7000 円の単価で代車を使用し、その代車費用として 16 万 1000 円を要したことが認められる。」

◆代車期間（修理のため）

「被控訴人Cは、代車の必要性自体は認めつつ、調査会社の調査により修理期間が20日とされたことを根拠として、20日を超える代車使用期間の必要性・相当性を争うが、控訴人B車の修理工場への搬入や引取りが不相当に遅れたとまではいえないから、代車の相当な使用期間は23日間と認めるのが相当である。

　したがって、控訴人Bには、本件事故により代車費用に係る損害として16万1000円の損害が生じたと認められる。」

裁 判 例 ❼	基本情報	①中型貨物自動車②三菱ふそう・キャンター

東京地判平30・8・22LEX/DB25555506

代車料　171万6300円

◆代車の必要性

⑴「反訴原告車は、3900ｋｇまでの積載が可能となるよう特別な改造がされ、音楽等のイベント会場に器材等を運搬するための車両として、反訴原告の業務に使用されていた車両であるところ、本件事故により、損傷して経済的全損の状態となり、使用できなくなったことから、反訴原告は、反訴原告車の代車として、本件代車を使用したものである。

　そして、反訴原告は、本件代車を使用した期間中、4tトラックが必要となる業務を定期的に受注していたが、本件事故当時保有していた14台の車両のうち、2t超の車両は反訴原告車1台のみであったことから、本件代車を使用しなくとも反訴原告が保有する他の車両により反訴原告車を使用できなくなった状況に対処できたとは認め難く、代車使用の必要性が認められる。

　もっとも、反訴原告の業務対象となるイベントのうち、4tトラックが必要となるイベントは、本件代車の使用期間が繁忙期にかかるものであったとしても、その頻度は例年1週間から10日に1回であり、反訴原告もそのことを把握しており、後記⑵のとおり、代車使用期間が長期にわたり、かつ、日額も高額となることが予想されたのであるから、継続的な代車使用の必要性までは認められな

い。

　なお、反訴原告は、急遽 4t トラックが必要となることもあり、予めいつ本件代車が必要になるか事前に明確に把握しておくことは非常に困難であることなどを理由に継続的に本件代車を借りておく必要がある旨主張するが、その頻度がどの程度の割合で存在するのか明らかではなく、本件事故発生以前にも急遽 4t トラックが必要となる場合には、運送屋に依頼したり、レンタカー会社から 4t トラックを借りたりして対応していたというのであるから、反訴原告の主張する事情をもって、直ちに継続的な代車使用の必要性が認められるものではない。」

◆代車期間（買替えのため）、代車料の金額

(2)「ア　本件買替車のようなバン型トラックは需要が非常に高く、納車に数か月を要する上、反訴原告車は、その使用目的に合わせて特別な改造がされたものであり、反訴原告車と同様の改造を施した 4t トラックを納車するには、そのような改造が施されない場合に比べて長期間を要すると考えられ、大和リース株式会社作成の見積書には、本件買替車の納車予定は平成 29 年 4 月と記載されている。そして、反訴原告から納車を急ぐよう要望された三菱ふそうは、同年 3 月初めに本件買替車を納車した。そうすると、反訴原告が、本件事故後の平成 28 年 8 月 10 日から本件買替車の納車前の平成 29 年 1 月 5 日までの間、本件代車を使用したことは、継続的に使用を続けた点を除けば、その期間については、相当なものであったと認められる。

　そして、平成 28 年 8 月 10 日から平成 29 年 1 月 5 日までの間、反訴原告が本件代車を必要としたのは、〔1〕平成 28 年 8 月中は、15 日～18 日、21 日、22 日の合計 6 日、〔2〕同年 9 月中は、1 日～9 日、13 日、15 日、16 日、19 日～25 日、27 日～30 日の合計 23 日、〔3〕同年 10 月中は、7 日、17 日、19 日～25 日、27 日～29 日の合計 12 日、〔4〕同年 11 月中は、8 日、14 日、15 日、21 日、22 日の合計 5 日、〔5〕同年 12 月中は、1 日～4 日、25 日～27 日、29 日の合計 8 日、〔6〕平成 29 年 1 月中は、1 日の 1 日のみであるから、これを前提に、本件代車を日単位で借りた場合の代車代を計算すると、次のとおり、合計 171 万 6300 円となる。

(ア)平成 28 年 8 月分（15 日～18 日、21 日～22 日、合計 6 日）

　〔1〕車両本体日額 3 万 8800 円× 2 日＝ 7 万 7600 円

　〔2〕車両本体延長 2 万 4300 円× 4 日＝ 9 万 7200 円

〔3〕オプション日額 2160 円× 6 日＝ 1 万 2960 円

　合計 18 万 7760 円

(イ)平成 28 年 9 月分（1 日〜 9 日、13 日、15 日〜 16 日、19 日〜 25 日、27 日〜 30 日、合計 23 日）

　〔1〕車両本体日額 3 万 8800 円× 5 日＝ 19 万 4000 円

　〔2〕車両本体延長 2 万 4300 円× 18 日＝ 43 万 7400 円

　〔3〕オプション日額 2160 円× 23 日＝ 4 万 9680 円

　合計 68 万 1080 円

(ウ)平成 28 年 10 月分（7 日、17 日、19 日〜 25 日、27 日〜 29 日、合計 12 日）

　〔1〕車両本体日額 3 万 8800 円× 4 日＝ 15 万 5200 円

　〔2〕車両本体延長 2 万 4300 円× 8 日＝ 19 万 4400 円

　〔3〕オプション日額 2160 円× 12 日＝ 2 万 5920 円

　合計 37 万 5520 円

(エ)平成 28 年 11 月分（8 日、14 日〜 15 日、21 日〜 22 日、合計 5 日）

　〔1〕車両本体日額 3 万 8800 円× 3 日＝ 11 万 6400 円

　〔2〕車両本体延長 2 万 4300 円× 2 日＝ 4 万 8600 円

　〔3〕オプション日額 2160 円× 5 日＝ 1 万 0800 円

　合計 17 万 5800 円

(オ)平成 28 年 12 月分（1 日〜 4 日、25 日〜 27 日、29 日、合計 8 日）

　〔1〕車両本体日額 3 万 8800 円× 3 日＝ 11 万 6400 円

　〔2〕車両本体延長 2 万 4300 円× 5 日＝ 12 万 1500 円

　〔3〕オプション日額 2160 円× 8 日＝ 1 万 7280 円

　合計 25 万 5180 円

(カ)平成 29 年 1 月分（1 日、合計 1 日）

　〔1〕車両本体日額 3 万 8800 円× 1 日＝ 3 万 8800 円

　〔2〕オプション日額 2160 円× 1 日＝ 2160 円

　合計 4 万 0960 円

(キ)上記(ア)〜(カ)の合計 171 万 6300 円

イ　なお、本件代車を月単位で借りた場合、日単位で借りるよりも、日額単価を低額に抑えることができ、その結果、平成 28 年 9 月分については、月単位で借

りた方が結果的には代車代を低額に抑えることができたものの、その他の月については、日単位で借りた方が代車代を低額に抑えることができている。

　そして、反訴原告の業務対象となるイベントのうち、4t トラックが必要となるイベントは、本件代車の使用期間が繁忙期にかかるものであったとしても、その頻度は例年 1 週間から 10 日に 1 回であったというのであるから、平成 28 年 9 月は特別に 4t トラックが必要となるイベントが多かったにすぎないというべきであり、本件代車を日単位で借りることが経済的に合理性を欠くものであったとはいい難い。

(3)以上によれば、反訴原告には、本件事故による代車代として、合計 171 万 6300 円の損害が生じたと認められ、同額を本件事故による損害と認める。」

裁 判 例 ❽	基本情報	①普通乗用自動車

東京地判平 30・4・17LEX/DB25553515

代車料　39 万 2291 円

◆代車の必要性

「控訴人には、両下肢機能障害等の障害があり身体障害程度等級 3 級を受けていることを考慮すれば、本件事故により控訴人車を使用することができなかった期間について代車使用の必要性はあったと認めるのが相当である。」

◆代車期間（買替えのため）

「代車期間について、被控訴人側は、控訴人側の対応の問題からやむなく全損対応にしたに過ぎないから、交渉段階で示した平成 27 年 12 月 12 日から平成 28 年 1 月 11 日までの期間であると主張するところ、控訴人側が当初修理を渋ったために交渉が難航した経緯はうかがわれるものの、全損対応にするとの判断自体は被控訴人側によってなされており、この全損対応にするとの被控訴人側の通知を受けてから控訴人において実際に買換をするのに要する一定期間を認めるのが相当であるから、上記被控訴人側が認める平成 27 年 12 月 12 日から平成 28 年 1 月 11 日までの期間に加え、全損対応にするとの通知をした後の平成 28 年 1

月12日から、控訴人において買換等に要する期間を考慮し、さらに30日分を認めるのが相当である。

　ここで、控訴人に発生した代車費用は134日分で86万1840円であるから、その日額を6431円とし、平成27年12月12日からの61日分である39万2291円を本件事故と相当因果関係のある代車費用と認める。」

裁判例 ❾	基本 情報	①普通乗用自動車②外国車③平成25年5月29日④2年

横浜地判平30・3・23自保2024号135頁

代車料　31万9680円

◆認定事実

「(ア)原告車の1回目の修理に係る代車使用料　19万8,720円

　原告車の1回目の修理に係る代車使用料として19万8,720円を要したこと、当該代車使用料が本件事故により原告に生じた損害となることは、当事者間に争いがない。

(イ)原告車の2回目の修理に係る代車使用料　12万0,960円

　証拠及び弁論の全趣旨によれば、原告は、平成27年10月13日から同年12月5日までの54日間、原告車と同じ車種の代車を使用し、その使用料として42万3,360円を支払ったことが認められる。」

◆代車の必要性、代車期間（修理のため）

「この点、原告は、前記イのとおり、開業医として、通勤、往診、他病院への移動等に自動車を利用する必要があったものと認められるから、原告車の修理のために必要な期間については、代車利用の必要があったものと認められる。

　しかしながら、上記期間における代車利用の理由とされる原告車の2回目の修理が行われたのは、平成27年12月1日の1日のみであることからすれば、特段の事情がない限り、原告車の修理のために54日間もの期間が必要であったと認めることは困難である。この点、修理工場による見積もりや被告側共済との交渉等に要する期間を考慮するとしても、必要な期間はせいぜい2週間にとど

まるというべきである。原告が、これを超える期間の必要性を主張するのであれば、その必要性を示す事実を立証すべきところ、そのような立証がされているとはいえない。」

◆代車料の金額

「したがって、原告車の2回目の修理に係る代車使用料については、2週間の使用の限度で、本件事故と相当因果関係のある損害と認めるのが相当であり、その額は次のとおりに算定される。

（計算式）1日当たり8,640円×14日」

裁判例 ❿	基本情報	①普通乗用自動車②ランボルギーニ・ムルシエラゴ③平成25年1月④2年10か月

大阪地判平29・12・26自保2014号160頁

代車料　73万6000円

◆代車期間（修理のため）、代車料の金額

「原告は、上記1⑻のとおり、本件事故のあった平成27年11月18日から平成28年2月29日までの合計104日間使用したレンタカー費用として、合計349万6,000円を請求するが、本件損傷の部位・程度等からすると、本件事故後も原告車は走行すること自体は可能であったと考えられること、また、原告が業務執行役員を務める会社には、原告が業務に使用することもある車両が1台あったこと、そして、代車費用は、原則として原告車の相当修理期間の日数分に限り認められるべきところ、原告車の積層作業による修理等に必要な日数は証拠上明確ではないが、最大でも20日程度と考えられることなど、本件に現れた諸事情を考慮し、本件事故と相当因果関係を有する代車費用は、アウディのレンタカー費用日額3万6,800円の20日分である73万6,000円と認めるのが相当である。」

裁判例 ⓫	基本情報	①普通乗用自動車②ポルシェ・911 カレラ GTS ③平成 27 年 11 月④ 4 か月⑤ 4982km

大阪地判平 29・10・12 交民 50 巻 5 号 1235 頁

代車料　60 万円

◆代車の必要性

「証拠及び弁論の全趣旨によれば、原告甲野は、原告車両を、自宅がある兵庫県西宮市から職場のある大阪市〔以下略〕までの通勤のほか、取引先を訪れる時などにも使用していたこと、自宅に妻の使用する車両があるほかには、原告車両以外の車両を保有していないことが認められる。これらによれば、原告車両の本件事故による損傷を修理するために必要な期間、上記通勤等のために代車を使用する必要があったと認められる。」

◆代車期間（修理のため）

「次に、上記アの事実、証拠及び弁論の全趣旨によれば、原告甲野は、原告車両を修理に出したため、平成 28 年 3 月 11 日から同年 4 月 20 日までの間、代車を通勤等に使用したことが認められる。そして、証拠及び弁論の全趣旨によれば、原告車両が受注生産の限定販売がされていた車両であり、塗装に特別色が使われていること、その修理には、海外からの塗料やパーツの取寄せが必要であり、通常よりも長期間を必要とすることが認められる。これらによれば、代車の使用期間として、40 日は相当な期間と認められる。」

◆代車の種類（グレード）、代車料の金額

「証拠及び弁論の全趣旨によれば、原告甲野は、代車として、原告車両（ポルシェ・911 カレラ GTS）と同クラスの車種であるポルシェ・カイエン GTS を使用し、その費用は 1 日あたり 2 万 5000 円であったことが認められるところ、原告甲野は、取引先に対するイメージを保持するために、原告車両と同クラスの車両を代車とする必要があったと主張する。

　もっとも、原告甲野は、外車に乗ることがイメージアップにつながっていると思うと供述するものの、国産の高級車に乗った場合に仕事に対する影響があるかどうかについては考えていないとも供述しており、代車の車種が国産車であった場合に、原告甲野及びその経営する会社が受ける具体的な不利益は明らかではな

い。代車を使用する期間が上記イのとおり 40 日に留まることも踏まえると、国産高級車ではなく、原告車両と同クラスのポルシェの車両を代車として使用する必要性があったとまでは認められないから、代車費用としては、国産高級車の限度で、1 日あたり 1 万 5000 円が相当である。

エ　以上によれば、代車費用相当額の損害は、60 万 0000 円（1 万 5000 円／日× 40 日）と認められる。」

裁 判 例 ⑫	基本情報	①普通乗用自動車②ホンダ・ステップワゴン

大阪地判平 29・9・26LEX/DB25539107

代車料　9 万 9000 円

◆**代車の必要性**

「原告車の修理時期が年末年始の自家用車の頻度が高い時期にかかっていたことなどを考慮すると、代車の必要性がなかったとまではいえないことから、下記(2)の期間における代車使用の必要性を認めるのが相当である。」

◆**代車期間（修理のため）**

「証拠及び弁論の全趣旨により、被告側保険会社が調査を開始した平成 26 年 12 月 24 日から、被告側保険会社担当者が原告車を確認に来た同月 29 日までの 6 日間及び修理期間の 5 日間の合計 11 日間を代車使用期間と認めるのが相当である。」

◆**代車料の金額**

「証拠及び弁論の全趣旨によれば、〔1〕原告車は、排気量 2000cc のホンダのステップワゴンであること、〔2〕原告が代車として使用した車両は、排気量 2000cc のトヨタのヴォクシーであり、初度登録年月は平成 18 年 2 月であること、〔3〕トム・オートサービスが作成した原告宛ての代車費用の請求書には、代車費用として、初日 2 万 0200 円、基本料金日額 1 万 5400 円、ハイシーズン料金日額 1 万 6700 円と記載されていること、〔4〕大手レンタカー業者におけるトヨタのヴォクシーのレンタカー料金として、初日 2 万 0520 円、以降 1

日ごとに1万5120円とされている例があること、〔5〕レンタカー業者におけるホンダのステップワゴンのレンタカー料金として、初度登録から5年以内の車両については日額1万8800円とし、初度登録から5年を超える車両については日額8860円とする例があることが認められる。

　本件においては、原告車の車種や原告車の代車が初度登録から8年以上経過している車両であったことなどを考慮して、一般のレンタカー会社におけるレンタカーの日額使用料に照らし、原告車の代車の日額を9000円とするのが相当である。」

裁判例 ⓭	基本情報	①普通乗用自動車②メルセデス・ベンツSクラス③平成19年5月④9年⑤8万2403km

名古屋地判平29・9・15交民50巻5号1191頁

代車料　60万円

◆認定事実

「平成28年5月24日午前11時頃に本件事故が発生した後、原告代表者は、原告車両を、修理のため、C社に持ち込み、同日午後5時頃、Bレンタリースに対し、ベンツSクラスを、日額4万8600円で借りる旨の申込みをしたこと、その後、原告が交渉し、価額が日額3万9960円となり、同年7月13日、Bレンタリースから、同年5月24日から同年6月22日までの30日間分の料金合計119万8800円を請求され、原告が同額を支払ったことが認められる。そして、これらの事実からすると、原告が、Bレンタリースから、ベンツSクラスを、同年5月24日から同年6月22日までの30日間、日額3万9960円で借りたことが認められる。」

◆代車の必要性

「証拠及び弁論の全趣旨によれば、花子は、原告代表者の妻であり、原告の役員であるところ、原告車両は、本件事故当日、修理のためにC社に持ち込まれたこと、同車は、主に花子がほぼ毎日使用していたものであったことが認められる。

　他方、原告又は原告代表者は、本件事故当時、原告車両のほか、マセラッティ、プリウス及びベンツを有していたことが認められるが、上記ベンツについては、原告代表者が社用として使用しているものであり、プリウスについても、原告の従業員用の車両であることが認められる。また、マセラッティは、原告代表者が趣味で使用していた車両であるが、マニュアル車であり、シフトレバーがハンドルにあるなど特殊な仕様となっているところ、マニュアル車を事実上運転できない花子が、マセラッティを運転することは困難であったと認められる。これらの事情からすると、代車使用の必要性が認められるというべきである。」

◆代車期間（修理のため）

「証拠によれば、原告車両は、本件事故当日である平成28年5月24日、C社に持ち込まれたこと、左ヘッドライト部分について修理が必要であったが、部品が国内になかったので、海外から取寄せることになり、すぐに発注されたこと、原告は、左ヘッドライトだけ交換すると、右ヘッドライトと色が変わることから、右ヘッドライトについても交換を要求し、その分も発注され、当該部分の費用負担について、被告側の任意保険会社と交渉をしていたこと、左ヘッドライトの部品が納品されたのは同年6月10日であり、修理期間については、そこから14日かかることが認められる。そうすると、修理のために、同月24日頃まで必要であったと認められるから、代車期間としては、30日が相当というべきである。

　なお、上記事実からすると、原告代表者が、修理期間を不当に長期化させたとまでは認められない。また、原告車両には外見上目立った損傷は見当たらないが、公道を走行できる状態であったかは証拠上判然としないし、修理部位に関し交渉がされていたことも考慮すると、左ヘッドライトの部品が届くまで、代車を借りず、原告車両を使用すべきであったとまではいえない。さらに、原告車両は、結局、修理されていないが、上記事実からすると、当初は修理をする予定であったことが認められるから、相当な修理期間分について、代車費用を認めることも不当とはいえない。」

◆代車の種類（グレード）

「他方、原告は、ベンツSクラスを代車として借りているが、証拠及び弁論の全趣旨によれば、原告車両を主に使用していた花子は、本件事故当時、主に日常生活（買物や子供の送迎等）のために当該車両を使用していたことが認められ、

その主な使用目的に照らすと、原告がベンツの正規輸入車専門店であり、花子が
その役員であったことや、出産直後で違う車種だと不安を感じるなどの主観的事
情等を考慮しても、代車として、日額3万9960円のベンツSクラスを使用す
る必要性があったとまではいえず、国産高級車を使用する限度（日額2万円）
で相当因果関係を認めるのが相当というべきである。　なお、証拠及び弁論の全
趣旨によれば、被告側の任意保険会社は、平成28年5月31日、代車が日額4
万8600円のベンツSクラスであることを認識したが、同年6月14日頃まで、
原告代表者に対し、特に異論を述べなかったことが認められるが、これをもって
直ちに、被告側の任意保険会社が、原告がベンツSクラスを借りることを許容
していたということはできず、当該事実やその他の事情を考慮しても、日額3
万9960円のベンツSクラスが代車として相当であったということはできない。
⑸以上から、原告には代車使用の必要性が認められ、日額2万円×30日＝60
万円の限度で、相当因果関係のある損害と認めるのが相当である。」

裁 判 例 ⓮	基本情報	①普通乗用自動車②ホンダ・アコード③平成15年9月④11年8か月

東京地判平29・8・16 ウエストロー 2017WLJPCA08168006

代車料　12万3120円

◆認定事実

「証拠及び弁論の全趣旨によれば、〔1〕反訴原告車は、初度登録年月が平成15
年9月のホンダ・アコードであること、〔2〕反訴原告は、個人で建設業を営ん
でおり、その営業の際に反訴原告車を使用していたほか、持病を抱える親族の病
院への送迎の際にも反訴原告車を使用していたこと、〔3〕反訴原告車は、本件
事故により左フロントフェンダー後部寄りからフロントドアパネルにかけて擦過
傷が生じたこと、〔4〕反訴原告は、修理期間中の平成28年3月21日から同年
4月1日までの12日間、反訴原告車の代車として、株式会社ホンダカーズT店
からホンダ・アコードを日額1万0260円で借り、合計12万3120円の代車費
用を負担していることが認められる。」

◆代車期間（修理のため）

「上記認定によれば、反訴原告は、反訴原告車の修理期間中に代車の必要性があったと認められるから、上記代車費用12万3120円は本件事故と相当因果関係のある損害と認められる。

　これに対し、反訴原告は、修理期間を含む合計103日間につき代車の必要性がある旨主張し、上記12日間のほか、約50日間、知人から代車を借りた旨供述する（反訴原告本人）が、知人からは無償で代車を借り受けたことを認めており、反訴原告の主張する上記期間のうち、上記12日間を除く期間については具体的な代車費用の損害の発生が認められない。」

裁 判 例 ❶❺	基本情報	①普通乗用自動車②メルセデス・ベンツ車③平成18年6月④9年6か月

東京地判平29・6・21LEX/DB25555264

代車料　48万6000円

◆認定事実

「〔1〕原告車は、初度登録年月が平成18年6月のメルセデス・ベンツであり、本件事故当時の時価額は151万3000円であったこと、〔2〕原告らは原告車を日常生活のため共同利用していたこと、〔3〕原告車は、本件事故により右クオータパネルに曲損等が生じたが、走行自体に支障は生じなかったこと、〔4〕原告Aは、平成27年12月21日、修理業者であるF社に原告車を入庫したが、工場の入庫車両が一杯だっため、原告車は一旦本社の駐車場に保管され、平成28年1月13日に修理の着工がされ、同年2月9日に修理が完了し、翌10日に原告Aに納車されたこと、〔5〕原告Aは、平成27年12月21日から平成28年2月10日までの52日間、原告車の代車として、F社からメルセデス・ベンツを日額1万5000円（消費税別）で借りたことが認められる。」

◆代車の必要性、代車の種類（グレード）

「上記認定によれば、原告Aは、原告車の修理期間中に代車の必要性があったと認められる。そして、上記損傷に対する現実の修理期間（28日）に照らすと、

本件事故と相当因果関係のある修理期間としては長くとも 30 日と認めるのが相当であり、原告車が外国産高級車であることを考慮して、日額単価は 1 万 5000 円（消費税別）を相当と認める（被告 C は、代車費用の日額が高額にすぎると主張するが、原告車及び代車の車種に照らすと、本件事故当時の原告車の時価額を考慮しても、これを高額にすぎるとまでいうのは困難である。）。

　以上によれば、代車費用 48 万 6000 円（日額 1 万 5000 円× 30 日×消費税 8%）は本件事故と相当因果関係があると認められる。」

裁判例 ⓰	基本情報	①普通乗用自動車②メルセデス・ベンツ車③平成 20 年 8 月④ 5 年 3 か月⑤ 7 万 3900km

名古屋地判平 29・6・16 交民 50 巻 3 号 764 頁

代車料　40 万 3200 円

◆代車の種類（グレード）、代車期間（修理のため）、代車期間の延長

「原告会社は、被告側の任意保険会社を通じて、原告車両の代車として、ベンツを日額 2 万 1,000 円で、平成 25 年 11 月 27 日から同年 12 月 21 日までの 25 日間借り、代車費用として 40 万 3,200 円（12 万 1,800 円値引き）が生じたことが認められる。この点、原告会社と被告側の任意保険会社との間で、原告車両の修理すべき箇所について争いがあり、その交渉が原因で修理の開始が遅れ、代車の利用期間がその分長くなったことが認められるが、原告車両が本件事故の約 3 ヶ月前に車検を受けたばかりであったことなどからすると、原告会社が、リアバンパー部分以外の不具合についても本件事故が原因と考えて保険会社と交渉したことも不合理とはいえず、実際の代車利用期間も 25 日間程度であることも考慮すると、代車費用については、上記の 40 万 3,200 円と認めるのが相当である。」

裁判例 ⓱	基本情報	①普通乗用自動車②メルセデス・ベンツSクラス③平成19年6月④9年⑤6万5770km

名古屋地判平 29・5・31LEX/DB25554620

代車料　30万2400円

◆認定事実

「〔1〕反訴原告車は、初度登録年月が平成19年6月のメルセデス・ベンツSクラスであり、本件事故当時の走行距離は6万5770kmであったこと、〔2〕反訴原告は、不動産業を営んでおり、その事業の際に反訴原告車を使用していたこと、〔3〕反訴原告車は、本件事故により右リアフェンダー、後部バンパー右角及び後部右リアランプ等に擦過痕が生じたが、走行自体に支障は生じなかったこと、〔4〕反訴原告は、平成28年6月20日から同年7月15日までの間、LEAPレンタカー西東京から、メルセデス・ベンツS550を日額5万円で22日間、アウディを日額4万円で4日間借り、合計136万円（消費税込み）の代車代を負担していることが認められる。」

◆代車の必要性、代車期間（修理のため）、代車料の金額

「上記認定によれば、反訴原告は、反訴原告車の修理期間中に代車の必要性があったと認められる。そして、上記損傷に対する修理期間としては長くとも2週間程度と認めるのが相当であり、反訴原告車が外国産高級車であることを考慮しても、日額単価は2万円を上限と認めるのが相当である。なお、乙7号証記載の修理期間は具体的な修理工程が不明であり、直ちに採用することができない。

　以上によれば、代車代は30万2400円（消費税込み）と認められる。」

裁判例 ⓲	基本情報	①普通乗用自動車②アウディ・A4③平成20年9月④6年11か月⑤7万8464km

名古屋地判平 29・5・12交民50巻3号603頁

代車料　43万2000円

◆認定事実

「前記認定のとおり、原告に代車をレンタルで提供したのは、Eレンタカー（F代車センター）であったこと、代車使用の期間は20日間、代車料の金額は1日2万円、消費税1600円の合計2万1600円であったことが認められる。」

◆被告らの主張

「この点に関し、被告らは、代車料の金額（日額）2万円はいずれもアウディ車を専門に扱う修理業者と代車提供業者との連携のもとに行われた不当な代車の貸渡しと代車料額の決定であり、相当性を欠くもので、被告農協として依頼があれば提供し得た代車料相当額は日額1万2600円である旨主張する。」

◆代車料の金額

「しかし、被告主張の代車料相当額1万2600円は、被告農協として依頼があれば提供し得た金額であり、原告が直ちにこの金額で調達できるものではない。そして、前記認定のとおり、原告車と同種のアウディA4のレンタカー代金は、各社、地域、キャンペーン期間、追加料金等の各条件で相当な価格差があり、24時間の通常料金であっても、日額9500円から4万4000円の差があるところ、24時間の通常料金の場合、2万円台のものが比較的多く、本件訴訟前の経過等も併せ考慮すると、原告の代車料は、日額2万1600円（消費税込み）と認めるのが相当である。したがって、代車代43万2000円（2万1600円×20日）は、本件事故と相当因果関係のある損害と認められ、被告らの前記主張は採用できない。」

裁判例❿	基本情報	①中型貨物自動車

東京地判平29・4・11LEX/DB25554294

代車料　492万4500円

◆認定事実

「ア　前提事実に加え、後掲の証拠及び弁論の全趣旨によれば、以下の事実が認められる。

(ｱ)原告車は、大きな金属の廃材などの廃棄物の積載、運搬に使用されており、その使用目的に合わせて、荷台のそりの高さを通常の車両の倍以上にし、荷台の内部を鉄板で補強し、廃棄物を積載するためのクレーンを取り付けるなどの特別な加工がされていた。

(ｲ)原告は、事業用の車両として、平成23年8月10日に貨物自動車1台（いすゞ製、大型アームロール）、平成24年3月30日及び同年8月17年に貨物自動車各1台（いずれもいすゞ製4tトラック、アームロール付き）を取得した。

　原告は、本件事故当時、廃棄物の積載、運搬のための車両として、大型トラック2台、8tトラック3台、4tトラック8台（原告車を含む。）を使用していた。上記トラックには、原告車と同様の特別な加工がされていた。

(ｳ)本件事故により、原告車は損傷し、経済的全損の状態になった。

　原告は、本件事故後、いすゞ自動車首都圏株式会社（以下「いすゞ自動車」という。）に対して、原告車の買替車として、廃棄物の積載、運搬のための車両用として使用することができるように仕様を指定してトラック（「本件買替車」という。）を発注した。いすゞ自動車が原告に宛てて作成した平成24年7月9日（本件事故の3日後）付けの御見積書には、本件買替車の予定納期が平成24年9月25日と記載されている。

(ｴ)原告は、原告車の代車として、丸金興業から、平成24年7月7日から同年9月25日までのうちの合計67日、日額7万円（消費税別）で4tトラック（本件代車）を借り、その事業のために使用した。

　丸金興業は、原告と同様、金属の回収等を業とする会社であり、本件代車は、原告車と同様、金属の廃材等を積載するための加工がされたトラックである。

(ｵ)いすゞ自動車は、平成24年9月28日、原告に対し、本件買替車を納入した。

(ｶ)平成23年10月から平成24年9月までの間のスクラップに係る原告の売上は、月平均で約1億4000万円であり、平成23年10月が約1億1000万円、平成24年1月が約9000万円、同年7月が約1億1900万円、同年8月が約1億0600万円、同年9月が約1億3900万円、それ以外の月は、約1億3100万円ないし約2億2100万円であった。

イ　原告車は、廃棄物の積載、運搬をするための車両として、原告の事業に使用されていた車両であり、本件事故により、損傷して使用できなくなったことから、原告は、その代車として、本件代車を使用したものである。

　また、〔1〕原告は、平成 23 年 8 月から平成 24 年 8 月の間に、廃棄物の積載、運搬をするための車両を合計 3 台購入しており、本件事故当時、原告が、車両の台数を増やしても利益が見込める程度の業務を受注できる状況にあったことがうかがわれること、〔2〕原告が、本件事故後、本件買替車を取得するまでの期間中、67 日に限って代車を借りていること、〔3〕本件代車の使用期間中、スクラップに係る原告の売上（月額）が本件事故前より増えておらず、本件代車の使用により、廃棄物の収集量が上がった様子はうかがわれないこと、〔4〕原告が、遊休車が存在するなどの事情から、代車を使用しなくても原告車を使用できなくなった状況に対処できたにもかかわらず、日額 7 万円で代車を使用する合理的な理由が本件証拠上見当たらないことからすると、本件代車の使用期間中、原告に遊休車が存在したことや、その他に、原告が、代車を使用しなくても、本件事故前と同様に事業を継続することができた状況はうかがわれない。」

◆代車の必要性

「以上の事情に照らせば、代車の必要性が認められる。なお、上記の事情に加え、原告の取締役である D が、ビルの解体で出る金属の量は現場に行かなければわからないことが多く、状況に応じて臨機応変に配車をしており、配車表や運行表は作成していない旨の陳述をしていることからすると、本件証拠上、原告が保有する車両に関する配車表、運行表、産業廃棄物管理表が提出されていないことは、上記認定を左右するものではない。」

◆代車期間（買替えのため）

「ウ　〔1〕本件見積書には本件買替車の予定納期が平成 24 年 9 月 25 日と記載されていること、〔2〕原告車は、その使用目的に合わせて特別な加工がされたものであり、原告車と同様の加工ができるように仕様が指定されたトラックの納入に要する期間は、そのような指定がない場合に比べて長期間を要すると考えられること、〔3〕いすゞ自動車が、同年 9 月 28 日、原告に本件買替車を納入したことからすると、原告が、本件事故の翌日である同年 7 月 7 日から本件買替車の予定納期である同年 9 月 25 日までのうち、67 日間本件代車を使用したことは、その期間について、相当なものであったと認められる。」

◆代車料の金額

「エ　レンタカー業者からは 4t トラックを日額 1 万 1000 円程度で借り受けることが可能であるところ、原告車が金属等の廃棄物の積載、運搬をするための特

別な加工が施された車両であること、本件証拠上、レンタカー業者が、原告車と同様の加工がされた車両を貸し出している状況はうかがわれないことからすると、原告車と同じ機能を有する車両の代車料は、そのような機能のないトラックを借りるよりも、相当高額になるということができる。

　証拠によれば、〔1〕愛知県において金属を含む産業廃棄物の収集を行う業者に依頼した場合、車1台分（8立方メートル）の廃棄物の収集運搬費が2万2000円（基本作業時間は2時間以内。積込作業代〔1回1万円以上〕は含まない。）であること、〔2〕東京都、埼玉県、千葉県及び神奈川県において産業廃棄物の収集を行う業者に依頼した場合、4tロング車（18立方メートル計算）1台分の廃棄物の収集運搬費が2万5000円であること、〔3〕滋賀県、京都府及び大阪府において金属を含む産業廃棄物の収集を行う業者に金属くずの収集を依頼した場合、4tコンテナ（8立方メートル計算）1台分の廃棄物について、収集運搬費及び処分費が合計で2万7630円（消費税別）であることが認められるところ、原告の事業においては、1台のトラックが1日の間に同じ現場を何往復もしたり、異なる現場に行って作業をしたりすること、原告は1日単位で本件代車を借りていたことからすると、上記〔1〕ないし〔3〕の料金をもって、本件代車の使用料（日額7万円）が不相当に高額であるということはできない。

　そして、本件事故当時、原告が13台のトラックを使用して、廃棄物の積載、運搬をしていたこと、平成23年10月から平成24年9月までの間のスクラップに係る原告の売上は、月平均で約1億4000万円であったことからすると、本件事故当時、原告は、廃棄物の積載、運搬について、相当量の業務を受注していて、トラック1台当たりで換算した売上も相当高額であったことが推認され、原告車を使用できずに廃棄物の運搬量が下がることによって原告の事業に生じる影響も考慮すると、日額7万円で本件代車を使用することが経済的に合理性を欠くものであったとはいい難い。

　以上の事情に照らせば、本件代車の使用料の日額が不相当に高額であったということはできない。

オ　以上によれば、原告には、本件事故による代車使用料として、合計492万4500円（消費税込み。日額7万円×67日×1.05）の損害が生じたと認められ、上記金額を本件事故による損害と認める。」

| 裁判例 ❷ | 基本情報 | ①普通乗用自動車②ローバー・ミニ（クラシックミニ） |

東京地判平 29・3・16LEX/DB25554170

代車料　39 万円

◆認定事実

「原告は、平成 24 年 4 月 4 日から同年 9 月 3 日までの 152 日間（初日不算入）、本件自動車と同じローバーミニ（クラシックミニ）を代車として使用し、その使用料は 1 日当たり 1 万 3000 円であった。」

◆代車の必要性、代車期間（修理のため）

「もっとも、上記(1)のとおり、本件自動車の修理としてはクリーニングが相当であるところ、代車使用の必要性が認められるのは、同クリーニングに要する期間に限られる（原告は、本件店舗を経営しているから、買い出し等のための代車使用の必要性自体は認められる。）。そして、前記認定事実(4)オのとおり、被告補助参加人の担当者が、代車費用につき約 1 か月の費用にて算定との見解を述べていることに照らせば、代車使用の必要性は 30 日間につき認められるというのが相当である。」

◆代車料の金額

「1 日当たりの代車使用料については、前記認定事実(4)アのとおり、本件自動車は平成 12 年に生産が終了しているローバーミニ（クラシックミニ）という自動車であるところ、同種の自動車を用意するにはそれなりに費用を要すると認められることに照らせば、1 日当たり 1 万 3000 円という金額は許容範囲内であるというのが相当である。

　したがって、原告の損害として認められる代車費用は、39 万円（1 日当たり 1 万 3000 円の 30 日分）となる。」

裁 判 例 ㉑	基本情報	①普通貨物自動車

東京地判平 29・1・13 自保 1994 号 91 頁

代車料　3 万 5000 円

◆代車期間（修理のため）、代車料の金額

「証拠及び弁論の全趣旨によれば、原告 P1 は、本件事故により、平成 25 年 2 月 9 日（本件事故発生日）後同月 28 日まで（20 日間）、原告会社から代車料月額 5 万円で代車（エブリィ）の借入れを要したことが認められ、また、前記認定事実によれば、本件事故による原告車の修理のため代車使用の必要性が認められる期間は 14 日とするのが相当であることに照らすと、本件事故と相当因果関係の認められる代車使用料は 3 万 5000 円（5 万円÷20 日×14 日）となる。」

裁 判 例 ㉒	基本情報	①普通乗用自動車②マツダ・センティア・ロイヤルクラシック③平成 7 年 12 月④ 18 年 2 か月⑤平成 25 年 9 月 6 日時点において 29 万 5932km（事故日：平成 26 年 2 月 13 日）

東京地判平 28・11・16LEX/DB25538357

代車料　10 万 4300 円

◆代車期間（買替えのため）

「証拠及び弁論の全趣旨によれば、原告 B は、原告車両の買替えに必要な相当期間代車を必要とし、代車の使用期間としては本件事故から 3 月末日までが相当であると認められる。」

◆代車料の金額

「証拠によれば、原告 A は、2 月及び 3 月に原告車両の代わりに自動車を利用するため、カーシェアリング代金として 10 万 4300 円を支出した事実が認められるところ、本件事故から 3 月末日までの約 1 か月半の間レンタカーを使用する場合、同金額を超える金額を要する事実は当裁判所に顕著であるから、同金額

は代車費用として相当である。このことは、上記代金に使用時間と従量関係にない入会費や基本料金等が含まれたとしても同様である。」

裁判例 ㉓	基本情報	①普通乗用自動車②トヨタ・レクサス

代車料　7万5600円

「証拠及び弁論の全趣旨によれば、〔1〕控訴人は、本件事故当時、控訴人車（トヨタレクサス）を事業等に使用していたこと、〔2〕控訴人は、控訴人車の修理を業者に依頼し、平成27年4月15日から同月19日まで（5日）、代車（トヨタレクサス）を使用したこと、〔3〕代車費用は7万5600円（1万4000円〔日額〕×5日×1.08）であることが認められる。

　被控訴人Cは、代車費用の日額は高額に過ぎる旨の主張をするが、控訴人車及び代車の車種に照らすと、これを高額に過ぎるとまでいうのは困難である。」

裁判例 ㉔	基本情報	①普通乗用自動車③平成13年7月④13年2か月⑤14万1806km

代車料　16万4000円

◆代車の必要性

「まず、原告Bは、原告車を塗装業の業務に使用していたところ、原告車を従業員であるDが使用し、もう一台の車両を原告Bが使用して、それぞれ別の現場に行くこともあったことがうかがわれるので、代車使用の必要性は認められる。」

◆代車料の金額

「そして、代車費用について請求がなされていることに照らせば、現に損害が発

生していると認められるところ、原告車と同程度の車種をレンタルした場合の1日の料金に照らし、その日額を 4000 円とするのが相当である。」

◆代車期間（買替えのため）

「そして、原告 B が本件事故後に被告側から損害についての具体的な額の通知を受けたのは平成 26 年 10 月 14 日であるところ、この 27 日間に買替のための一定の考慮期間を加えて代車使用の相当期間は 41 日とするのが相当である。したがって、代車費用は、16 万 4000 円となる。

（計算式）4000 円× 41 日＝ 16 万 4000 円」

裁 判 例 ㉕	基本情報	①普通乗用自動車②ルノー・ルーテシア③平成 23 年 12 月④ 1 年 2 か月

東京地判平 28・8・19LEX/DB25537114

代車料　4 万 5975 円

◆代車の必要性

「(ｱ)証拠及び弁論の全趣旨によれば、〔1〕(a)被告は、平成 25 年 1 月 19 日、本件事故による損傷につき修理するため被告車を株式会社サンクに預けたこと、(b)同車は、同月 23 日、修理工場（有限会社 H 自動車工業）に搬入され、同月 25 日に修理を終えたこと、(c)被告は、同車について、協定を経た後である同年 3 月 3 日に納車を受けたこと、〔2〕被告は、オリックス自動車株式会社から、平成 25 年 1 月 19 日から同月 24 日まで、被告車の代車としてレンタカーを借入れ、その代金は 4 万 5975 円であること、〔3〕被告は、被告車を、身体障害者 2 級である D の生活の補助や通院付添い等のために使用していたことが認められるから、代車の必要性も認められるというべきであり、本件事故による代車費用は上記 4 万 5975 円となる。」

◆被告の主張

「(ｲ)被告は、〔1〕上記修理期間中の 44 日について代車期間の相当性、代車の必要性が認められ、その間の代車使用料は 42 万 9840 円となる、〔2〕被告が実際に負担し、支払った代車料は、上記(ｱ)の 4 万 5975 円のほか、F から平成 25 年

1月25日から同年3月3日まで借り入れた車両についての謝礼金11万4000円がある旨の主張をするとともに、Fから車両を借り入れた旨の陳述をする。

　しかしながら、被告は、「（訴外保険会社の）担当者は、親族から車を借りると謝礼1日3000円を払うと言われたので、その言葉どおり兄から車を借りることにし」た旨を陳述するものの、Eに対し謝礼を支払った旨を陳述してしないのであるし、他に、Eに対し謝礼を支払った事実を認めるに足りる的確な証拠はないのであって、被告の上記〔2〕の主張は採用することができない。」

◆仮定的代車料
「また、代車費用は、実際にレンタカー使用契約に要した費用相当額が賠償の対象とされるのであるから、実際には費用負担をしていない仮定的な代車費用を請求する被告の上記〔1〕の主張についてもこれを採用することは困難である。」

◆代車の必要性
「(ウ)原告らは、被告のトータルリサーチに対する「遊びやレジャーで使用していた。」旨の説明内容に照らし、代車の必要性は認められない旨の主張をする。

　しかしながら、Dの生活の補助や通院付添い等のために使用していた旨の被告の陳述は、〔1〕その内容は従前のものと変遷しているものの、その理由は、母であるDが身体障害者であることを他人に知られるのが嫌であったためにトータルリサーチの担当者に対し被告車を週末に遊びやレジャーで使用したと答えたという合理的なものであることや、〔2〕本件事故の前後を通じて、Dの生活の補助や通院付添い等のために被告車を使用していた状況を具体的に陳述していることなどからすると、〔3〕被告本人尋問がされていないため反対尋問を経ていないことを併せ考慮しても、信用することができるというべきである。よって、原告らの上記主張は採用することができない。」

裁判例 ❷⑥	基本情報	①普通乗用自動車②ニッサン・エルグランド

札幌地判平28・7・15自保1985号121頁

代車料　17万1000円
◆代車期間（修理のため）、代車期間の延長、代車料の金額

「証拠によれば、本件事故により被告車両が損傷したため、原告Cは、平成26年12月19日ないし平成27年2月13日までの57日間、1日当たり3,000円の約定により、修理業者から代車の提供を受けたことが認められる。

　原告Aは、被告車両の修理は12日程度で可能であると主張し、部品があれば、余裕をみても1週間で修理可能との意見書を提出するが、原告Aの任意保険会社との間で修理費用の協定が成立するまでの期間や上記期間に年末年始を含んでいること等を考慮すれば、上記期間が不合理であるとはいえず、単価も1日3,000円に過ぎないことを併せ考慮すれば、その全額である17万1,000円を本件事故による損害と認めることが相当である。」

裁 判 例 ㉗	基本情報	①中型貨物自動車②日野・レンジャー③平成9年1月④16年4か月⑤約92万km

さいたま地判平28・7・7交民49巻4号840頁

代車料　126万円

◆認定事実

「証拠及び弁論の全趣旨によれば、甲事件原告において、本件事故当時、乙事件被告Bを含む8名のドライバーが在籍し、原告車を含め6台（2トン車1台、3トン車1台、4トン車2台、10トン車2台）の事業用冷凍・冷蔵車を保有し、各トラックには、それぞれ専任のドライバーがおり、各ドライバーには、顧客別の定期配送業務が割り当てられていたこと、専任ドライバーが休みの日は、休日対応のドライバーが乗車し、定期配送業務を遂行していたこと、甲事件原告では、請け負っていた定期配送の配送量が増えたことから本件事故後から平成25年8月1日までに新たに2台の冷凍冷蔵車を購入したため、甲事件原告代表者や休日対応のドライバーも割り当てられることになったこと、乙事件被告Bが担当していた定期配送業務には4トン車が必要であり、そのために代車を本件事故の翌日から平成25年8月1日まで借りていたところ、そのレンタル料は1日2万円であったことが認められる。」

◆代車の必要性、代車料の金額

「そうすると、甲事件原告については、本件事故当時に定期配送業務を継続するために代車を確保する必要性があったというのが相当あり、代車費用額は、原告車の特殊性からすると、1日2万円としても不相当ではないといえる。甲事件被告は、甲事件原告の本件事故前の直近年度の貨物自動車運送事業実績報告書をもとに甲事件原告の保有車の実働率が60％以下であることや1日12時間しか稼働していないことを指摘して遊休車が存在すると主張するが、前記実働率は本件事故当時のものではないし、配送業務を行うのに適切でない時間帯もあるから1日12時間しか稼働していないとしても直ちに代車の必要性がないとはいえないから、前記主張は採用しない。」

◆代車期間

「もっとも、証拠及び弁論の全趣旨によれば、修理を依頼されたe会社の会長は、本件事故後、甲事件原告代表者ともに、甲事件被告が加入している保険会社と修理について交渉を進めているなかで、甲事件原告代表者から「全損と評価されても、まとまった資金がないので、中古車あっても直ぐには購入できない。」、「修理費を可能な限り低額に抑えてもらって、分割払いで修理してもらえないか。」と懇願されて、分割払いを了承して平成25年7月に修理に着手したことが認められる。そうすると、甲事件原告としても、遅くとも平成25年7月初めには全損と評価される可能性を認識していたものと認められるから、原告車が事業用冷凍車であって修理するか買替えかを検討するには相当の期間を要するとはいえても、本件事故からこの時点までの期間である60日に限って代車使用期間とするのが相当である。　したがって、1日2万円当たりの60日間分の代車費用（5％の消費税を含む。）126万円（＝2万円×60日×1.05）を本件事故による損害として認めるのが相当である。」

裁 判 例 ❷❽	基本情報	①普通乗用自動車②ボルボ・V90
東京地判平28・6・3LEX/DB25536663		
代車料　28万7100円		

◆代車の必要性、代車期間（修理のため）

「ア　原告が実際に使用した代車使用料が、修理工場から借り受けた 16 日分 4 万 8000 円と、トヨタレンタリース β 店から提供された 36 日分 23 万 9100 円の合計 28 万 7100 円であることは当事者間に争いがない。そして、弁論の全趣旨によれば、原告は、原告車の修理期間中、同車の代車として、〔1〕平成 26 年 5 月 26 日から同年 6 月 10 日までの間、修理工場である大東自動車から、代金 4 万 8000 円で軽自動車を借り受け、〔2〕訴外保険会社を経由してトヨタレンタリース β 店から、(a)同月 11 日から同月 17 日まで、代金 2 万 9160 円でカローラを借り受け、(b)同月 17 日から同年 7 月 9 日まで、代金 16 万 0954 円でマーク X を借り受け、訴外保険会社の意向を踏まえていったん借りていた上記マーク X を返還したものの、〔3〕同月 21 日から同月 22 日まで、同月 27 日から 29 日まで、同年 8 月 2 日及び同月 5 日に、同店から、必要に応じて、代金合計 4 万 8986 円（1 万 3996 円〔同年 7 月 21 日から同月 22 日まで〕＋ 2 万 0994 円〔同月 27 日から 29 日まで〕＋ 6998 円〔同年 8 月 2 日〕＋ 6998 円〔同月 5 日〕）でマーク X を借り受けた事実が認められ、これらの事実に照らすと、上記全期間を通じ上記代金全額について、代車の必要性も認められるというべきであって、本件事故による代車使用料は 28 万 7100 円（4 万 8000 円＋ 2 万 9160 円＋ 16 万 0954 円＋ 4 万 8986 円）となる。」

◆原告の主張

「イ　㋐原告は、代車使用料について、〔1〕(a)被害車両が外国産高級車である場合に、代車について当該被害車両と同一車種、同一グレードの代車使用の必要性まで認めず、国産高級車の代車使用料の限度で認めた裁判例が多く見受けられるところ、これらの裁判例とは反対に、代車として国産高級車クラスより更に低グレードの車両を使用した本件のような場合でも、上記裁判例と同様に、国産高級車の代車使用料の限度での代車料相当額を認めるべきこと、(b)保険金の適正な支払に鑑み、被害車両のグレードに応じた代車車両が被害者に交付されるべきであること、しかも、(c)本件では、原告は訴外保険会社から上記(a)のような代車グレードの相場観について説明を受けないまま低グレードの車両の代車使用を事実上押し付けられたという経緯があることなどに照らすと、〔2〕本件事故による代車使用料は、(a)その日額については、原告車が外国産高級車であるアウディ A4 であったから少なくとも国産高級車クラスであるトヨタクラウン（P5 クラ

ス）相当の代車料相当額（最初の24時間まで2万9160円、以降1日ごとに2万1600円）とするべきであり、(b)原告は、上記アで認定した日に実際に代車を使用したのであるから、合計119万7720円となる旨の主張をし、前記認定及び証拠及び弁論の全趣旨によれば、〔1〕原告は、平成26年5月26日から同年6月10日まで（16日）、同月11日から同月17日まで（7日）、同月17日から同年7月9日まで（23日）、同月21日及び同月22日（2日）、同月27日から29日まで（3日）、同年8月2日及び同月5日（各1日）に、それぞれ代車を使用したこと、〔2〕トヨタレンタリースでは、トヨタクラウン（P55クラス）の代車使用料日額につき、最初の24時間まで2万9160円、以降1日ごとに2万1600円としていることがそれぞれ認められる。

(イ)しかしながら、〔1〕代車使用料は、交通事故（不法行為）により車両が損傷を受けたためにその所有権等が侵害され、しかも当該被害車両が使用目的で保有されていた場合に、修理や買替えまでの期間中当該被害車両を使用できないために必要となった、レンタカー使用契約（代替取引）に基づき代替物である代車の使用をした際に要した費用であるから、実際にレンタカー使用契約（代替取引）に要した費用相当額が賠償の対象とされるのであって、これと異なり、レンタカー使用契約（代替取引）がなかったと仮定し、抽象的損害計算の方法により、当該被害車両を使用できない期間のうち代車を必要とする日に当該被害車両に相応する車種の車両を代車として使用し得たものとして代車使用料を算定する原告の上記主張を採用することは困難であるし、また、〔2〕前記認定によれば、原告において原告車の使用により予定していた行事を、現に、原告車の代車として軽自動車、カローラ及びマークＸを使用したことにより行うことができたと認められるところ、本件において、他に原告においてトヨタクラウン（P5クラス）を代車として使用する必要があったとの事実を認めるに足りる的確な証拠がないことからすると、トヨタクラウン（P5クラス）を代車として使用する必要性があったというのも困難であって、この点からも原告の上記主張を採用することは困難である。」

裁 判 例 ㉙	基本情報	①普通乗用自動車②メルセデス・ベンツ ML350

東京地判平 28・3・30LEX/DB25535004

代車料　25 万 2000 円

◆代車期間（修理のため）、代車の種類（グレード）、代車料の金額

「原告車両の修理はいまだ実施されていないため、代車費用は現実には発生していないものの、原告車両は修理を要する状態にあること（上記(1)、(2)）、原告は日常的に原告車両を使用しており、修理期間中も車両を使用する必要があると認められることからすれば、今後、原告車両を修理した場合の修理期間中の代車費用については、本件事故と相当因果関係のある損害と認められる。

　原告車両はメルセデス・ベンツ ML350 であり、これと同程度の車両をレンタルすると日額 3 万円以上を要することもあると認められるが、代車は事故車両を修理等のため使用することができないという比較的短期間の事態についてのいわば応急の対応に係るものであるから、事故車両と必ずしも同一の車種である必要はなく、当事者間の衡平の見地に照らし、日額 1 万 8000 円、期間 14 日間（期間については当事者間に争いがない。）の限度で代車費用を認める。」

裁 判 例 ㉚	基本情報	①普通乗用自動車②トヨタ・イシス

東京地判平 28・2・5交民 49 巻 1 号 120 頁

代車料　41 万円

◆認定事実

「⑦証拠及び弁論の全趣旨によれば、次の事実が認められる。

a　本件事故発生前の原告 A の病状、原告車の利用状況等

(a)原告 A は、平成 23 年 9 月 1 日、体幹機能障害により起立位を保つことが困難であるとして千葉県から身体障害者 2 級の認定を受け、平成 25 年 2 月 12 日

にI県M市にある医療法人A病院を退院してから平成26年1月2日に転倒して頭部を打ちT県A市内にある社会医療法人N病院に救急搬送されて入院するまでの間、〔1〕歩行ができないために約30kgの重量がある電動車いすを使用しており、〔2〕Dは、原告Aとの間の幼子（平成26年9月まで保育園に入園していなかった。以下、単に「幼子」という。）の監護養育及び同原告の通院や外出等の送迎といった介護を一人で行わなければならない状況にあり、そのためには自動車を使用する必要があったことから、〔3〕原告Aは、女性であるD一人で上記のような電動車いすを昇降することができるような車両として、平成25年3月に、(a)電動車いすを乗せることのできる車内空間があり、かつ、(b)女性一人で電動車いすを昇降できるクレーンやスロープ等が装備された福祉車両である原告車を購入し、以後、Dは、原告車を、原告Aの通院への付添介護や日常生活において使用していた。

　原告Aは、平成26年1月2日、転倒して頭部を打ちN病院に救急搬送されて入院し、同月24日に同病院を退院した。上記入院期間中、Dは、ほぼ毎日、同原告の付添い等のため原告車を運転し幼子を連れて同病院に通院した。

(b)原告Aは、同年3月3日付けで勤務先会社への復職が決まったことから、同原告及びDは、同年2月26日に、T県K市内の住居から東京都A区の現住所地に転居したが、同日の朝に、同原告が転居前の自宅で転倒し救急搬送され、N病院で左大腿骨頸部骨折と診断され手術を伴う入院治療を受けたため、同年3月3日付けでの復職は延期になった。原告Aは、同年4月2日に、同病院を退院した。Dは、上記入院期間中、1ないし2日置きに、同原告への付添い等のため、原告車を運転し幼子を連れて同病院に通院した。

b　代車使用に至る経緯、代車使用の状況、代車返還に至る経緯等

(a)Dは、本件事故により原告車は全損となったため、本件事故発生日から6日後である同年4月2日に予定されていた原告Aの退院までの間や退院時、更には退院後に、原告車を使用できなくなったことから、被告が加入する任意保険会社であるF保険会社の担当者に、福祉車両の代車の手配を依頼した。しかしながら、同担当者は、Dに対し、福祉車両ではなくコンパクトカーを代車として提供する旨の提案をしたことなどから、Dは、F保険会社に対して代車を依頼することをやめ、代わりにディーラーである千葉トヨタβ店からレンタカーを借り入れることとした。

　しかしながら、その当時、千葉トヨタで手配できた福祉車両はいずれも同原告及びＤが利用できるものではないか、あるいは貸出中であったため、当初、Ｄに対しては、千葉トヨタを通じてオリックスレンタカーから、ラクティスが日額１万円で提供されることとなったが、同車は、電動車いすを乗せられる車内空間がなく、かつ女性一人で電動車いすを昇降できる装置がないため、原告Ａの退院時や退院後に利用できないものであったため、結局、Ｄは上記車両を代車として利用しなかった。そうしたところ、平成26年４月１日に至り、千葉トヨタに、電動車いすを乗せることのできる車内空間があり、かつ、女性一人で電動車いすを昇降できるクレーンやスロープ等が装備された福祉車両であるトヨタヴォクシー（本件代車）が返還されたことから、同日、Ｄは、原告Ａ名義で、千葉トヨタから、日額9000円（月額20万円）で同車を代車として提供を受けた。

(b) Ｄは、平成26年４月２日に、その運転する本件代車に原告Ａを乗せて同人を退院させた後も、〔1〕本件代車に原告Ａを乗せて運転して、東京都Ａ区内にある自宅から、Ｔ県Ａ市内にあるＮ病院（同月５日、同月11日、同年５月９日）や、リハビリ治療のためＩ県Ｍ市にあるＡ記念病院（同年４月７日、同月14日、同月24日）に通院させたり、再度の復職に向けた上司との面談のため勤務先会社に赴いたりする（同月11日、同年５月16日、同月23日）必要があったほか、〔2〕歩行困難と不随意運動症状が残存し転倒する危険があって常時介助を要する状態にある原告Ａのほか、保育園等に通園していない幼子を抱えていたため、買い物等の外出をする際にも同原告や幼子を同行させる必要があった。

(c) 〔1〕Ｆ保険会社の担当者は、平成26年５月７日、原告Ａ及びＤが本件事故につき代理人として選任した甲弁護士に対し、代車認定期間は原告車の全損通知をした同年４月16日から１か月後である同年５月16日までである旨を通知し、更に、〔2〕同月20日に、Ｆ保険会社の代理人である乙弁護士が、甲弁護士に対し、再度、同月17日以降の代車等の要求には応じられない旨を通知したことから、原告Ａは、同月26日、千葉トヨタに対し、本件代車を返還した。

(d) 本件代車の使用料は合計41万円（マンスリー料金）であった。

　c　買替車両購入に至る経緯

　Ｄは、〔1〕平成26年４月16日、本件事故につき代理人として選任した甲弁護士から、Ｆ保険会社の担当者から原告車につき全損と判断された旨の連絡を受

け、〔2〕同月 19 日、千葉トヨタ β 支店において、原告 A 名義で買替車両を注文し（なお、同日作成された新車注文書の希望納期欄には「2014 年 5 月 29 日」と入力印字されている。）、〔3〕買替車両は、福祉車両で注文生産となるため、一般車よりも納車までに時間がかかったことから、同年 6 月 15 日に原告 A に納車された。」

◆代車の必要性、代車期間（買替えのため）

「㋑上記認定によれば、本件事故により原告車が全損した原告 A において、本件代車の借入期間である平成 26 年 4 月 1 日から同年 5 月 26 日までの全期間（55 日分）について、〔1〕同年 4 月 2 日の退院の際に、原告 A を乗せる本件代車が必要であったほか、D が本件代車に同原告を乗せて運転して遠方の病院に通院したり、復職に向けた上司との面談に赴いたりし、また、買い物等の外出を伴う日常生活についても、本件代車を利用して常時介助を要する同原告や監護養育を要する幼子と共に行動する必要があったと認められ、また、〔2〕買替期間との関係でも、買替車両が注文生産となる福祉車両であったため、実際に買替車両が納車されたのが平成 26 年 6 月 15 日であったことに照らすと、少なくとも本件代車を返還した同年 5 月 26 日までの期間について、代車使用の必要があったと認められる。」

◆代車の種類（グレード）、代車料の金額

「また、〔3〕本件代車の車種がトヨタヴォクシーであることについても、(a)前記のとおりの本件の原告 A や D が置かれた状況からすると、本件代車は、原告車と同様に、電動車いすを乗せることのできる車内空間があり、かつ、女性である D 一人で電動車いすを昇降できるクレーンやスロープ等が装備された福祉車両を代車とするのが必要かつ相当であるところ、(b)原告 A の退院前日である平成 26 年 4 月 1 日に他から返還されて代車として利用可能となった本件代車はかかる装備を備えていた一方で、(c)千葉トヨタ及び同社と取引のあるオリックスレンタカーには、本件代車以外には、上記のような車内空間や装備等のある福祉車両を有していなかったことからすると、その選択の必要性、相当性は認められるし、〔4〕トヨタヴォクシーである本件代車を 55 日分借り入れた代車費用が 41 万円であることについても、通常の代車料金表に基づくものであるし、その日額が 7454 円（41 万円÷55 日分）であることに照らしても、相当性を有する金額と認められる。

> よって、本件代車に係る代車料 41 万円は本件事故による損害と認められる。」

裁 判 例 ❸	基本情報	①普通乗用自動車②メルセデス・ベンツ CLK320 カブリオレ④ 9 年未満

名古屋地判平 27・12・25 交民 48 巻 6 号 1586 頁

代車料　205 万 0920 円

◆認定事実

「(1)前提事実のほか、証拠及び弁論の全趣旨によれば、以下の事実が認められる。

ア　原告車両は、メルセデス・ベンツの「CLK320 カブリオレ」と称する電動折り畳み式幌屋根タイプの乗用車である。原告車両の属するメルセデス・ベンツ CLK クラスは、同 C クラスのプラットフォームをベースに、同 E クラスと同等のスタイリング、エンジン及び価格設定にて作られている。原告は、平成 25 年 6 月 7 日、甲山太郎（以下「甲山」という。）が経営する自動車修理・販売店「B 店」において、原告車両を、代金約 240 万円（消費税・諸費用込）で購入した。

イ　原告は、本件事故当時、いわゆるキャバクラ店である「C 店」（A 県 T 市所在）ほか 1 店でフロアキャストとして勤務していた。原告は、本件事故当時、原告車両以外に常時使用可能な自動車を有していなかった。原告は、原告車両を「C 店」への通勤に用いるほか、営業活動の一環として、いわゆる同伴出勤や顧客の送迎に用いていた。同店舗の開店時刻は午後 8 時、閉店時刻は午前 2 時ないし 4 時であった。「C 店」における原告の顧客には、自動車を趣味とする者や自動車関連業種に従事する者が多く、原告車両の希少性はこれらの者に対する訴求力があった。

ウ　原告は、本件事故直後、甲山に事故発生を連絡した。甲山は、本件事故当日中に、原告車両を「B 店」修理工場に搬入した。

エ　被告と自動車保険契約を締結している D 保険株式会社（以下「D 社」という。）は、平成 25 年 6 月 26 日、甲山からの連絡を受けて、F 有限会社（担当者丁野竹男。以下「F 社」という。）に委託して修理費用の査定を開始するとと

もに、自ら原告のために代車を準備すると申し出た。D社は、同月27日頃、メルセデス・ベンツCクラスの自動車を横浜市から回送して提示したが、内装・外装とも接客業に用いるには不適な状態であったため、原告は、同車両を代車として受領することを拒否した（証人甲山は、D社による代車の提示が同月26日であった可能性に言及するが、事故連絡当日に横浜市から回送した代車を保険会社が提示することは想定し難いため、上記のとおり認定することとした。）。

オ　原告は、平成25年6月27日、甲山が経営する「E社」から代車としてメルセデス・ベンツSL500（〔ナンバー略〕。以下「本件代車」という。）を賃借した。甲山は、D社担当者に対し、本件代車の日額が4万円（税別）であることを電話で告げ、数回にわたり了解を求めたが、同担当者は、具体的な回答をしないままであった。

カ　F社は、依頼を受けて間もなく原告車両の修理につき査定を行い、見解を得たが、D社において査定額諾否を判断するまでに時間を要し（その事情は全証拠によるも不明である。）、確答をしなかったため、甲山との間で修理内容（修理費用額1,773,209円）に関する概要の合意に至ったのは平成25年7月下旬、見積書が発行されたのは同年8月1日になってからのことであった。

キ　甲山は、同年7月下旬から8月上旬にかけて、修理に要する部品を順次発注するとともに、同年7月末頃、板金修理業者に対して修理の外注を行った。しかし、同外注先においては、夏期休暇前後の繁忙期に当たっていたため、修理の進捗が遅れ、板金修理が完成したのは、同年9月中旬頃であった。

ク　甲山は、板金修理業者から受領した原告車両につき、車輪のアライメント調整、ボディコーティング補修等（外注修理）を経て、同月20日、原告に返還した。原告は、同日、本件代車を返却した。

ケ　F社は、平成25年10月17日、甲山との間で、原告車両の修理費用を前記カのとおり1,773,209円とする旨協定した。

コ　同年12月頃、原告車両ソフトトップ部に本件事故を原因とする動作の不具合が残っていることが判明し、株式会社Gにおいて追加修理が行われた。同修理には、614,942円を要した。

(2)代車の必要性について

　前記(1)イ認定のとおり、原告は、原告車両以外に常時使用可能な自動車を有しておらず、通勤や営業活動のために自動車を必要としていたから、原告車両の修

理期間中、代車を用いる必要性があったと認められる。

　被告は、通勤には公共交通機関や店舗の送迎が利用可能である等として、代車の必要性を争うが、証拠によれば、「C店」への通勤は公共交通機関が使いづらい環境（最寄駅から比較的遠く、しかも女性が夜間一人で徒歩による通勤をすることは不安を覚えるような環境）にあることが窺われるし、顧客の送迎を行おうとすれば自ら自動車を用意するほかないのであるから、被告の主張は採用できない。

(3)代車期間について

ア　前記(1)オないしクで認定した事実によれば、原告は、原告車両の修理に伴い本件代車を平成27年6月27日から同年9月20日まで（86日間）「E社」から賃借したことが認められる。

イ　被告は、修理部品が本件事故後40日以上未発注であり、修理期間が長期に過ぎるとして、代車必要期間を争い、修理内容に照らせば遅くとも平成25年8月3日までには原告車両の修理を終了できたはずであると主張する。

　しかし、事故車両の修理を請け負った修理工場としては、加害者の任意保険会社が対応に入り、修理費用につき合意に至る可能性がある以上は、これと暫定的にせよ修理費用の協定を取り交わしてから修理に着手しようとするのは無理からぬところである。特に、被告の任意保険会社であるD社は、自社が依頼したアジャスターに対してすら確答を遷延させ、補償内容の概要を不明確なまま放置したのであるから、修理の着手が同年7月下旬となってしまったことの原因は、D社にあるといわざるを得ない。

　また、その結果、修理工場の外注先である板金修理業者において、夏期休業前後の繁忙期に当たることとなり、修理必要期間が長期化してしまったのであって、板金修理後のアライメント調整、塗装等を経て、原告車両の修理完了が同年9月20日となったことは、やむを得ないものというほかない。

　そうすると、前記アで認定した86日間について、原告は、代車を使用する必要があり、被告は、その費用を賠償する責任を負うというべきである。」

◆代車の種類（グレード）

「原告は、本件事故当時、いわゆるキャバクラ店のフロアキャストとして稼働しており、原告車両を単に通勤手段としてのみでなく営業活動のために用いていた。そして、原告の顧客には、自動車を趣味とする者や自動車関連業種に従事す

る者が多く、原告車両の希少性がこれらの顧客に対する訴求力を有していたというのである。このような原告車両の用途に照らせば、ある程度の高級車を代車として用いたとしても、必要かつ相当範囲を超えるものということはできない。

しかし、あくまでも修理期間中の代車という性質上、原告車両と同等クラスに属する車両を用いることまで保障されるものではない。また、原告車両の購入価格は、諸費用込みで約 240 万円にすぎないこと、初度登録から 9 年も経ていたことなども考慮する必要がある。

ところで、被告の任意保険会社である D 社は、内外装の状態が不良であったとはいえ、メルセデス・ベンツ C クラスの自動車を代車として提供しようとした。原告は、提示された代車の受領を拒絶したが、それは、代車のクラスに着目してのものではなく、内外装の状態が不良であったことによるものである。そうすると、本件における相当な代車料は、原告が、通常の品等のメルセデス・ベンツ C クラスの自動車を、一般のレンタカー業者において手配するのに要する費用の限度と認めるのが相当である。

証拠によれば、メルセデス・ベンツ C クラスの自動車を一般のレンタカー業者である H 社で手配すると、最初の 24 時間については 31,320 円、その後は 24 時間ごとに 23,760 円を要することが認められ、これより安価に手配可能であることを認めるに足る証拠はない（被告は、D 社が賃借する際の料金表を示して、より安価に手配可能であると主張するが、原告が上記料金表の価格で手配を受けられるとの証拠はないし、本件において、D 社の提供しようとした代車を原告が拒絶したことには十分な理由があるから、採用することができない。）。

そして、前記(3)のとおり被告が賠償すべき代車期間は 86 日間であるから、上記単価に基づき、相当な代車料は 2,050,920 円の限度と認められる。

（計算式）

31,320 円＋ 23,760 円× 85 ＝ 2,050,920 円」

裁 判 例 ❸❷	基本情報	①原動機付自転車②スズキ・アドレス
東京地判平 28・3・9LEX/DB25535521		

代車料　3万7800円

◆代車期間（修理のため）

「証拠によれば、原告が少なくとも平成27年9月8日から同月9月30日までの23日間事故に遭った原告車の代わりに代車を使用し、その費用6万2100円を支払ったことが認められる。

　しかし、通常修理に掛かる期間として代車を利用する期間は2週間というべきであって、原告車はスズキアドレスであり、特に長期の修理期間を要すべき事情は証拠上見当たらないから、代車費用については、14日分3万7800円が相当である。

　なお、原告は本件事故から修理に着手するまでの間も代車を使用したと主張する。しかし、仮にこれが事実であったとしても、代車は修理のために相当な期間認められるに過ぎず、他に修理着手前の代車費用を被告が負担すべき理由の主張立証はない。」

裁判例 ❸	基本情報	①普通乗用自動車② BMW・3シリーズ④ 11年

東京地判平27・11・9LEX/DB25532899

代車料　44万0640円

◆代車の必要性

「㋐証拠及び弁論の全趣旨によれば、原告は、半導体製造装置のマーケティング、営業の業務をしており、客先や自社工場に行く際に自動車を使用していたこと、身なり、言葉遣い、乗る車などに気を遣うことも、顧客の信用につながるものと思い、自費でBMW（原告車）を購入して営業活動を行うときに使用していたこと、本件事故により原告車を営業活動に使用することができなくなったこと、実際に51日間代車を使用したことが認められ、これらの事情を総合すれば、代車の必要性を認めるのが相当である。」

◆代車料の金額

「㋑代車費用については、原告Aが実際に代車として使用したのはBMW3シリ

ーズの最新型である BMWF30 であり、日額 1 万 6000 円であったが、原告車は平成 15 年式の BMW3 シリーズであったこと、原告車と同種の車両につき被告保険会社が手配できる代車は、BMW3 シリーズの最新型（日額 1 万 2000円）、同シリーズの 1 つ前の型（日額 8000 円）であったことに照らし、日額 8000 円が相当である。

なお、原告 A は、原告 A のディーラーが利用したレンタカー会社では、BMW の年式の新旧、装備の有無によって代車費用の日額に差が生じないと主張し、同レンタカー会社の担当者の陳述書にもこれと同旨の記載がある。しかし、ディーラーから代車の提供を受けるか、被告保険会社から代車の提供を受けるかは、原告 A に選択の余地があったから、このことをもって代車費用の日額を 1万 6000 円とする必要性及び相当性が認められるものではない。

また、原告 A は、被告保険会社から、日額 8000 円、1 万 2000 円の代車があるという説明を受けていない、原告 A のディーラーからも代車費用の日額を聞かされていないと陳述する。しかし、原告 A も、被告保険会社から安い代車にした方がよいと説明を受けていたことは自認しているから、原告 A は代車費用が全額支払われるのかどうかには関心があったというべきである。そうであれば、被告保険会社の提供できる代車とディーラーの提供する代車の費用の日額を確認して比較するのが通常であるのに、その日額を一切確認しないまま 51 日間も代車を使用し続けているということは不自然であるから（少なくとも、この期間中に被告保険会社が代車費用の日額につき具体的な話を全くしていないとも考え難い。）、直ちには採用できない。」

◆代車期間（修理のため）、代車期間の延長

「(ウ)相当な代車使用期間については、原告車の修理のために使用する部品の入荷が遅延したため、修理期間が長期化したこと、平成 26 年 11 月 5 日に原告車の修理が完了したが、被告保険会社が修理費用の支払を拒否し、平成 26 年 11 月15 日に原告 A が修理費用 105 万 2199 円を工面して支払い、同月 16 日に代車と引き換えに原告車の返還を受けたこと、実際に原告 A は 51 日間代車を使用したことに照らし、51 日間が相当である。

（計算式）

　8000 円× 51 日× 1.08（消費税）＝ 44 万 0640 円」

第 2 章 | 代車料——否定

次の裁判例❶～❺は、代車料を否定した。代車料が認められるための判断要素については第 1 章「代車料——肯定」の項目を参照していただきたい。

1 代車の必要性

裁判例❶・❹が直接・間接的に代車の必要性について言及している。

裁 判 例 ❶	基本情報	①普通貨物自動車③平成 27 年 7 月④ 1 年 4 か月⑤ 6 万 2652km

東京地判平 30・9・26 自保 2033 号 92 頁

代車料 否定

◆遊休車の有無、代車の必要性

「証拠及び弁論の全趣旨によれば、C 車は、ウィングゲートを備えた最大積載量 2,600 キログラムの 4 トン車であり、a 会社が営む運送業において C が乗務する車両として使用されていたが、本件事故により使用できなくなったこと、本件事故当時、a 会社は 73 台の車両を使用しており、a 会社の同代理人弁護士に対する申告によれば、C 車と同じ 4 トンウィングゲート車は 32 台存在するとされていること、a 会社の点呼記録簿及び運転日報上、本件事故翌日の平成 28 年 11 月 2 日から平成 29 年 1 月 31 日までの 91 日間、稼働していない車両がなかった日は存在せず、そのほとんどの日は稼働していない車両が複数台存在していたことが認められる。そして、C 車の修理ないし買換えに a 会社・b 共済主張の 80 日を必要とする具体的な事情は認められず、上記日数を含む平成 29 年 1 月 31 日までの間は、上記認定のとおり、稼働していない車両がなかった日は存在しないから、遊休車が存在しなかったとは認められず、代車費用は認められない。

　a会社及びb共済は、稼働していなかった車両は、C車と異なり2トン車ないしウィングゲートを備えていない車両であり、あるいはa会社の協力会社が管理、使用している車両であるため、C車の代替はできなかったと主張するが、稼働していなかった各車両が上記主張のような仕様、管理状況の車両であることを認めるべき的確な証拠はないし、上記主張に係る車両ではC車を代替できなかったことの立証もなく、上記主張は採用できない。」

裁 判 例 ❷	基本 情報	①普通乗用自動車②ポルシェ車③平成2年6月④12年2か月⑤21万0382km

東京地判平30・8・30自保2037号40頁

代車料　否定

「証拠及び弁論の全趣旨によれば、反訴原告は、本件事故後に代替車両を購入するに当たり、販売店から、平成24年9月21日から納車までの10日間、メルセデス・ベンツE240を代車として使用した場合、別途23万円の費用を要する旨が備考欄に記載された支払計算書を受領したものの、同月28日付けの代替車両購入費用の請求書には、代車費用の請求は含まれておらず、その後も現在に至るまで、反訴原告は販売店から代車費用の請求を受けていないことが認められる。

　上記の事実からは、反訴原告に代車費用の損害が発生した事実を認めることはできず、他にこれを認めるに足りる証拠はない。」

裁 判 例 ❸	基本 情報	①普通乗用自動車②ベントレー・ターボRL

仙台高判平30・7・19自保2037号164頁

代車料　否定

「レンタカー使用料　認めない。（請求125万円）

　控訴人 A は、レンタカー使用料 125 万円の損害を被ったと主張し、証拠とし
て、平成 26 年 4 月 8 日付けで b 社が作成した 50 日間のレンタカー代である同
額の請求書を提出する。

　しかし、証拠によれば、①控訴人 A は、A 車の他にボンゴ、ボクシー、4t ユ
ニック、2t ダンプ、姪名義の車を使用し、A 車を外出用に使用していたが、A
車は雪道の走行に適さないため、冬季は乗らず、B の弟に預けて維持管理を依頼
しており、平成 24 年 12 月から平成 25 年 3 月まで A 車を同人に預けた際には
同人から代車を借りたこと、②本件事故は、控訴人 A が A 車を B ないしその弟
に預けに行く道中、発生したこと、③本件事故の 24 日後である平成 26 年 2 月
26 日、控訴人 A は、代車のベンツの色やクラスを知らず、同車を B の自宅に置
いていたことが認められる。

　以上によれば、控訴人 A が、代車を 50 日間利用したとは認められない上、冬
季である上記期間中に A 車を使用する必要性があったとも認められない。前記
レンタカー使用料が本件事故と相当因果関係がある損害であるとは認められな
い。」

裁 判 例 ❹	基本情報	①普通乗用自動車②三菱・デリカ D：5③平成 19 年 4 月④5 年 8 か月

東京地判平 27・12・17LEX/DB25535033

代車料　否定

◆代車の必要性

「控訴人は、前記控訴人の主張欄記載のとおり、未だ代車を使用しておらず代車
使用料を支払っていないことを前提とした上で、被控訴人の損壊行為によって本
件車両は修理に 24 日間を要する損傷を受け、その間代車を使用し使用料として
31 万 5000 円を支出しなければならなくなったとして使用料相当額の損害賠償
を求めている。民法所定の不法行為に基づく損害賠償請求制度は、他人の不法行
為によって権利ないし法益侵害を受けた者に対してそれと相当因果関係のある損
害の賠償請求権を認めるものであるから、賠償を要する損害は、不法行為によっ

て発生したものでなければならず、また不法行為との間に相当因果関係の範囲内にあるものでなければならない。これを代車使用料相当額の損害賠償請求について見ると、不法行為によって代車使用料相当額の損害が発生しているというためには、不法行為によって被害者に代車を使用しなければならない事情が発生したことが認められる必要があり、それが認められた上で、更に代車を使用しなければならない事情が認められる期間に限り、通常と認められる金額の範囲内で賠償すべきこととなる。以上を本件について見ると、控訴人は、本件車両は業務遂行上必要不可欠なものであって、本件車両を修理に出すためには代車を使用しなければならない旨主張するが、控訴人の主張は未だ抽象的なものに止まり、一件記録を精査しても、代車を使用しなければ業務遂行が立ち行かず本件車両を修理に出すことができないことを基礎付けるような具体的な事情を認めるに足りる的確な証拠はない。かえって、証拠及び弁論の全趣旨によれば、控訴人は本件車両の他に少なくとも 2 台の車両を使用していることが認められることを考慮すると、本件車両を修理に出すためには必ずしも代車を使用しなければならない必然性がないことが窺われる。以上のとおり、本件においては、被控訴人の上記各損壊行為によって生じた損傷の修理のために、代車を使用しなければならないということが認められないから、控訴人が代車使用料相当額の損害を被ったということはできない。」

2　仮定的代車料

裁判例❺は仮定的代車料の問題を含んでいる。

裁 判 例 ❺	基本情報	①普通乗用自動車②トヨタ・ランドクルーザー③平成 20 年 2 月④ 4 年 7 か月⑤平成 23 年 2 月 10 日の時点で 6 万 0300km であり、平成 25 年 3 月 7 日の時点で 8 万 6684km（事故日：平成 24 年 9 月 25 日）
横浜地判平 27・11・26 自保 1967 号 148 頁		
代車料　否定		

◆仮定的代車料

「ア　原告会社は、原告車を修理に出した本件事故当日から平成25年1月20日までの期間、代車を必要とし、本件修理会社からメルセデスベンツを借り、その費用は295万円であるなどと主張する。

　また、原告P1本人兼原告会社代表者本人及び同人作成の陳述書記載の供述（以下、これらの供述をまとめて「原告P1供述」という。）、本件修理会社のP11作成の陳述書記載の供述（以下「P11供述」という。）は、上記主張に沿う内容を述べる。

　以下、原告P1供述等の信用性等を検討する。

イ　この点、証拠及び弁論の全趣旨によれば、以下の事実が認められる。

㈠本件修理会社が原告会社に対して宛てた代車料の請求明細書（以下「本件明細書」という。）には、本件修理会社から借りて使用したとする代車は、平成24年9月25日から同年10月15日までの期間にベンツE320（以下「本件ベンツ1」という。）、同年10月16日から同年12月18日までの期間にベンツML350（以下「本件ベンツ2」という。）、同年12月19日から平成25年1月20日までの期間にベンツE500（以下「本件ベンツ3」といい、本件ベンツ1ないし3をまとめて「本件各ベンツ」という。）である旨記載されている。

　また、本件明細書には、1台あたりの単価を1日2万5,000円とし、代車料の合計額を295万円と記載されている。

　本件明細書には作成日付が平成25年1月20日と記載されている。

㈡本件各ベンツの所有者として本件修理会社が登録されていた期間は、本件ベンツ1が平成24年6月21日から同年10月22日までの間、本件ベンツ2が同年12月17日から平成25年1月30日までの間、本件ベンツ3が平成24年11月22日から平成25年9月6日までの間である。

　本件修理会社は、平成24年10月12日に本件ベンツ2の購入代金を支払って購入した。

㈢原告会社は、不動産の売買や賃貸の仲介を行っており、客に対して物件案内をする際には原告車等を使用しており、親子4人を乗せて案内することもあった。

　原告P1は、原告会社において、購入価格3,000万円から4,000万円の物件で住宅ローンを組んで購入する客を案内することが多かった。

　原告会社では、本件事故当時、原告車のほかに、国産車2台が賃貸の客を乗

せる際に使用されており、それらは原告会社の従業員等の所有する車両であった。

㈔原告 P1 は、本件事故当日、被告の意向から、被告補助参加人から本件事故についての保険金が支払われることが難しいことを認識していた。被告補助参加人のアジャスターは、原告車の損傷状況の確認に来なかった。

　原告会社は、本件修理会社に対し、平成 25 年 1 月 20 日作成の原告会社宛の請求明細書に従い、修理費用 206 万 2,169 円を同年 1 月 21 日に支払ったが、本件明細書記載の代車料 295 万円を支払っていない。

㈺P8 地方裁判所で行われた被告に対する本件事故の刑事裁判において、原告 P1 は、証人尋問で本件事故で被った物的損害として述べたものは修理費用だけであり、意見陳述書では物的損害は「修理費等」と記載しただけであり、代車料が発生していることについては明らかにしていない。また、原告 P1 は、同陳述書で被告の厳罰を望んでいた。

ウ　検討

㈠本件各ベンツの所有名義の移転状況からすれば、本件修理会社は、本件各ベンツ等を中古車として購入し、転売していたことが認められる。

　仮に原告会社が本件各ベンツを代車として使用していたのであれば、商品となる車両を販売前に次から次へと代車として使用させていることとなる。

　しかも、仮に原告会社が本件ベンツ 2 を代車として使用していたのであれば、本件修理会社は、本件ベンツ 2 について所有名義を代える前の 2 ヶ月の間、原告会社に対して代車として提供していたこととなる。

　本件修理会社が、上記状態の本件各ベンツを原告会社に代車として使用させていたとは考えがたい。

㈡上記で認定した原告会社の業務内容からすれば、外国製の高級車であるメルセデスベンツを代車として営業活動をしなければならない必要性は認められない。そして、被告補助参加人から保険金が支払われることが難しい状況であったのであるから、被告会社としては、国産車のレンタカーの利用や、原告会社で当時賃貸の仲介において使用されていた他の車両を売買の仲介でも使用するなどといったことを選択し、本件各ベンツによる高額の代車料を負担する不利益を避けるはずである。

　そこで、原告会社が、アジャスターが原告車の確認をすることを待っていた

めに修理に着手しなかったことを考慮しても、118日もの長い間、高額の代車料となる本件各ベンツを使用し続けていたことは、上記事情からすれば不自然、不合理である。

㈡実際に代車料295万円の債務が生じているのであれば、原告P1は、被告が厳罰に処されることを望んでいるのであるから、刑事裁判において修理費用だけでなく、それよりも高額の代車料の存在を明らかにして被害を訴えるはずであるが、原告P1は代車料の存在を明らかにしていない。

㈢以上の事情に加え、原告会社が、本件修理会社に対して修理費用は支払ったが、代車料を支払っていない事実をも考慮すれば、代車を使用した旨の原告P1供述及びP11供述の信用性は認められず、他にこの事実を認めるに足りる証拠はない。

　したがって、原告会社が代車を使用した事実は認められず、原告会社の代車料についての主張は採用できない。」

第3章 | 休 車 損

　休車損（休車損害ともいう）は、タクシーや営業用貨物自動車などの営業用車両が破損し休車したために利益の喪失が生じた場合に問題となる。休車損とは、このような相当な修理期間または買替期間の範囲内における収益の減少のことを指す。人損でいうと逸失利益に相当する。

　最高裁判所は、次のように判示し、休車損は相当因果関係論にいうところの通常損害に含まれうるものであるとした。「本件自動車の休車による得べかりし利益の喪失即ち消極的損害は、これにつき被控訴会社（上告会社）代理人が原審において主張した請求の中には、特段の事情の認められない限り、少くともその一部に、通常生ずべき損害を包含しているものと解するを相当とする」[4]。

　休車損は具体的には、売上額から関連する経費を控除した残額から単価（日額）を算出し、これに休車期間（日数）を掛けることによって算出する（休車損の算定）。休車期間は、現実に事故車両の修理または買替えをするまでに要した期間ではなく、修理または買替えに要する「相当期間」をいう。

1 肯 定

　休車損が事故と相当因果関係ある損害と認められるためには、遊休車（予備車両）が不存在あること、休車期間が相当であることが必要であり、実務では特にこれらが吟味される。

　以下に挙げた裁判例❶～⓬でも、実質的にこれらを踏まえたうえで休車損が認められている。これらにつき、判決文に追記した小見出し（◆見出し）等から確認していただきたい。

---

4 ）最判昭 33・7・17 民集 12 巻 12 号 1751 頁。

　休車損の算定に際しては、喪失した利益がいくらなのかがしばしば争点となる。下記裁判例からそのことが確認されよう（「休車損の算定」の小見出しを参照）。

(1)　休車期間

　休車期間については、裁判例❶・❷・❻・❼・❽・❿に小見出しを設けた。

(2)　遊休車（予備車両）の有無

　遊休車（予備車両）の有無については、裁判例❷・❹〜❾・⓬および２「否定」⓭が比較的詳しく言及している。

　売上の減少がないことのみから直ちに休車損の発生が否定されるものではないと解される。もっとも、売上の減少がないことは損害が生じなかったことを推認させる事実となりうる。２「否定」の裁判例⓮がこれに言及している。

(3)　NOC の趣旨（ノン・オペレーション・チャージ）

　NOC（ノン・オペレーション・チャージ）とは、レンタカーが事故により修理等が必要になった場合に、レンタル契約の規定に従って、営業補償の一部として利用者がレンタカー会社に対して負担する費用のことである。裁判例❸では、NOC が一律その金額を払う趣旨の規定（賠償額の予定）であるか否かが問題となった。

(4)　代車の手配容易性

　代車の手配が容易であればそれにより営業を補うことができるのであるから、休車損は否定ないし相当の範囲に限られる。裁判例❻がこれに言及している。

裁 判 例 ❶	基本情報	①普通貨物自動車③平成 27 年 7 月④ 1 年 4 か月⑤ 6 万 2652km

東京地判平 30・9・26 自保 2033 号 92 頁

休車損　93万円

◆休車期間、休車損の算定

「ア　証拠及び弁論の全趣旨によれば、本件事故時頃、c会社には30台余の車両、30名余の運転手が存し、基本的に特定の車両に特定の運転手が割り当てられていたところ、D車の運転手はもともと平成28年12月末に退職予定であり、以後D車は遊休車となっていた可能性があったと認められるほか、本件において、車両の買換えに1、2ヶ月を超えるような長期間を要すべき事情は見当たらないことも考慮すれば、休車損害は同月末までの限度で認められる。そして、証拠によれば、本件事故から平成28年12月末までの間、c会社において遊休車が存在しなかったのは合計31日（証拠により遊休車の不存在が確認できる平成28年12月15日までのうちの22日と、同月16日以降、基本的に遊休車が存在していない火曜日から金曜日までの9日の合計）と認められ、同日数分につき休車損害が認められる。また、D車は1日当たりの平均走行距離が約182キロメートルの3トン車であり、これを基に国土交通省作成の標準運賃表により運賃の基準額を算出すると3万6,900円となり、c会社が輸送だけでなく仕分作業等の業務も行っていることなども考慮すれば、損害額から控除すべき変動経費があることなどを考慮しても、損害として日額3万円を認めることができる。イ　証拠によれば、本件事故後、Dは他の車両に乗務してc会社の業務に従事していたことが認められるが、本件事故後、c会社において、1台の車両に2名の従業員が乗務する勤務状況がしばしばみられることからすると、Dが他の車両に乗務していたことをもって遊休車が不存在でなかったとはいえない。また、G及びe会社は、運賃タリフの運賃は小規模会社の輸送原価を基に設定されているため、中堅以上の運送会社にとっては高額であり、損害日額3万円の根拠とならないと主張するが、これを認めるべき証拠はない。」

裁 判 例 ❷	基本情報	①普通貨物自動車②ニッサン・1500CC ライトバン

東京地判平 30・8・30LEX/DB25555492

休車損　12万8800円

◆遊休車（予備車両）の有無と損害の発生

「証拠及び弁論の全趣旨によれば、〔1〕相模原営業所には、本件事故当時、同一車種のレンタル用ライトバンが被控訴人車を含めて5台あったところ、これらの本件事故前3か月間の同営業所における稼働率は平均して70％を超えており、稼働時間の合間の待機やメンテナンスに充てられる時間も含めると、これらの車両はほぼ空きのない状態であったこと、〔2〕相模原営業所を使用の本拠とする車両に空きがないときに他の営業所を使用の本拠とする車両を移動させてきてレンタルに回すことは、そのための手続等の負担を考えると容易ではなかったこと、〔3〕被控訴人は、本件事故前から保管場所登録手続等の準備を進めた上、同種車両6台を新たに調達して、S工業との間で長期レンタル契約を締結し、本件事故直後である平成28年7月26日ないし同年8月3日に順次上記6台を納車していること、〔4〕EないしS工業は、同年7月23日から同月28日までの間は、被控訴人車の代車として、他の業者のレンタカーを利用したことが認められ、これらの事実によれば、本件事故当時、被控訴人車と同種の車両の顧客ニーズは高く、被控訴人は、同種車両の遊休車がない状態であり、本件事故により被控訴人車を使用することができなかった間、被控訴人車をレンタルすることにより得べかりし利益を逸失したものと認められる。」

◆休車期間

「証拠によれば、被控訴人車は、本件事故発生日から11日後の平成28年8月2日頃に修理が開始され、同月10日から同月18日までお盆休みのための作業中断を経て、同月24日頃に修理が完了し、同年9月6日、相模原営業所に搬送されたことが認められる。

　上記のとおり、本件事故の発生後、修理を完了した被控訴人車が被控訴人に引き渡されるまでに46日を要しているが、本件事故による被控訴人車の損傷の修理に通常要すると考えられる期間は、修理範囲等の検討に7日、修理作業に14日、引渡しまでに2日としても、合計23日が限度であるから、本件事故との間に相当因果関係があると認めることができる休車期間は23日間にとどまる。」

◆休車損の算定

「証拠によれば、被控訴人における被控訴人車のレンタル料金（定価）は日額8640円であると認められるが、レンタカー業を営むことにより生じる変動経費のうち、修繕費、整備費等は、休車に伴い減少することとなることを考慮すると、被控訴人車を1日休車することにより減少する利益の額は8000円とするのが相当である。

そして、前記認定事実によれば、被控訴人車は、本件事故がなければ少なくとも70％の稼働率でレンタルされたものと認められる。

そうすると、本件事故による被控訴人車の休車損の額は、次の計算式により、12万8800円となる。

（計算式）（8000円×70％）×23日＝12万8800円」

裁判例 ❸	基本情報	①普通乗用自動車②BMW車③平成25年10月④1年2か月⑤9988km

名古屋地判平29・12・26交民50巻6号1557頁

休車損 5万円

◆NOCの趣旨

「休車損を請求する場合、1日当たり、当該1台当たりの営業利益を算出するとともに、遊休車の不存在を立証しなければならないところ、レンタカーにおいては、それらの立証が必ずしも容易ではないことから、NOCにおいて、定額をもって賠償する旨の規定を設けたものと解するのが合理的である。

確かに、「営業補償の一部として」と記載されているものの、他方、「損傷の程度、修理期間に関係なく」とされていること、上記立証の困難さ等に鑑みれば、NOCは休車損について一律その金額を払う趣旨の規定（賠償額の予定）と解するのが相当である。そして、これは、訴訟物が不法行為に基づく損害賠償請求権であっても異なるものではない。

そうすると、被告甲山は、休車損について、NOCに基づき5万円の限度で支払義務を負うというべきである（なお、被告甲山が被告Aレンタカーの会員であることを認めるに足りる証拠はない。）。」

※以下、当事者の主張

・被告Aレンタカーの主張

「休車損　21万0600円

　要修理期間を50日とし、被告Aレンタカーの料金表を基に、その料金から諸経費を差し引いた1日当たりの利益を3900円とみなし、50日分の損害が発生したものとして算定した。

　ノンオペレーションチャージ（以下「NOC」という。）は、「営業補償の一部として」請求するものであり、被告Aレンタカーが請求する休車損の最低限度額を定めたものに過ぎない。実際に生じた損害額がこれを超える場合は、その休車損全額を賠償すべきである。」

・被告甲山の主張

「不知。被告Aレンタカーは、NOCとして会員に3万円、会員以外に5万円の支払義務を課しているため、被告甲山が被告Aレンタカー主張の休車損全額を支払う義務はない。

　NOCの規定に「営業補償の一部として」との記載があっても、「損傷の程度、修理期間に関係なく」と規定されているうえ、5万円との記載があれば5万円の限度で免責されると認識するのが通常である。

　被告Aレンタカーのホームページのレンタカー予約画面（「レンタカー予約全般」という項目）にNOCの記載があり、レンタカーを予約する被告甲山としては、当然契約内容にNOCが組み込まれているとの認識でレンタカー予約をしている。

　そもそも、要修理期間を50日とする根拠が薄弱であり、本当に50日も要したのか疑問である。」

裁 判 例 ❹	基本情報	①大型貨物自動車③平成25年7月④1年1か月⑤8万7661km

横浜地判平29・11・2自保2017号150頁

休車損　169万3925円

◆遊休車（予備車両）の有無と損害の発生

「原告車両は、低床でテールゲート及びウイングが付いている 10 トン車で、このような 3 つの特徴を備えた 10 トン車は当時もう 1 台しかなかったこと、本件事故により原告車両が損傷して配送できなくなったため、株式会社 q8 は原告 q1 会社への委託を取りやめたこと、株式会社 q9 の委託も原告 q1 会社は受けられなくなったことが認められるので、本件事故で原告車両が損傷したことによって、原告 q1 会社に休車損害が発生したことが認められる。」

◆休車損の算定

「証拠及び原告 q1 会社代表者 A の供述によれば原告 q1 会社の事故前 3 箇月間の稼働実日数は 74 日、営業収入合計は 355 万 4,040 円であったことが認められる。証拠が客観性を欠き、信用できない旨の被告の主張は根拠がなく、採用できない。

　証拠及び原告 q1 会社代表者 A の供述によれば、原告車両の事故前 3 箇月間の営業経費合計は 115 万 6,409 円であったことが認められる。

　被告は人件費も変動経費であり、これも控除すべきであると主張するが、本件においては、本件事故がなければ、原告車両については F 運転手その他の運転手が乗務を予定していたが、本件事故により原告車両に乗務できなくなり、形だけの横乗りの補助作業などに従事させざるを得なくなり、原告 q1 会社がその分の人件費の支払を免れることはなかったという事情が認められるので、人件費について控除すべきとはいえない。

　ただし、休車損害について、原告 q1 会社は、休車損害の日額を算出した上で、休車期間の日数で乗したものを請求しているのであるから、休車損害の日額は事故前の 3 箇月につきその期間の日数 92 日で除した金額とするのが相当である。355 万 4,040 円×（1 − 0.3254）÷ 92 × 65 = 169 万 3,925 円（小数点以下四捨五入）」

裁 判 例 ❺	基本情報	①大型貨物自動車②ニッサン・UD トラック

さいたま地判平 29・10・23 交民 50 巻 5 号 1339 頁

休車損　94万1656円

◆遊休車（予備車両）の有無と損害の発生

「ア　被告は、原告Ａ社に遊休車が存在しないことの立証がないから、休車損害は発生しないと主張する。しかし、甲川車両は営業用車両であり、また、原告Ａ社が所有する運送用車両は21台で運転者数は21人であるところ、運送用車両のうち甲川車両（10トンアルミウイング）と同種の車種は5台のみであること、甲川車両の事故前3か月の稼働率は0.772（稼働日数71日÷暦日数合計92日＝0.772。）であり、他の同種車両の稼働率も同程度であったと推認されることからすれば、甲川車両の修理期間中、甲川車両が行うべき運送業務全部を他の同種車両4台により代替できたものとは考えにくいことから（5台×0.772＝3.86台であり、計算上、平均して5台のうち4台程度が稼働していたことになるため、時期によっては5台全部が運送業務に従事していた可能性が高い。）、甲川車両の修理期間中、甲川車両の休車損害が生じたものと認められる。

　もっとも、上記稼働率等に照らせば、時期によっては甲川車両以外の4台の運送用車両により全ての運送業務を行うこともできたと考えられるから、休車損害の算定根拠となる甲川車両の実休車日数は、原告らが主張する48日（暦休車日数62日に甲川車両の平均稼働率0.772を乗じた日数）より少ないものと推測されるが、これを正確に認定することは困難といわざるを得ないから、民事訴訟法248条の趣旨に従い、甲川車両の実休車日数を31日（暦休車日数62日に0.5を乗じた数字）として、甲川車両の休車損害を算定するのが相当である。」

◆休車損の算定

「そして、休車損害調査報告書添付の資料5によれば、甲川車両の事故前3か月の売上は、平成26年11月が193万3200円（稼働日数24日）、同年12月が185万7600円（稼働日数23日）、平成27年1月が184万0320円（稼働日数24日）であるから、平均すると1日7万9312円となり（売上合計563万1120円÷稼働日数合計71日＝7万9312円）、他方、その経費は4万8936円（人件費2万8156円、燃料費1万5545円、高速代0円、修繕費5235円）であるから、休車損害日額は3万0376円と認められる（7万9312円－4万8936円＝3万0376円）。

　したがって、甲川車両の休車損害は94万1656円となる（3万0376円×31日＝94万1656円）。

イ　被告は、原告 A 社では保有する運送用車両と運転者数が同数であり、原告甲川の休業期間中は甲川車両を稼働できる状況になかったから、原告 A 社に休車損害が発生しないと主張する。しかし、甲川車両が本件事故により損傷したため一定期間稼働できなくなった結果、原告 A 社に休車損害が生じていることは事実であるし、原告甲川が一定期間稼働できなくなったのも本件事故が原因であるから、本件事故と原告 A 社に生じた休車損害には相当因果関係があるというべきであり、被告の上記主張は採用することができない。

　被告は、休車損害調査報告書にある車両 1 台の平均売上日額に関する資料が客観性、正確性を欠くものであるとも主張する。しかし、当該資料は、平成 26 年 11 月から平成 27 年 1 月までの甲川車両による実際の運送業務に関する請求書であり、甲川車両による売上の実績を示すものといえるから、甲川車両による売上を示す資料としての客観性、正確性を欠くものとはいえない。」

裁 判 例 ❻	基本情報	①事業用貨物自動車③平成 9 年 12 月④ 18 年 1 か月⑤平成 26 年 4 月 28 日時点で 66 万 3500km、平成 27 年 4 月 20 日時点で 70 万 8500km（事故日：平成 28 年 1 月 15 日）

東京地判平 29・10・3 交民 50 巻 5 号 1220 頁

休車損　82 万 9666 円

◆認定事実

「〔1〕原告は、原告車について、被告ら加入任意保険会社との間で、本件事故直後から原告車の修理費用についての交渉を行っていたが、原告車が経済的全損か否か等について争いがあり、直ちに修理に着手することができなかったこと、〔2〕原告は、原告車を平成 28 年 6 月に修理工場に入庫させたこと、〔3〕原告は、平成 28 年 6 月 30 日、O 社との間で、リース期間を 60 か月（開始日平成 28 年 7 月 20 日、終了日平成 33 年 7 月 19 日）とし、リース料を月額 6 万 9984 円（税込）とするリース契約を締結し、平成 28 年 9 月以降毎月 6 万 9984 円を支払っていること、〔4〕原告が雇用している従業員は 5 名であり、保有している車両は 8 台であるが、8 台の車両のうち 2 台はワンボックスタイプ

のライトバンであり、1台はトレーラーであり、保有しているトラックは原告車を含め5台であること、〔5〕原告の粗利金額は1か月当たり41万4833円であり、被告側保険会社は、原告に対し、本件事故による休車損害の名目で、その2か月分に当たる82万9666円を支払ったことが認められる。」

◆遊休車（予備車両）の有無と損害の発生

「(2)上記認定事実のとおり、原告の従業員は5名であるところ、原告が保有しているトラックは原告車を含めて5台であることから、原告は遊休車を有していないものと認められる。」

◆休車期間

「(3)また、本件においては、原告と被告側保険会社との間で、原告車が経済的全損となったか否か等についての交渉が行われていたことがうかがわれるが、原告は、平成28年6月には原告車を修理することを選択して原告車を修理工場に入庫しており、この時点で買替えを選択することも可能であったものと認められることから、原告車の車種等も考慮して、平成28年6月から2か月を買替え等のための期間とし、2か月分のリース料13万9968円（6万9984円×2か月）を認めるのが相当である。」

◆代車の手配容易性

「(4)被告らは、原告が、リース車両を使用することで営業損害を被ることを防ぐことができたのであれば、リース料よりも高額な休車損害の請求は認められないと主張する。

　しかし、原告は、一般貨物自動車運送事業を主たる目的とする株式会社であり、原告車の用途からすると容易に代車を手配することができず、実際にも、原告は、平成28年6月30日以前にはリース契約できる車両が見つけられなかったとの事情がうかがわれることから、2か月分の休車損害については、本件事故による原告の損害として認めるのが相当である。」

裁判例 ❼	基本 情報	①大型貨物自動車②日野・プロフィア KL‐FR2PPHA ③ 平成14年9月④11年5か月

東京地判平29・2・22交民50巻4号1122頁

休車損　131万9400円

◆遊休車（予備車両）の有無と損害の発生

「ア　証拠及び弁論の全趣旨によれば、原告車は、平成25年11月から平成26年1月までの3か月間に、291万42421円の費用をかけながら、390万3856円の収入を得たことが認められ、これによれば、原告会社は、原告車を使用できないことにより、1日あたり1万0995円の損害を被るものと認められる。

　被告らは、原告車を使用できないことに対しては、遊休車や備車により対応すべき旨主張する。しかしながら、原告車は、その後部タンクに小麦粉などの食品となる原材料を充填して搬送する車両であって汎用性の限られる車両と認められるものであり、これに、証拠及び弁論の全趣旨に照らすと、原告会社には、原告車と代替可能な遊休車は存在しないと推認されるし、原告車に対応するスポットではない備車が可能であるともにわかに認め難いから、被告らの主張は採用できない。」

◆休車期間

「イ　弁論の全趣旨によれば、本件事故と相当因果関係のある休車損害発生期間としては4か月間（120日）をもって相当と認める。」

◆休車損の算定

「ウ　以上によれば、以下の算式により、上記金額をもって、休車損害を認める。（1万0995円×120日）

(4)上記(1)～(3)の合計額は508万1900円となるところ、前記のとおりEには10％の過失割合が認められるから、過失相殺後の原告会社の損害額は457万3710円となる。」

裁 判 例 ❽	基本情報	①普通乗用自動車②ホンダ・ライフ

東京地判平29・2・21LEX/DB25551993

休車損　10万0441円

◆認定事実

「ア　証拠及び弁論の全趣旨によれば、〔1〕被告は、レンタカー業を営む株式会社であり、被告車はレンタカーとして貸し出されていたこと、〔2〕被告は、被告車を含む5台の車両をレンタカーとして貸し出しており、5台の車種は、ホンダの「ライフ」（660cc）、トヨタの「ヴィッツ」（1300cc）、ニッサンの「バネットバン」（1800cc）、ニッサンの「セレナワゴン」（2000cc）、ニッサン「キューブ・キュービック」（1500cc）であったこと、〔3〕被告が貸し出していた5台の車両のうち、軽自動車は被告車のみであったこと、〔4〕被告車は24時間6500円で貸し出されており、その他の車両は24時間8500円以上で貸し出されていたこと、〔5〕被告車は、平成28年6月10日から同年7月9日までの30日間のうちほぼ毎日顧客に貸し出されており、その利用料金は合計13万4300円であったこと、〔6〕被告がレンタカーとして貸し出していたヴィッツは、平成28年6月10日から同年7月9日までの30日間のうち被告車に近い割合で顧客に貸し出されていたこと、〔7〕本件事故後、被告と原告が契約する損害保険会社との間で、修理等に関する交渉が行われ、平成28年7月25日に被告車が修理工場に入庫され、同年8月1日に被告車の修理が完了したこと、〔8〕被告車についての1か月分の必要経費は、エンジンオイル交換の費用として月額3240円、洗車時の水道代として月額11円、車内清掃時の電気代として月額11円の合計3262円であることが認められる。」

◆遊休車（予備車両）の有無

「イ　以上の事実によれば、被告は、本件事故当時、5台の車両をレンタカーとして貸し出していたが、被告車は、軽自動車であることや5台の車両の中で一番安い金額であったことから本件事故前の1か月間にほぼ毎日貸し出されており、被告車に最も形状が近い車両（ヴィッツ）も本件事故前の1か月間において被告車に近い割合で貸し出されていたことなどからすれば、被告車に代えて、車種や形状、利用料金の異なる他の車両を貸し出すことが困難であったものとみられることから、被告車に代わる遊休車が存在していたものとは認めるに足りない。」

◆休車損の算定

「そこで、被告車の休車損の日額について検討すると、被告車を貸し出したことによる収入は本件事故前の30日間で合計13万4300円となっているが、経費として1か月合計3262円がかかっていることから、13万4300円から3262

円を控除した13万1038円を30日間で除した4367円を被告の休車損の日額とするのが相当である。」

◆休車期間

「次に、休車日数について検討すると、被告車の修理期間は平成28年7月25日から同年8月1日の8日間であるが、本件事故日から被告車が修理工場へ入庫されるまでの交渉期間が、その経緯等からみて不相当な長さであったものとはいえず、また、被告車がレンタカーであり、自走が可能であったとしてもその損傷状況から顧客への貸出しができる状況にあったものとはみられないことなどを考慮すると、休車日数は本件事故日から修理完了日までの23日間とするのが相当である。

ウ よって、被告の休車損は10万0441円（4367円×23日間）となる。」

裁判例 ❾	基本情報	①普通乗用自動車②トヨタ・クラウンエステート③平成15年3月④11年⑤15万4700km

名古屋地判平28・2・17交民49巻1号204頁

休車損 6万円

◆遊休車（予備車両）の有無と損害の発生

「(1)そもそも休車損害は、交通事故により営業用車両が損害を受けて修理や買い替えを要するような場合に、そのために必要な期間、当該車両を事業の用に供することができないことで喪失した得べかりし利益のことである。したがって、事業者が他に代替可能な営業用車両（遊休車）を保有しており、それを運用することで利益を上げているのであれば、休車損害は生じないというべきである。

(2)証拠によれば、原告は、本件事故日である平成25年3月19日から、同年4月11日までの間に、原告車両について31回の運行が予定されていたところ、うち、22回をボルボ洋型霊柩車で対応し、うち6回をセンチュリー洋型霊柩車で対応し、うち3回をd社へ委託して対応したと認められる。

原告は、これによる損失を合計20万円と主張するところ、証拠によれば、このうち、d社に委託した3回分については、外部委託しなければ原告が得られた

はずの委託料金（1回あたり2万円）を請求し、その余は、本来、ボルボ洋型霊柩車やセンチュリー洋型霊柩車で契約し運送すれば得られたであろう代金と、実際に支払われた原告車両利用を前提にした契約に基づく代金の差額を損失とするものである。

(3)ア　そもそも、d社に委託した以外の28回の運行については、原告は遊休車で代替し、当初予定された代金収入を得ているのだから何ら損害は生じていない。

　この点について、証人Fは、原告車両の走行によるコストと、それよりも高級車であるボルボ洋型霊柩車等を走行させるコストは異なり、上記の損失はまさにコストの差額であると述べる。

　しかし、その請求しているところは、かかる28回の運行に際し、もともと運行する契約の存在していなかったボルボ洋型霊柩車等による代金そのものであり、本来得られるはずのない代金収入の補てんを求めるものにすぎないというべきである。

　走行予定のなかったボルボ洋型霊柩車等を複数回余計に走行させたことにより、メンテナンスコストが増大するなど経費が増加したといった事情があれば、それを損害とみる余地はあるかもしれないが、それについての具体的な立証はないし、まして、それが、利用代金の差額に一致するとは認め難い。

イ　次に、d社に配送を委託した3回については、証拠によれば、うち1回は遊休車がなく、2回は、ボルボ洋型霊柩車ないしセンチュリー洋型霊柩車が運休していたものの、利用目的や搬送先の道路形状により、これらを代替車両として用いることができなかったと認められるから、遊休車があったとはいえない。

　そうすると、d社に配送を委託せざるを得なかったことによる損害は、本件事故による損害と認められる。

(4)以上のとおりであるから、休車損害は6万円と認められる。」

裁 判 例 ❿	基本情報	①大型貨物自動車②いすゞ・KC－CXZ82K2D ③平成11年3月④14年6か月⑤21万0898km

東京地判平28・11・21LEX/DB25538337

休車損　367万5402円

◆認定事実

「㋐原告Cは、Gという屋号で、原告車ともう1台のダンプカー（登録番号千葉○○○せ○○）を用いて残土搬送等の事業を営んでいたところ、その他に遊休車はなかった。

㋑原告車は、道路運送事業法上の登録をしたいわゆる緑ナンバー車両ではなかった。

㋒原告Cは、M社からの依頼を受けて残土搬送等を行っていたところ、M社から原告Cに対し、平成25年4月15日に600万9170円、同年5月15日に338万4970円、同年6月14日に597万2270円、同年7月10日に491万0970円、同年8月8日に387万6870円、同年9月13日に363万9170円の振込みがなされた。

㋓原告Cは、ガソリン代として平成25年6月分26万2500円、同年7月分31万6700円、同年8月分26万9000円、高速道路代として同年7月分4万5100円、同年8月分6万0200円、同年9月分6万7050円を支出した。

㋔原告Cは、原告車と同じ最大積載量7900kgのダンプカーの代車を見つけることができず、また本件事故後に被告らから代車使用の提案や手配等の申入れを受けたこともなく、代車を使用しなかった。

㋕原告Cは、本件事故後も、その事業につき訴外Jを使用し、同人に対し給与を支払っていた。」

◆休車損の算定

「イ　以上の事実を前提にして検討する（なお、以下の計算において円未満は切り捨てた。）。

㋐原告Cは、M社からの売上のみを基礎として休車損害を請求しているところ、前記ア㋒に加えて甲16及び弁論の全趣旨によれば平成25年4月から同年9月までの各振込額はM社からの各月の売上と推認でき、そのうち平成25年7月分、8月分、9月分の平均月額売上は414万2336円となる。そして、グロースにおいては原告車を含めて2台が稼働していたところ（前記ア㋐）、これを台数で割ることによって1台あたりの売上げとみるのが相当であるから、原告車の月額の売上は207万1168円となる。そして、前記ア㋓を踏まえると、変動経費として平成25年7月から9月までの平均ガソリン代は28万2733円（1

台分あたり 14 万 1366 円）、平均高速代は 5 万 7450 円（1 台分あたり 2 万 8725 円）であるから、原告車の月額の変動経費は 17 万 0091 円となる。なお、被告らは、訴外 J の人件費の支払も免れているのでこの点も差し引かれるべきであると主張するようであるが、前記ア㈎によれば、かかる主張は採用できない。

　以上を踏まえると、原告車の売上日額は、次の計算式のとおり、6 万 3369 円とするのが相当である。

（計算式）（月額売上 207 万 1168 円－月額経費 17 万 0091 円）÷ 30 日＝ 6 万 3369 円」

◆休車期間

「㈑休車期間については、本件事故日である平成 25 年 9 月 13 日から修理完了日である同年 11 月 8 日までの 58 日間とするのが相当である。

㈒そうすると、原告 C に生じた休車損害は、次の計算式のとおり、367 万 5402 円となる。

（計算式）日額 6 万 3369 円× 58 日＝ 367 万 5402 円」

◆休車損の請求権者

「ウ　被告らは、原告 C は、原告車の所有者ではないから休車損害を請求できないと主張するようであるが、休車損害は、修理等に要する期間中事故車両を事業に使用できなかったことによる消極損害であって所有者でなくとも請求しうる性質のものと考えられるし、本訴において相原告となっている原告車の所有者である B においても休車損害が原告 C に帰属することを前提にしているものと認められるから、この点に関する被告らの主張は採用できない。」

裁 判 例 ⓫	基本情報	①普通乗用自動車

東京地判平 28・9・29LEX/DB25537541

休車損　6 万 2264 円（過失相殺前）

◆損害の発生

「証拠及び弁論の全趣旨によれば、〔1〕被控訴人 B は、当時、個人タクシー業

に従事していたこと、〔2〕本件事故により、平成 27 年 1 月 6 日から同月 9 日まで（4 日）、被控訴人車を事業の用に供することができなかったことが認められる。」

◆休車損の算定

「また、証拠及び弁論の全趣旨によれば、個人タクシー業に係る平成 26 年分の所得金額は 319 万 4851 円、青色申告特別控除額は 65 万円、固定経費は 183 万 6742 円であることが認められ、1 日当たりの利益は 1 万 5566 円（（319 万 4851 円＋ 65 万円＋ 183 万 6742 円）÷ 365 日〔1 円未満切捨て。以下同じ。〕）とするのが相当であるから、被控訴人車の休車損害は 6 万 2264 円（1 万 5566 円× 4 日）となる。そして、前記のとおり、被控訴人 B の過失割合は 2 割とするのが相当であり、過失相殺後の同被控訴人の損害額は 4 万 9811 円となる。」

裁 判 例 ⓬	基本情報	①事業用大型貨物自動車

東京地判平 27・12・24 交民 48 巻 6 号 1571 頁

休車損　231 万 4158 円

◆遊休車（予備車両）の有無

「ア　証拠及び弁論の全趣旨によれば、原告車は、契約上ジョルダー車又はローラー車仕様の、最大積載量 1 万 2500 キログラム以上等の車種及び仕様を指定された業務の専属に使用されていたと認められるところ、本件証拠上、原告にこの仕様を満たす遊休車があったとは認められない。」

◆休車期間

「イ　休車期間は、本件事故発生から原告が修理費の見積書を取得した平成 25 年 8 月 9 日までの 10 日間に相当な交渉期間 7 日間を加えた 17 日間と、相当修理期間 60 日の合計 77 日間について認める。

原告は、被告が支払対応しなかったために本件事故から約 4 か月後の平成 25 年 12 月 2 日まで修理着工指示を出せなかった旨主張する。しかし、原告車が停車中の被告車に追突した事故態様において、過失割合に争いがある中、被告が支

払対応しないことは不合理とはいえず、また、原告が零細企業で資金繰りに問題があるとしても、単に賠償のための支払をしなかったことによって、遅延損害金を超える損害が生じるということはできない。

　相当な修理期間については、原告は、消費税増税による駆け込み需要や、東日本大震災の復興事業のため車両等の大量発注があり修理に必要な部品が入荷したのが平成 26 年 5 月 25 日になったため、原告への納車が着工指示から 7 か月後の同年 7 月 2 日となったと主張し、修理業者担当者の陳述書を提出する。しかし、原告が主張する修理期間は通常考えがたい長期にわたるものであるところ、原告及び修理業者が被告側の要求にかかわらず部品伝票等の裏付け証拠を提出していないことからすれば、容易に採用できない。被告は、原告車の相当な修理期間を工賃等からの理論修理期間である 32.6 日又は 31 日であると主張するところ、理論修理期間で修理が完了するとも限らないことから、60 日を相当と認める。」

◆休車損の算定

「ウ　日額については、本件事故前 3 か月の原告車の運賃から燃料代および高速代を控除して、高速指定料金を加算した合計額を、合計日数である 92 日で除した 3 万 0054 円とするのが相当である。

　（1,346,500 － 266,913 － 145,636 ＋ 2,350 ＋ 1,381,500 － 253,901 － 157,200 ＋ 1,223,700 － 220,048 － 145,354）÷ 92 ＝約 30,054

　30,054 × 77 ＝ 2,314,158」

2 否　定

　次の裁判例❸～⓯は、休車損を認めなかった。休車損が認められるための判断要素については 1「肯定」の項目を参照していただきたい。

　売上の減少を休車損の要件とするべきかについては議論が分かれているが、売上の減少がないことのみから直ちに休車損の発生の有無が否定されるものではないと解される（営業努力により維持している場合や、事故車が稼働していれば、より多くの収入が得られた場合もある）。もっとも、売上の減少がないことは、損害が生じなかったことを推認させる事実となりうる。これにつき裁判例

⓮を参照。

裁 判 例 ⓭	基本情報	①大型乗用自動車

東京地判平 30・10・3LEX/DB25556379

休車損　否定

◆遊休車（予備車両）の有無

「原告車は胃部アナログ車であり、同種の胃部アナログ車によりその業務を代替し得るところ、本件事故から 3 か月の期間（乙 4 によれば、原告車の修理に必要なアイドラプーリーを入手するのに要した期間は約 2 か月とされているところ、これに更に一定期間を加えた期間に相当）までみても、原告には、全日、稼働していない胃部アナログ車が存在した。そして、証拠（乙 4）に照らしても、原告車の修理に 3 か月もの期間まで要する具体的な事情は認められず、少なくとも上記期間を超えることのない相当な修理期間中、原告に遊休車が存在しなかったとは認められないから、休車損の発生は認められない。」

裁 判 例 ⓮	基本情報	①中型貨物自動車（コンクリートポンプ車）

横浜地判平 29・5・22 自保 2004 号 124 頁

休車損　否定

◆車両の稼働状況、車両数と運転手数の関係、業務処理体制

「(1)原告保有ポンプ車の保有数は、平成 26 年 5 月末時点で 11 台であり（証拠（略）記載の 12 台のうち 1 台は平成 25 年 12 月に売却済みであったと認められる。）、このうち、車両総重量 8 トン以上の車両を大型車とし、同 8 トン未満の車両を中型車とすると、別紙のとおり、4 台（13 号車、16 号車、17 号車、19 号車）が大型車、他の 7 台（原告車である 8 号車を含む。）が中型車である。なお、平成 16 年 6 月 9 日法律第 90 号による道路交通法改正によれば車両総重量

5トン以上11トン未満の車両については中型自動車免許の取得が必要とされているが、そのうち車両総重量8トン未満の車両については、同改正前から普通免許を取得していた者も運転することができるとされている。

　本件事故当時、原告には、原告保有ポンプ車の運転に当たる運転手が原告代表者を含めて8名おり、運転手数を超える受注があった場合には、運転手だけを下請業者に外部委託し、原告保有ポンプ車を用いて業務を行っていたもので、1台の車両につき、運転手1名と補助者1名の2人1組で稼働していた。

　原告保有ポンプ車の月平均稼働日数は、使用車両を特定できない業務を除外すると（その総量には本件事故の前後で、明らかな違いは見られないので、同業務を除外しても結論には影響しないと考えられる。）、本件事故前の原告車が18.3日であり、原告車以外の車両については、本件事故前が15.3日（延べ153日÷10台）であったのに対し、本件事故後には17.2日（延べ172日÷10台）に増加した。」

◆売上の減少の有無と休車損の発生

「以上のような原告保有ポンプ車の稼働状況、車両数と運転手数の関係、業務処理体制のほか、本件事故後の受注業務量の変動が明らかでなく、売上額には減少が見られないことからすれば、本件事故前の原告車の稼働業務は、他の車両の稼働率を上げることにより処理されていたと評価することができ、原告車が本件事故により稼働できなくなったことに伴う具体的な損害の発生は認められない。

　よって、本件事故による休車損害の発生は認められない。」

裁 判 例 ⓯	基本情報	①普通乗用自動車

東京地判平29・3・21LEX/DB25553933

休車損　否定

◆遊休車の有無と損害の発生

「(1)原告は、原告車は顧客からの引き合いが多く、省庁その他の得意先の大多数から指定されていた黒塗り車であったところ、原告は原告車を含めて7台の黒

塗り車しか保有しておらず、これと同格の代替車両は存在しなかったとして、原告には、原告車の1日当たりの休車損害1万3876円に新車の注文から納車までに要する期間である75日を乗じた104万0700円（＝1万3876円×75日）の休車損害が生じたと主張する。

(2)そこで検討すると、確かに、証拠及び弁論の全趣旨を総合すれば、原告は、本件事故当時、40台のタクシーを保有しており、うち原告車と同じ黒塗り車は7台であったこと、省庁その他の原告の顧客の中には、配車車両として黒塗り車を指定している顧客が複数いたこと、原告は、平成26年6月から同年8月にかけて、黒塗り車ではないものの少なくとも6台の遊休車両を保有していたことが認められる。

　しかし、原告に本件事故による休車損害が生じたというためには、原告車の買替えに要した期間につき、原告が、保有する黒塗り車7台のうち1台を事業の用に供することができないために、上記の黒塗り車を指定する顧客からの配車の指示ないし要求に応じることができず、これによって得べかりし利益を喪失した事実が必要となるというべきところ、原告はかかる事実を具体的に主張立証しない。

(3)よって、その余の点について判断するまでもなく、原告の休車損害の主張は理由がない。」

Ⅲ　その他の損害

第1章　車両の引き揚げ費、レッカー代

　以上の損害のほかに、雑費、すなわち事故車両の引き揚げ費、レッカー代、引取り、保管などの費用、事故証明交付手数料、廃車・車両処分の費用なども損害として認められる。積荷（積載貨物）損害、携帯品などの損害や、店舗被害などの営業損害等も損害として認められる。

　以上の物損についても、基本的には狭義の車両損害と同様に、損害が算定される。次の裁判例❶〜❸はレッカー代を損害と認めた。

裁判例 ❶	基本情報	①普通乗用自動車

横浜地川崎支判平 30・11・29 自保 2038 号 76 頁

レッカー代　3 万 2508 円
「本件事故の後、原告車は自走不能となったことが認められるから、レッカー費用等として 3 万 2,508 円が本件事故による損害と認められる。」

裁判例 ❷	基本情報	①普通乗用車②ダイハツ・ムーブ・コンテ③平成 21 年 3 月④ 6 年 7 か月⑤ 3 万 6291km

東京地判平 30・1・16LEX/DB25551755

レッカー代　1 万 7928 円
「前記認定事実に加えて、証拠及び弁論の全趣旨によれば、〔1〕本件事故の衝突後、本件交差点の信号機の柱に設置された信号機ボックスに突っ込んで停止した原告車をクレーンで引き出す作業が実施され、上記作業に 1 万 6200 円を要したこと、〔2〕本件事故後、P3 が A 総合病院に救急搬送されて原告車の入庫先

を指定できなかったため、原告車が S 商会において一時保管されていたところ、平成 27 年 10 月 21 日、P3 の指示で、原告車が S 商会から M 自動車販売に搬送され、その費用として 1728 円を要したことが認められ、その合計額である 1 万 7928 円を本件事故による損害と認める。」

　裁判例❸は、レッカー代につき、余計な地点を経由したことで通常は要しない費用がかかった範囲については損害から除外した。

裁 判 例 ❸	基本 情報	①中型貨物自動車②日野・レンジャー③平成 9 年 1 月④ 16 年 4 か月⑤約 92 万 km

さいたま地判平 28・7・7 交民 49 巻 4 号 840 頁

レッカー代　7 万 2990 円

「証拠及び弁論の全趣旨によれば、原告車は、本件事故後、本件事故現場から埼玉県 β 市に所在する d 営業所（以下「d 営業所」という。）まで牽引され、同所に 4 日間留め置かれた後、平成 25 年 5 月 15 日、同所から、埼玉県 ε 市に所在する修理工場である株式会社 e（以下「e 会社」という。）に牽引されたこと、本件事故現場から d 営業所までの牽引費用（駐車料を含む。）が 12 万 0,015 円であり、d 営業所から e 会社までの牽引費用が 7 万 2,990 円であることが認められる。

　そして、甲事件原告は、本件事故直後に修理工場に入庫しなかった理由として本件事故が土曜日であったため保険会社と連絡が取れず、手続に時間を要したためであるとするが、β 市にある d 営業所を経由したことで通常は要しない費用がかさみ、また、4 日間分の駐車料金も加算されたのであるから、前記費用合計 19 万 3,005 円全額を甲事件被告に負担させるのは必ずしも公平ではない。

　したがって、本件事故現場のさいたま市から e 会社のある ε 市までの牽引及び 2 日分の駐車料金（証拠によれば、1 日 4,320 円（消費税込）であることが認められる。）の合算額を超えないと認められる d 営業所から e 会社までの牽引費用 7 万 2,990 円を損害とするのが相当である。」

第2章　車両保管料

　事故車両が修理可能か修理不能かを判断するため、あるいは修理のために保管料がかかる場合があり、かかる保管料が損害として認められる場合がある。

　裁判例❶は、分損であることに争いがない事案において、修理に着手することが可能であったこと、修理のための見積もりの期間は14日分であるとして、事故と相当因果関係を有する限度で保管料を認めた。

裁判例 ❶	基本 情報	①普通乗用自動車

東京地判平 30・5・22LEX/DB25553562

車両保管料　8万3160円

「証拠及び弁論の全趣旨によれば、〔1〕原告側保険会社は、平成27年10月21日、フリークラフトにおいて損害確認の立会を実施したこと、〔2〕本件においては、当初より、修理費用が時価額を下回るいわゆる分損の状態にあることにつき、原告側と被告側との間に争いはなかったこと、〔3〕被告は、Ｈ社から、平成27年10月15日から平成28年3月30日までの168日間につき、日額5500円（税込5940円）の保管料を請求されていることが認められる。

　修理契約や買替えのための売買契約の締結自体は、事故車両の契約者が当事者として行うものであって、加害者の意向その他の事情に関わりなく行うことができるのであり、被害者にも、信義則上、損害の拡大を防止するため、速やかに修理や買替えに着手すべき義務があると考えられる。

　本件において、被告Ｃは、原告側保険会社が被告車の損害確認のための立会を実施した平成27年10月21日以降、分損であることに争いのなかった被告車の修理に着手することが可能であったこと、修理のための見積もりの期間等は長くみたとしても2週間程度であることからすると、本件事故と相当因果関係を有する被告車の保管料としては、平成27年10月15日以降の14日間分に相

当する 8 万 3160 円（5940 円× 14 日間）とするのが相当である。」

第 3 章　登録手続関係費

　事故車両が全損となった場合、車両の時価額の以外にも、事故車両に関する費用や新規車両の購入諸費用（買替諸費用）についても損害と認められる場合がある。

　新規車両の自動車税、自動車重量税、自賠責保険料については還付制度を利用することができることから否定されている。

　車庫証明手続代行費用については、裁判例❹・❼・⓮は損害と認めるが、裁判例❷の手続は簡単であり、原告自ら行うことが十分に可能であるとして損害と認めていない。

　納車費用については、車両購入者が販売店に依頼している実情に鑑み、買替えに付随するものとして損害と認める裁判例[1]もあるが、裁判例⓭は損害と認めていない。

1　車両購入費用

(1)　買替諸費用

　裁判例❶は、新規自動車の検査・登録費用、車庫証明費用、検査・登録手続費用、車庫証明手続費用を損害と認めた。

裁 判 例 ❶	基本 情報	①普通乗用自動車②トヨタ・エスクァイア③平成 29 年 10 月 12 日④約 2 か月⑤ 1636km
神戸地判平 31・1・16 LEX/DB25562669		
買替諸費用　3 万円		

---

1 ）東京地判平成 15・8・4 交民 36 巻 4 号 1028 号等。

「証拠及び弁論の全趣旨によれば、原告が、本件事故後、自動車を購入し、その検査・登録費用、車庫証明費用、検査・登録手続費用、車庫証明手続費用の合計が3万円を上回ることが認められ、上記金額を本件事故と相当因果関係のある損害と認める。」

裁判例❷は、車庫証明手続代行費用を損害と認めなかった。

裁 判 例 ❷	基本情報	①普通貨物自動車③平成27年7月④1年4か月⑤6万2652km
横浜地川崎支判平30・11・29自保2038号76頁			

車庫証明　2600円、車庫証明手続代行費用　否定
「車庫証明の費用が本件事故による損害であることは、当事者間に争いがない。しかし、車庫証明の証明書を発行してもらうための手続は、簡単であり、原告A自ら行うことは十分に可能である。したがって、車庫証明手続代行費用は、本件事故による損害とは認められない。」

裁判例❸Ⅲは、検査登録費用、車庫証明費用、シュレッダーダスト、エアバック料金、フロン類料金、情報管理料金などを認めた。

裁 判 例 ❸	基本情報	①普通乗用自動車②ポルシェ車③平成2年6月④12年2か月⑤21万0382km
東京地判平30・8・30自保2037号40頁			

買替諸費用　7万9990円
「証拠によれば、反訴原告は、本件事故後に代替車両を購入した際、諸費用合計18万2540円を負担したことが認められるが、そのうち、検査登録費用、車庫証明費用、シュレッダーダスト、エアバック料金、フロン類料金、情報管理料金、その他の合計7万9990円は、被告車の買替えにより負担が生じた費用で

> あると認められる。なお、これらの各費用は、代替車両の価額により多寡がある
> ものとは認められない。」

　裁判例❹は、検査・登録・届出費用、車庫証明費用、検査登録届出代行費用、車庫証明代行費用、預かりリサイクル預託金等、駐車場使用承諾証明作成費用を損害と認めた。

裁 判 例 ❹	基本情報	①普通乗用自動車

神戸地判平 28・10・26 交民 49 巻 5 号 1264 頁

買替諸費用　5 万 9410 円

「証拠及び弁論の全趣旨によれば、E 車は、本件事故後、廃車となったこと、原告 E は、平成 25 年 9 月 21 日、新車を購入する際、以下の諸費用合計 5 万 9410 円を支払ったことが認められる。ところで、証拠及び弁論の全趣旨によれば、E 車は専ら原告 E の使用に供されていたことが認められ、原告 E が車両を買い替える必要があったと認めるのが相当である。そして、以下の諸費用は、その内容・金額に照らすと、いずれも原告 E の車両買替に伴う必要かつ相当なものであることが認められ、本件事故との相当因果関係があると認めるのが相当である。したがって、買替諸費用は合計 5 万 9410 円が認められる。なお、駐車場の貸主が原告 E の親族であることは窺われない。

① 　検査・登録・届出費用　3240 円

② 　車庫証明費用　2700 円

③ 　検査登録届出代行費用　1 万 5750 円

④ 　車庫証明代行費用　5250 円

⑤ 　預かりリサイクル預託金等　1 万 2470 円

⑥ 　駐車場使用承諾証明作成費用　2 万 0000 円」

⑵　ナンバー申請費用

裁判例❺は、希望ナンバー申請費用を損害と認めなかった。

裁 判 例 ❺	基本情報	①普通乗用自動車

横浜地川崎支判平 30・11・29 自保 2038 号 76 頁

ナンバー費用　4600 円、希望ナンバー申請費用　否定
「買い替えに伴い、新しいナンバーの費用が必要であることが認められ、印紙代を含め、4,600 円であることが認められる。しかし、希望ナンバー申請費用は、登録に必須の費用ではないから、本件事故による損害とは認められない。」
　※ナンバー費用　認定額 4,600 円（請求額と同じ）

　裁判例❻は、登録印紙・車庫証明印紙代、ナンバー代、行政書士費用、車検基本料を損害と認めた。

裁 判 例 ❻	基本情報	①普通乗用自動車

東京地判平 30・6・25LEX/DB25554274

登録印紙・車庫証明印紙代、ナンバー代、行政書士費用、車検基本料　4 万 9293 円
「原告は、本件事故によって原告車が前記アのとおり、いわゆる経済的全損となって買換をしているところ、登録印紙・車庫証明印紙代 5300 円、ナンバー代 1480 円、行政書士費用 3000 円、車検基本料 2 万 4500 円、消費税合計 1 万 5013 円（車両本体価格分 1 万 3053 円及び車検基本料分 1960 円）の総額 4 万 9293 円は本件事故と相当因果関係のある損害と認める。」

　裁判例❼は、登録印紙代、名義変更手続費用、車庫証明申請代行費用、管轄外手続費用、納車前点検整備費用、検査登録手続費用損害を認めた。他方、自

動車税、自動車重量税、自賠責保険料については還付制度を利用することができることからこれを認めなかった。希望ナンバー取得手続費用についても費用の性質からこれを認めなかった。

裁判例 ❼	基本 情報	①普通乗用自動車

東京地判平 30・4・17LEX/DB25553515

買替登録諸経費　17万9545円

「控訴人は、控訴人車が本件事故により全損扱いとなったため、新たな車両を購入しているところ、その買換諸経費44万8009円のうち、〔1〕法定費用における登録印紙代等の合計8700円、〔2〕課税一般諸費用における15万8190円（名義変更手続費用3万8490円、車庫証明申請代行費用1万9500円、管轄外手続費用2万4800円、納車前点検整備費用6万1800円、及び検査登録手続費用1万3600円の合計）に消費税1万2655円を加えた17万0845円の総計17万9545円は、本件事故がなければ負担することのなかった費用であるから、本件事故と相当因果関係のある損害と認める。

　なお、控訴人は、〔1〕自動車税、自動車重量税、自賠責保険料等、〔2〕希望ナンバー取得手続費用及び保証料等も含めて買換費用を損害と主張するが、〔1〕の各税等については還付制度を利用することができるから、本件事故との相当因果関係ある損害とは認められず、〔2〕の希望ナンバー取得手続費用等は、その費用の性質に照らして、本件事故による損害とは認められない。」

(3)　リサイクル料金（リサイクル預託金）

　裁判例❽は、新規自動車のリサイクル料金を損害と認めた。

裁判例 ❽	基本 情報	①普通乗用自動車

横浜地川崎支判平 30・11・29 自保 2038 号 76 頁

印鑑証明　600 円、リサイクル料金　1 万 6120 円

「印鑑証明書の取得費用は、買い替えに伴う手続に必要と考えられ、本件事故による損害であることは、当事者間に争いがない。証拠によれば、買い替えに伴うリサイクル料金が必要であると認められ、本件事故による損害と認められる。」

　裁判例❾は、リサイクル資金管理料金、検査登録預かり法定費用、車庫証明預かり法定費用およびリサイクル預託金を損害と認めた。

裁 判 例 ❾	基本 情報	①普通乗用自動車②トヨタ・イシス
東京地判平 28・2・5 交民 49 巻 1 号 120 頁		

買替諸費用　6 万 3547 円

「証拠及び弁論の全趣旨によれば、本件事故により、原告車は全損となり買替えをする必要が生じ、その買替諸費用は 6 万 3547 円（リサイクル資金管理料金、検査登録預かり法定費用、車庫証明預かり法定費用及びリサイクル預託金の合計 2 万 0400 円〔これらについては当事者間に争いがない。〕、検査登録手続代行費用 2 万 5651 円、車庫証明手続代行費用 1 万 7496 円）であると認められる。

　被告は、〔1〕検査登録手続代行費用及び車庫証明手続代行費用はトヨタ T 店に手続の代行を依頼することに対する報酬であるし、〔2〕トヨタ T 店が上記代行行為において申請書等の書類作成を含む行為を直接代行していた場合には行政書士法に違反するものであることなどからすると、本件事故による損害とはいえない旨の主張をする。しかしながら、〔1〕上記諸費用に係る手続について業者に代行してもらうことは一般的であり、その金額についても不相当とはいえないのであって、これらの費用についても本件事故による損害であると認められるし、〔2〕行政書士法違反の点についても、（a）仮に、トヨタ T 店において行政書士法等に違反していたとしても、原告とトヨタ T 店との間の手続代行に関する合意の効力に影響を及ぼすものではないし、（b）そもそも、本件においてトヨタ T 店が行政書士法に違反して申請書等の書類を作成したと認めるに足りる的確な証拠はないのであって、上記被告の主張はいずれも採用することができな

い。」

(4)　自動車取得税

　裁判例❿は、自動車取得税につき、50万円以下の中古車両を購入する場合には課税されないことからこれを損害と認めなかった。

裁 判 例 ❿	基本 情報	①普通乗用自動車

東京地判平30・1・10LEX/DB25551753

自動車取得税　否定

　「本件では23万9000円の中古車両に買い替えた場合の諸費用を基準とすべきところ、自動車取得税は50万円以下の中古車両を購入する場合には課税されないから（地方税法120条、同法附則12条の2の3）、原告Bが主張する自動車取得税は本件事故と相当因果関係のある損害とは認められない。」

　※新規購入車両価格は209万円

(5)　自動車保険料関連

　裁判例⓫は、自動車保険料増額分を損害と認めなかった。

裁 判 例 ⓫	基本 情報	①普通貨物自動車

東京地判平29・1・13自保1994号91頁

自動車保険料増額分　否定

　「証拠（甲6）によれば、本件事故後、平成25年4月から本件訴えを提起した平成27年2月まで（23か月間）、原告P1の加入する自動車保険（車両保険）の月額保険料が各月2990円ずつ増額された（合計6万8770円）ことは認め

られる。しかしながら、車両保険は被害者である原告 P1 のリスク回避のために締結されたもので、これを利用するか否かは原告 P1 の自由な判断にゆだねられていることなどに照らすと、上記増額（差額）分は本件事故と相当因果関係のある損害とは認められない。」

2　抹消登録費用

裁判例❶は、事故車の抹消登録費用を損害と認めた。

裁判例 ❶	基本情報	①普通乗用自動車

横浜地川崎支判平 30・11・29 自保 2038 号 76 頁

抹消登録費用　1 万 9440 円
「原告車の抹消登録費用として 1 万 9,440 円が必要であることが認められ、これも本件事故による損害と認められる。」

3　納車諸費用

裁判例❸は、納車点検、納車準備、納車費用を損害と認めなかった。なお、納車費用を認める裁判例もあることは冒頭で述べた。

裁判例 ❸	基本情報	①普通乗用自動車

横浜地川崎支判平 30・11・29 自保 2038 号 76 頁

納車点検、納車準備、納車費用　否定
「上記各費用は、自動車の売主が原告 A に自動車を納車するのに要する費用であると認められ、買い替えに必要不可欠な費用であるとはいえないから、本件事

故による損害とは認められない。」

　裁判例⓮は、買換車両登録印紙代、登録手続代行費用、車庫証明代行費用、
納車準備費用を認めた。

裁判例⓮	基本情報	①普通貨物自動車

神戸地判平 30・1・11 自保 2026 号 57 頁

買替諸費用　8 万 6600 円
「廃車費用 1 万 3,650 円は当事者間に争いがない。原告車両は経済的全損とな
っているから、買替えの有無にかかわらず、買替諸費用は損害となるところ、買
換車両リサイクル預託金 1 万 4,350 円は金額について当事者間に争いがなく、
証拠によれば、買換車両登録印紙代 1,100 円、登録手続代行費用 2 万 5,000 円、
車庫証明代行費用 1 万 5,000 円、納車準備費用 1 万 5,000 円を要するとされて
いることが認められ、いずれも相当な費用として認める。もっとも、新規検査登
録費用については、証拠から、2,500 円を相当な費用として認める。合計は 8
万 6,600 円である。」

4　通関費用

　裁判例⓯は、通関費用を損害と認めた。

裁判例⓯	基本情報	①普通乗用自動車②デロリアン車

東京地判平 28・2・10LEX/DB25533770

通関費用等　56 万 3040 円
「原告会社は、原告車と同等なデロリアンは、アメリカ合衆国において購入し日

本へ輸入する必要があり、これに係る諸費用が131万2971円である旨主張し、これに沿う旨の見積シミュレーション及びメモもある。　しかしながら、原告会社の指摘する〔1〕輸入費用等（輸入費用〔米国内陸送費用、船賃、現地買付手数料、輸出通関費用、輸出書類作成費用、港搬入陸送費用〕、〔2〕国内通関費用等〔通関代行費用、国内陸送費用〕、〔3〕予備検査費用等〔予備検査代、排ガス試験料、排ガス試験代行料〕、〔4〕輸入消費税は、各項目につき費用が支出されるであろうとは推認されるものの、〔1〕及び〔2〕は、法定の費用等として固定金額が定まっているとも窺われないほか、交渉により金額が左右されるものと認められ、〔3〕も固定金額と解されない（例えば、予備検査代は、上記見積シミュレーションでは16万5000円、上記メモでは4万円であり、排ガス試験関係費用は、同見積シミュレーションでは排ガスレポート枠10万5000円、同メモでは排ガス試験料19万1000円、排ガス試験代行料20万5000円などと記載される。）から、結局、原告会社の主張額を、そのまま認容することは困難である。」

　しかしながら、確かに、デロリアンの台数は、わが国よりもアメリカ合衆国に多く存在すると解され、原告車同等のデロリアンを購入し国内で使用可能とするには、通関費用等が発生する蓋然性が認められるから、〔4〕を、前記認定の車両本体価格244万8000円に8％を乗じた金額である19万5840円として認めるほか、〔1〕〜〔3〕の費用及び〔4〕の船賃の消費税につき、証拠及び弁論の全趣旨に照らし、車両本体価格の15％として36万7200円を計上し、通関費用等（〔1〕〜〔4〕の各費用）の損害額合計は、56万3040円と認めることが相当である。」

5　残存車検期間に相当する車検整備費用

　裁判例⓰は、残存車検期間に相当する車検整備費用49万9,059円を損害と認めた。一定の経済的価値を失ったと考えられるからこれを認めるのが妥当である。

　残存車検期間に相当する車検整備費用については、車両時価額を算定する際

にこれを考慮する裁判例もある[2]。

裁　判　例 ❶⑯	基本情報	①中型貨物自動車②日野・レンジャー③平成9年1月④16年4か月⑤約92万km

さいたま地判平28・7・7交民49巻4号840頁

残存車検期間に相当する車検整備費用　49万9059円

「甲事件原告は、原告車について、平成25年4月24日に車検のための整備を行い、その費用として合計51万3,117円を支払い、平成25年5月1日、有効期間が平成26年4月30日となる車検を受けたことが認められる。

　そうすると、甲事件原告は、1年間公道を走行し得る経済的価値を付加した原告車を本件事故により喪失したということできるから、残存車検期間に相当する車検整備費用49万9,059円（＝51万3,117円÷365日×355日）は、本件事故と相当因果関係がある損害ということができる。」

2）東京地判平27・3・25ウエストロー2015WLJPCA03258033。

第4章 積荷損害

　車両の積荷に損傷が生じた場合、損害が認められる。高額の積荷損害が生じた場合、加害者にとって莫大な損害賠償請求がなされることもありうるが、民法416条1項（類推適用）の「通常生ずべき損害」の解釈により処理されることになろう。

　積荷の損傷の有無・程度が必ずしも明らかでない場合があるが、一定の割合の損害を認める裁判例や、物の性質から商品価値を失ったと認定する裁判例がある。

　裁判例❶は、電化製品等400点の積荷のうち、6割程度が全損になったと認定して損害を認めた。

裁 判 例 ❶	基本情報	①普通貨物自動車

東京地判平30・9・26自保2033号92頁

積荷損害　230万2052円

「ア　証拠及び弁論の全趣旨によれば、D車は、本件事故時、j社の依頼により、j社が所有するステンレスボトル、マグ等や、ミキサー、精米機、電気ケトル、炊飯器等の電化製品等合計約700点を、j社関係の配送拠点から小売業者に配送する途中であったこと、本件事故後、j社は、上記商品を点検調査し、電化製品以外の傷のない商品は極力使用することとしたが、それ以外の400点余は、通電検査等を行うことなく全損になったと判断し、これらにつき、c社に対し、383万6,754円の損害賠償請求をしていること、d保険会社の依頼により鑑定を行ったk社の調査によれば、本件事故時路上に落下した積荷もあるとされているが、上記約400点は、段ボールの変形・凹損や商品に薄い傷が生じたものが数点あるほか、目立った損傷はないこと、上記鑑定事務所は、j社からの事情聴取や複数の電化製品小売業者の会計資料の検討等を行い、j社の上記請求額は、

製品原価275万9,020円に、全国各地の配送拠点に搬送された時点で発生する人件費、保管料等の経費107万7,734円を加えた額（拠点単価）であるとした上で、ｊ社の損害は製品原価の275万9,020円である旨判断したことが認められる。

イ　前記認定のとおり、ｊ社が全損と判断した約400点の積荷には基本的に目立った損傷はなく、本件事故時に積荷が路上に落下したかどうかも定かでなく、物理的、機能的な損傷の有無は必ずしも明らかでない。

　しかし、本件の事故態様からすれば、本件事故によりＤ車の積荷に相当程度の衝撃が加わったことは否定できず、積荷には精密な構造を持つ電化製品が含まれていることからすれば、本件事故により、積荷のうちの相当数が損傷したものと推認される。そして、Ｄ車の積荷は販売用の商品であり、その中には製品の安全性が要求される電化製品が含まれており、これらを再び販売ルートに乗せるためには、更なる検査等を行う必要があって、経費や時間がかかり、型落ちによる値崩れが生じる可能性もあることなどからすれば、上記積荷を再び販売ルートに乗せることに必ずしも経済的合理性があるとはいえない。そうすると、積荷のうちの相当数が全損になったとみることができるが、一方で、更なる検査に要する経費の額や時間、型落ちによる値崩れの可能性の程度、額等は明らかでなく、これらの事情を合わせて考慮すれば、ｊ社が全損と判断した約400点の積荷のうち、その6割程度が全損になったと認めるのが相当である。そして、ｊ社は、本件事故により、再度商品を配送することを余儀なくされ、商品が配送拠点に配送されるまでにかかる経費を余分に負担することになったから、損害額は、同経費を含んだ額を基準に算定すべきである。以上によれば、ｊ社がｃ社に対して請求している383万6,754円の6割に当たる230万2,052円が本件事故による損害として認められる。」

　裁判例❷は、積荷が飲料水、食料品であり、利用できなくなったと推認し、損害を認めた。

裁 判 例 ❷	基本情報	①普通乗用自動車

東京地判平 30・8・30 自保 2037 号 40 頁

積荷損害　1 万 3264 円

「前提事実及び証拠によれば、反訴原告は、飲料水、食料品を主として 1 万 3264 円の買い物をした後に、購入物を被告車に積載していて本件事故に遭い、これらは本件事故により飲食ないし使用ができない状態となったと推認されるから、本件事故により反訴原告に上記の額の損害が発生したと認められる。」

第5章　携帯品・搭載品、その他の損害

1　携帯品等

交通事故により被害者の着衣・所持品に損害が生じた場合に、損害額をどのように評価して認定するかが問題となる。

裁判例❶は、自転車・着衣につき、新品ではなく、それほど高価とはいえないことなどから、5万5,000円を損害と認めた。

裁 判 例 ❶	基本 情報	①歩行者
旭川地判平 31・2・1LEX/DB25562536		

携帯品　5万5000円

「証拠によれば、本件事故により、従前亡 P11 が使用していた本件自転車（購入価額は 2 万 0300 円）、着衣（購入価額は合計 3 万 1054 円）、携帯電話及びその付属機器（合計 5 万 8622 円）が損傷し、又は使用する者がいなくなったと認められるところ、これらの物品は、本件事故当時既に新品ではなく、それ自体としてはそれほど高価とはいえないことなど、本件記録に顕れた一切の事情を考慮すれば、前記物品に関する損害は、5 万 5000 円の限度で認めるのが相当である。」

裁判例❷は、サングラスにつき、同種のサングラスの新品価格は 1 万 2,000 円程度であることなどから、時価相当額の 2,000 円を損害と認めた。

裁 判 例 ❷	基本情報	①普通乗用自動車

東京地判平 30・10・9 自保 2038 号 92 頁

サングラス　2000 円

「〔1〕被告は、本件事故に遭った際、サングラスを着用しており、これが破損して、着用することができない状態となったこと、〔2〕同種のサングラスの新品価格は 1 万 2000（税抜）程度であることが認められる。

　上記の事実によれば、本件事故により、被告のサングラスが全損となり、被告にその時価相当額の損害が発生したことが認められる。そして、被告のサングラスの購入時期、購入価格等を具体的に認定し得る証拠はないが、上記の事実からすると、その時価相当額は 2000 円を下らないと認められる。」

　裁判例❸は、眼鏡（2 年ほど前に購入）につき、購入価格 1 万 5,000 円の 6 割である 9,000 円を損害と認めた。

裁 判 例 ❸	基本情報	①自転車

京都地判平 30・10・4 自保 2035 号 115 頁

眼鏡　9000 円

「これまでの事実と証拠及び弁論の全趣旨によれば、本件事故により、被告 B が本件事故時に着用していた眼鏡（本件事故の 2 年ほど前に購入）が損傷したことが認められ、その時価額としては、被告 B 主張の購入価格（下限）1 万 5,000 円の 6 割である 9,000 円と評価するのが相当である。」

　裁判例❹は、購入して間もない iPhone につき購入価格と同額を認め、その他の携行品につき、購入価格の 9 割相当額を損害と認めた。

裁判例 ❹	基本情報	①自動二輪車 （事故日：平成26年12月15日）

大阪地判平30・4・20自保2030号139頁

被服費用等　13万4280円

「証拠及び弁論の全趣旨によれば、本件事故により、以下の原告の携行品が損傷したこと、これらについては、それぞれおおよそ以下の時期に、おおよそ以下の価格で購入されたものであることが認められる。

〔1〕財布　平成25年11月　3万円

〔2〕ヘルメット　平成24年1月　1万2,800円

〔3〕弁当箱　平成25年6月　4,000円

〔4〕作業服　平成26年10月　4,000円

〔5〕ショルダーバッグ　平成26年1月　3,000円

〔6〕かっぱ　平成26年11月　3,000円

〔7〕上着　不明　1万2,000円

〔8〕iPhone　平成26年12月　7万2,360円

　これらの携行品の時価額は、本件事故と相当因果関係のある損害と認められる。

　その時価格については、上記〔8〕は、購入して間もない上、物の性質に照らし、使用による減価が比較的少ないと考えられることから、上記購入価格と同額の7万2,360円と認め、上記〔1〕から〔7〕までは、いずれも一般に広く中古市場が形成されている物ではなく、中古品の客観的交換価値を認定することは困難である一方、比較的使用期間が短いものが多いことから、上記購入価格の合計額6万8,800円の9割相当額である6万1,920円と認める。7万2,360円と6万1,920円合計額は、13万4,280円である。

　被告は、これらの携行品につき、購入年月に照らした減価償却を行うと12万9,208円となる旨主張し、証拠を提出して、その計算根拠を示している。証拠においては、上記〔1〕を除き、購入時期に応じて、6％、14％又は34％の減価をするというものであるが、これらの中古品について被告主張のとおりの評価をすることが相当であるといえる根拠は明らかでなく、上記認定及び判断を左右する

ものではない。

　原告は、被服費用等について減価償却を行うべきであるとの主張は、時機に後れた攻撃防御方法として却下されるべきである旨主張する。

　しかし、携行品の時価額をいくらと認めるかはすぐれて評価的な事項である。当該主張は、原告車が経済的全損であるとの主張と同様、平成30年1月16日に送付された控訴理由書において初めてされており、原告においては、その1ヶ月後である同年2月16日の当審第1回口頭弁論期日までにこの点について必要な反論は十分に可能であって、実際にも答弁書において反論をしている。したがって、被告の上記主張は、訴訟の完結を遅延させるものではなく、上記主張を時機に後れた攻撃防御方法として却下することはしない。」

　裁判例❺は、ヘルメット、充電器、クリップライト、アーミージャンパー、ズボンおよび USB ケーブルにつき、購入価格の合計額の3割を損害と認めた。

裁 判 例 ❺	基本情報	①普通自動二輪車③平成9年8月④16年9か月⑤平成25年5月10日時点で2万6800km（事故日：平成26年5月25日）

大阪地判平30・4・16自保2028号95頁

物品　8940円

「証拠及び弁論の全趣旨によれば、本件事故により、被告の所有するヘルメット、充電器、クリップライト、アーミージャンパー、ズボン及び USB ケーブルが損傷したと認められる（ドラムバッグについては被告の提出する写真を見ても、その傷は判然とせず、シャツについては、被告は、損傷したことを示す写真も提出していないから、これらの物品が本件事故により損傷したとは認められない。）。いずれの物品も、被告の主張する購入時期から本件事故までの間に相応の年数が経過していることを踏まえ、上記の損傷が認められる物品の購入価格の合計額である2万9,800円の3割に当たる8,940円をもって本件事故と相当因果関係のある損害と認める。」

裁判例❻は、ジャケット、ジーンズ、ヘルメットにつき、販売価格の75％を損害と認めた。

裁 判 例 ❻	基本情報	①大型自動二輪車②ハーレー・ダビットソン FLHTCU ③平成 22 年 3 月④ 6 年 1 か月⑤ 4 万 5332km

東京地判平 29・9・5 LEX/DB25539060

ジャケット等　10 万 0390 円

「証拠及び弁論の全趣旨によれば、本件事故により、原告が着用していたジャケット、ジーンズ、ヘルメットが損傷したこと、原告が、平成 27 年 12 月 16 日、上記ジャケット（販売価格 3 万 1500 円）を購入したこと、原告が、平成 28 年 3 月 12 日、上記ジーンズ（販売価格 6 万 0926 円）及び上記ヘルメット（販売価格 4 万 1429 円）を購入したことが認められる。

　上記の事情に加えて弁論の全趣旨によれば、上記のジャケット、ジーンズ、ヘルメットの損害は、次のとおり、上記販売価格の 75％（合計 10 万 0390 円）と認めるのが相当である。

（計算式）ジャケット　31,500 円× 0.75 ＝ 23,625 円
　　　　　ジーンズ　60,926 円× 0.75 ＝ 45,694 円
　　　　　ヘルメット　41,429 円× 0.75 ＝ 31,071 円」

裁判例❼は、iPhone 2 台につき、購入時期等から時価額を認定した。

裁 判 例 ❼	基本情報	①自転車

大阪地判平 29・9・1 自保 2010 号 122 頁

スマートフォン　4 万円

「証拠及び弁論の全趣旨によれば、本件事故により、被告のスマートフォン 2 台（iPhone5C 及び iPhone6）が損傷し、修理不能（iPhone5C は使用不能）となったこと、同スマートフォンを新品に交換するにはそれぞれ 3 万 4,344 円

（iPhone5C）及び 3 万 7,584 円（iPhone6）を要すること、被告は、実際には新品に交換することはせず、そのまま使用可能な 1 台（iPhone6）をその後も使用し、後に別機種に買い替えたこと、被告が同スマートフォンを購入した時期及び価格は、それぞれ平成 26 年 10 月、8 万 5,680 円（iPhone5C）、平成 27 年 6 月 20 日、9 万 5,760 円（iPhone6）であったことが認められる。

　以上の事実によれば、本件事故によりスマートフォンのうち 1 台（iPhone5C）は、物理的全損、もう 1 台（iPhone6）については経済的全損となったものと認められる。そして、それぞれの時価額は、必ずしも明らかではないが、その購入時期等からして、iPhone5C については 1 万円、iPhone6 については 3 万円をもって本件事故と相当因果関係のある損害と認める。」

裁判例❽は、靴につき、減価償却率を 3 割として損害を認めた。

裁判例 ❽	基本情報	①自転車

東京地判平 28・12・6LEX/DB25550103

デジタルカメラ修理費用、靴損害費用、リップクリーム損害費用　2 万 5024 円

「〔1〕本件事故により、原告所有のデジタルカメラが故障し、その修理費用が 1 万 1500 円であったこと、〔2〕本件事故により、原告が履いていた靴（税込金額 1 万 7640 円）が修理不能となったこと、〔3〕原告所有のリップクリーム（税込価格 1680 円）が使用できなくなったことが認められる。

　よって、原告が主張する物損のうち、デジタルカメラの修理費用 1 万 1500 円、靴の費用として、減価償却率を 3 割として、1 万 7640 円の 7 割に当たる 1 万 2348 円、原告所有のリップクリームの価格 1680 円の 7 割に当たる 1176 円の合計 2 万 5024 円を本件事故による損害として認める。」

裁判例❾は、パソコンにつき、8 万円（16 万 8,800 円で購入）、その他の携行品につき定価の約 1 割を損害と認めた。

裁 判 例 ❾	基本情報	①自動二輪車

東京地判平 27・12・22 LEX/DB25533022

物損　10万円

「証拠及び弁論の全趣旨によれば、本件事故により少なくとも原告のカバン、電子辞書、パソコン、デジタルカメラ、靴、ヘルメット、ヘルメットシールドが損傷したこと、パソコンは平成21年6月に16万8800円で購入したこと、カバン、電子辞書、デジタルカメラ、靴、ヘルメットの定価はそれぞれ1万4700円、4万5000円、5万3490円、2万9800円、6万3000円であること（カバン以下の合計は20万5990円。なお、ヘルメットシールドの定価は明らかでない。）が認められる。これらの事実に照らすと、パソコンについては8万円、その他の物品については購入時期が明らかでない点に鑑み定価の約1割である2万円をもって損害と認めるのが相当である。」

2　搭　載　品

裁判例❿は、ドライブレコーダーにつき2万円を損害と認めた。

裁 判 例 ❿	基本情報	①普通乗用自動車②スバル・ヴィヴィオビストロ③平成10年3月④12年10か月⑤12万6738km

神戸地判平 31・1・16 LEX/DB25562669

ドライブレコーダー　2万円

「本件事故当時、原告車にドライブレコーダーが装着されていたことは争いがないところ、証拠及び弁論の全趣旨によれば、上記ドライブレコーダーの本件事故当時の価格は2万円と認めるのが相当である。本件事故により、上記ドライブレコーダーが壊れたことから、上記金額を本件事故と相当因果関係のある損害と認める。」

> ※原告の主張「中古価格 3 万円で購入した富士通製ドライブレコーダー「エ
> クリプス DREC2000」が装着されていたが、本件事故により故障した。本
> 件事故当時の残存価格は 2 万円を上回るため、本件事故による原告の損害
> は同額を下回らない。」

　裁判例❶は、搭載品（ETC 装置、カーナビ装置、HID（ヘッドランプ）、セキュ
リティ装置、CD プレイヤー）につき、損害と認めなかった。

裁 判 例 ❶	基本情報	①普通乗用自動車

横浜地判平 30・5・18 自保 2030 号 88 頁

搭載品に関する損害額　否定

「証拠及び弁論の全趣旨によれば、反訴原告 A が本件事故により損傷したとす
る原告車の搭載品（ETC 装置、カーナビ装置、HID（ヘッドランプ）、セキュリ
ティ装置、CD プレイヤー）は、いずれも原告車の前方に後付けされたものと認
められるところ、本件事故は被告車が原告車の後部に追突したものであることか
らすると、車両の損傷状況からうかがわれる事故の衝撃の大きさを考慮しても、
本件事故により原告車の前方に搭載された上記各物品が損傷することが当然に想
定されるとはいえず、他方、上記各物品が損傷したことを示す証拠もないことか
らすると、本件事故によりこれらの物品が損傷したとの事実を認めることはでき
ない。

　また、仮に、本件事故により上記各物品が損傷したことが認められるとしても、
上記各物品のうち、HID（ヘッドランプ）は、車両の走行に不可欠な部品であり、
取付けにより車両の構成部分になったものというべきであるから、その損傷によ
る損害は、車両本体の時価額に係る損害に含まれるものというべきである。

　さらに、原告車の初度登録は本件事故発生の約 10 年前である平成 15 年 8 月
であること、上記物品のうち、ETC 装置は平成 16 年 11 月に、セキュリティ装
置は平成 15 年 10 月に取り付けられたものであること、カーナビ装置及び CD
プレイヤーはその取付時期が証拠上不明であるが、当該物品の性格上、原告車の

> 初度登録に近い時期に取り付けられたことが推認されることからすれば、これらの物品は、本件事故時までに少なくとも8年以上が経過しているものであり、既にその経済的価値は失われていたものと認めるのが相当である。」

3　写真代

　裁判例⓬は、損害賠償請求の準備のための写真代2,129円を損害と認めた。

裁 判 例 ⓬	基本 情報	①普通乗用自動車②メルセデス・ベンツ CLK320 カブリオレ④9年未満

神戸地判平 29・5・26 交民 50 巻 3 号 684 頁

写真代　2129 円
「証拠及び弁論の全趣旨によれば、写真代は、眼鏡、6曲屏風、行燈の芯、朱塗り盆、画材の写真の現像代であることが認められるところ、写真代合計2,129円は、損害賠償請求の準備に必要なものとして、本件事故との相当因果関係がある損害であると認めるのが相当である。」

4　検査費用

　裁判例⓭は、事故車の損傷部位の超音波探傷診断の検査費用2万1,600円を損害と認めた。

裁 判 例 ⓭	基本 情報	①普通乗用自動車②ランボルギーニ・ムルシエラゴ③平成 25 年 1 月④2 年 10 か月

大阪地判平 29・12・26 自保 2014 号 160 頁

検査費用　2万1600円
「1(2)本件事故により、原告車のフロントバンパー右前角部分には、10センチ

メートル四方に満たない範囲でひび状の本件損傷が生じた。また、原告車に被せられていたボディカバーも破損した。

　　原告が実施した超音波探傷診断によれば、本件損傷部位のうち 6 箇所の測定ポイントで探傷測定をしたところ、3 箇所に異常数値（本来の積層厚が 2.5 ミリメートル前後のところ、1.16 ミリメートル及び 1.02 ミリメートルであった箇所並びに本来の積層厚が 3 ミリメートル前後のところ、1.00 ミリメートルであった箇所）が検出され、層間剥離があることが確認された。

　　上記超音波探傷診断の検査に要した費用は、2 万 1,600 円である」。（略）

「原告が実施した本件損傷部位の超音波探傷診断（上記 1 ⑵）に要した費用 2 万 1,600 円は、原告が損害賠償請求をするために必要な調査費用であり、本件事故との相当因果関係を認めるのが相当である。」

5　物損に関連する慰謝料

　物損に対する慰謝料については原則として認められない。通常、財産上の損害のてん補により、精神上の損害も慰謝されたと見られるからである。例外として、特段の事情が認められる場合には、物損に関連する慰謝料が認められる場合がある。社会通念上相当と認められる主観的・精神的価値が認められ、甚大な精神的苦痛を伴う場合や、加害行為の態様（著しい反社会性、害意を伴う場合）を考慮して特段の事情を認める裁判例がある [3] 。

6　ペットの死傷による損害

　ペットは物とは同視できないという認識は社会に定着しているといえよう（動物の愛護及び管理に関する法律も参照）。ペットの死傷による精神的損害は、社会通念上、合理的な一般人が被る損害であるということができ、原則として

3）浅岡千香子「物損に関連する慰謝料」『赤い本〔2008 版〕下巻（講演録編）』41 頁以下参照。

慰謝料請求が認められるものと解される。

　平成 20 年名古屋高裁判決[4]はこの問題を扱った著名な裁判例であり、次のように述べる。「近時、犬などの愛玩動物は、飼い主との間の交流を通じて、家族の一員であるかのように、飼い主にとってかけがえのない存在になっていることが少なくないし、このような事態は、広く世上に知られているところでもある（公知の事実）。そして、そのような動物が不法行為により重い傷害を負ったことにより、死亡した場合に近い精神的苦痛を飼い主が受けたときには、飼い主のかかる精神的苦痛は、主観的な感情にとどまらず、社会通念上、合理的な一般人の被る精神的な損害であるということができ、また、このような場合には、財産的損害の賠償によっては慰謝されることのできない精神的苦痛があるものと見るべきであるから、財産的損害に対する損害賠償のほかに、慰謝料を請求することができるとするのが相当である。

　これを本件についてみるに、前示のとおり、子供のいない被控訴人らは、Ｆを我が子のように思って愛情を注いで飼育していたものであり、Ｆは、飼い主である被控訴人らとの交流を通じて、家族の一員であるかのように、被控訴人らにとってかけがえのない存在になっていたものと認められる。ところが、Ｆは、本件事故により後肢麻痺を負い、自力で排尿、排便ができず、日常的かつ頻繁に飼い主による圧迫排尿などの手当てを要する状態に陥ったほか、膀胱炎や褥創などの症状も生じているというのである（被控訴人ら各本人）。このようなＦの負傷の内容、程度、被控訴人らの介護の内容、程度等からすれば、被控訴人らは、Ｆが死亡した場合に近い精神的苦痛を受けているものといえるから、上記 2 の損害とは別に、慰謝料を請求することができるというべきである。

　そして、慰謝料の金額については、Ｆの負傷の内容、程度、被控訴人らの介護の内容、程度等その他本件に現れた一切の事情を総合すると、被控訴人らそれぞれにつき、20 万円ずつとするのが相当である。」

4）名古屋高判平 20・9・30 交民 41 巻 5 号 1186 頁。

IV 自動二輪車・原動機付自転車・自転車の損害

第1章　自動二輪車

1　修理可能な損害

　自動二輪車の場合も、四輪車の場合と同様に、修理が可能な場合は修理費が問題となる。評価損も問題となりうるが、四輪車と同様に一定の場合において限定的にのみ認められよう（なお、四輪車につきⅠ第1章2参照）。

(1)　修　理　費

　事故に遭った自動二輪車が修理可能な場合は、必要かつ相当な修理費が認められうる。これは、裁判例❷がいうように、事故と相当因果関係のある損害としての修理費用と言い換えることができる。

　修理費には、すでに修理をして現に要した代金、いまだ修理をしていないが修理見積代金の双方が含まれることは四輪車の場合と同様である（Ⅰ第1章1参照）。

　裁判例❶〜❹は、自動二輪車につき、修理費を認めたものである。

裁 判 例 ❶	基本情報	①普通自動二輪車

京都地判平 31・1・30 自保 2047 号 153 頁

修理費　16 万 0789 円
　「本件事故により原告 P2 所有の本件車両が損傷し、その修理に 16 万 0789 円を要するものと認められる。

　被告は、修理費用が本件事故により生じたかが不明であり、因果関係が認められないと主張するが、本件事故時に本件車両は転倒滑走していること、本件事故から 1 箇月以内と近接した時期に修理見積りがなされ、その費用も特段高額で

あるとはいえないことに照らすと、被告の主張は採用できない。」

裁 判 例 ❷	基本情報	①自動二輪車

大阪高判平 30・4・20 自保 2030 号 139 頁

修理費　15 万 5000 円

「原告車は本件事故により損傷したこと、その修理費用は 24 万 0,870 円と見積もられたことが認められる。

　他方、証拠によれば、原告車の時価額は 15 万 5,000 円と認められ、修理費用の見積額を上回るものではないから、本件事故と相当因果関係のある損害としての修理費用は 15 万 5,000 円の範囲で認められる。

　原告は、仮に原告車の時価額が被告主張のとおりであったとしても、車両の本体価格に加え、消費税、納車費用等の買換え諸費用の額が不明であるから、経済的全損かどうかは不明であるところ、原告車が全損であるとの主張は、時機に後れた攻撃防御方法として却下されるべきである旨主張する。

　しかし、原告車が経済的全損であるとの被告の主張は、平成 30 年 1 月 16 日に原告に送付された控訴理由書において初めてされたものであること、当審における第 1 回口頭弁論期日は、その 1 ヶ月後である同年 2 月 16 日に指定されていたことは記録上明らかである。買換え諸費用の額は、一般に比較的容易に主張立証が可能であるといえるから、原告としては、当審第 1 回口頭弁論期日までにこの点の主張立証をすることは可能であったというべきである。したがって、被告の上記主張は、訴訟の完結を遅延させるものではなく、上記主張を時機に後れた攻撃防御方法として却下することはしない。」

裁判例 ❸	基本情報	①大型自動二輪車②BMW車・総排気量 1.16L

東京地判平 30・7・19LEX/DB25554392

修理費　5万9313円

「証拠及び弁論の全趣旨によれば、本件事故による被控訴人車の損傷を修理するには5万9313円を要すると認められる。

　控訴人は、被控訴人車の損傷は見た目ではほとんど分からない軽微な擦過痕であり、塗装修理等で足りる旨主張するが、これを裏付けるに足りる的確な証拠はなく、BMW正規ディーラー作成の概算見積書の修理内容が明らかに不合理とは認められず、控訴人の上記主張は採用することができない。」

裁判例 ❹	基本情報	①自家用大型自動二輪車②ハーレー・ダビッドソン（1946 年式）

東京地判平 29・2・1LEX/DB25551999

修理費　93万7280円

「本件事故により、原告車には以下の各項の損傷が生じ、各項記載の修理に伴う、各項記載の修理費用に相当する損害が生じたことが認められる。

ア　スプリンガーフォークの歪み　歪みの修正等　14万3600円（消費税込み）

イ　ミッションカウンターシャフトの折れ　交換　12万3000円（消費税込み）

ウ　フロントフェンダーの塗装剥離　板金塗装　3万7500円

エ　ハンドルの歪み　歪みの修正　3万5000円

オ　座席シートのまくれ　修理及びシートなどの脱着　9万円

カ　サイドステップボード及びリアブレーキの損傷　修理及びブレーキ調整　5万8500円

キ　リアフレームの歪み　歪み修正のための着脱　25万円

　リアフレームの脱着費用は1回分を計上すれば足りると認められる（原告本

人）。

ク　ウ〜キの消費税　3万7680円

ケ　リアフレームの歪み　歪みの修理　16万2000円（消費税込み）

コ　合計額　93万7280円

　なお、被告は、本件事故による原告車のリアフレームの損傷の発生を否認する。しかしながら、原告車のリアフレームは、左側へわずかに湾曲していることが認められ、これは、リアフレームの後輪取付部に右側から外力がかかったことにより発生したものと解されるところ、本件事故により、原告車のスプリンガーフォークに歪みが生じ、原告車右側のミッションカウンターシャフトが折れるなどしており、本件事故による原告車の横転により、原告車の右側から、相当程度の外力がかかったことが認められること、当該リアフレームの後輪取付部付近と認められる車軸の右側ボルト及びその周辺には、本件事故によるものと推測される真新しい損傷が認められること、原告車のリアフレームの歪みは僅少なものにとどまっており、車両の衝突実験などで認める程度の外力を必要とするものともいえないこと等を勘案すると、本件事故により原告車のリアフレームに歪みが生じたものと認めるのが相当である。

　被告は、リアフレームの損傷が本件事故により生じたものでないと主張し、これに沿う旨の報告書も存在するが、各報告書は、原告車の後輪車軸のボルトやその付近に損傷のあることや、原告車のリアフレームの歪みが僅少であること等を具体的に検討せずに判断しているものと窺われるから、各証拠をもって直ちに被告らの主張を採用することは困難である。

(2)　原告は、原告車に生じた上記損傷のうちフレームの損傷に係る修理は、海外において行う必要がある旨主張するが、これを認めるに足る証拠はない。

(3)　そうすると、原告には、本件事故により、原告車の修理費相当額である93万7280円の損害が発生したと認めるのが相当である。」

2　修理不能な損害

　四輪車の場合と同様に、自動二輪車が修理不能と認められる場合には、事故時の時価額の限度で損害が認められる。全損には、物理的全損と、経済的全損の場合とがある（I第3章1・2参照）。

(1)　物理的全損

　裁判例❺〜❽は、自動二輪車が物理的全損となり修理不能な場合について、証拠および弁論の全趣旨から時価額の損害を認めた裁判例である（なお、裁判例❺は、車両の時価額と事故現場の移動費用を合わせた損害額を認定している）。

裁 判 例 ❺	基本情報	①大型自動二輪車②ヤマハ・XJR1200③平成 10 年 5 月④15 年 1 か月

東京地判平 30・5・15 自保 2026 号 123 頁

時価額　30 万円

「原告車は本件事故により全損となり、原告は平成 26 年 11 月 30 日に 51 万0950 円を支払って代替車両を購入したことが認められる。

　本件事故当時の原告車の時価及び原告車の事故現場からの移動に要した費用を具体的に認定し得る的確な証拠はないが、上記の代替車両購入費用も参照すると、本件事故により原告車が損傷したことによる車両損害（同等車両の再調達費用、事故現場からの移動費用）の額は、30 万円を下ることはないと推認される。」

裁 判 例 ❻	基本情報	①普通自動二輪車③平成 9 年 8 月④ 16 年 9 か月⑤平成 25 年 5 月 10 日の時点で 2 万 6800km（事故日：平成 26 年 5 月 25 日）

大阪地判平 30・4・16 自保 2028 号 95 頁

時価額　28 万円

「原告車は、初度登録が平成 9 年 8 月であり、本件事故により損傷し、全損に至ったこと、原告車の本件事故当時の走行距離は、不明であるが、少なくとも平成 25 年 5 月 10 日の時点で 2 万 6,800 キロメートルであったことが認められる。そして、原告車と同型で、初度登録が平成 8 年ないし平成 10 年の車両の、平成 29 年における中古車販売価格からすると、原告車の本件事故時の時価は28 万円と認めるのが相当である。

　被告は、これに対し、原告の提出する中古車販売価格は、マフラー等がカスタムされたことにより高額になっているものが大半であると主張するが、証拠からは、そのような事実は認められないから、被告の上記主張は、前記認定を左右するものとはいえない。」

裁 判 例 ❼	基本 情報	①普通自動二輪車②イタリア製（20年以上前に生産が終了している希少価値の高い車種であり、その中でもノンレストア車両と呼ばれる特に価値の高い車両）⑤1万8894km

大阪地判平 30・4・16 自保 2028 号 95 頁

時価額　20 万円

「被告車は、本件事故により損傷し、全損に至ったことが認められる。また、証拠及び弁論の全趣旨によれば、被告車は、年式不明であり、本件事故時の走行距離は 1 万 8,894 キロメートルであったこと、被告は、平成 22 年 5 月に 25 万 2,300 円で被告車を購入したことが認められる。被告が提出する中古車販売価格情報に含まれる車両は、いずれも被告車と同型車で、走行距離が約 1 万 5,000 キロメートルないし約 1 万 8,000 キロメートルと、被告車と比較的近い車両であり、その価格は約 25 万円から 35 万円となっているが、これらの車両は、中古車として販売するに当たって、一定の整備や調整等がされた上で価格が設定されたものと考えられ、原告車がこれらと車種や走行距離の点で近いとはいっても、購入してから本件事故があった平成 26 年 5 月 25 日まで約 4 年が経過していたことからすると、購入価格である 25 万 2,300 円がそのまま被告車の時価であったとは認められないというべきであり、購入時からの一定の状態の悪化を考慮すると、被告車の時価は 20 万円程度と認めるのが相当であり、同額をもって本件事故と相当因果関係のある損害と認める。

　なお、被告は、被告車は、年数が経過するほど価値が高まるから、購入時から価格は低下しないと主張するが、被告車がそのような車両であると認めるに足りる証拠はなく、被告の主張は採用することができない。」

裁 判 例 ❽	基本情報	①普通自動二輪車②ヤマハ・マジェスティ 250（平成 12 年式）

東京地判平 28・12・16 自保 19932 号 91 頁

時価額　57 万 1910 円

「証拠及び弁論の全趣旨を総合すれば、原告は、本件事故が発生する約 1 ヶ月前の平成 24 年 9 月 18 日、原告車（2000 年（平成 12 年）式のヤマハマジェスティ 250）を 57 万 1,910 円で購入し、同年 10 月 8 日頃、原告車を受け取ったが、同月 16 日に発生した本件事故により原告車は全損状態になったことが認められ、この事実によれば、原告の車両損害は原告が主張する金額と認めるのが相当である。」

(2)　経済的全損

　　裁判例❾〜⓭は、自動二輪車が経済的全損となり、修理不能な場合について、時価額の損害を認めたものである。

　　裁判例⓭は、改造費につき、事故の 10 年ほど前から順次取り付けられており、上記耐用年数を超えて使用されていること等を考慮し改造部品の総額からフレーム代およびエンジン代を控除した残額に直近の改造費を加算した金額の 2 割程度を認めている（改造費につき I 第 1 章参照）。

　　裁判例⓯は被害車両の売却に伴う買替差額の損害を認めている（買替差額につき、I 第 4 章参照）。

裁 判 例 ❾	基本情報	①普通自動二輪車

横浜地判平 30・10・23 自保 2036 号 1 頁

時価額　40 万円

「本件事故によって原告が受けた車両損害としては、証拠及び弁論の全趣旨によ

り、原告車両の本件事故当時の車両価格をおおむね 40 万円と認め、原告車両の修理費を 53 万 9,215 円と認めた上で、いわゆる経済的全損に当たるものとして、40 万円を認めるのが相当である。

　これに対し、被告は、原告車両の本件事故当時の車両価格が 32 万 8,000 円である旨を主張するが、この金額は保険会社の判断によるものであって、中古市場における再調達価格を忠実に反映したものであるかどうかが明らかではないことから、被告の上記主張は直ちには採用し難いというべきである。」

裁 判 例 ❿	基本情報	①大型自動二輪車③平成 16 年④約 13 年⑤ 5273km

東京地判平 30・8・28LEX/DB25555488

修理費　28 万 9295 円

「前提事実のとおり、本件事故による A 車両の修理代は 28 万 9295 円であるところ、控訴人 B は、A 車両の車両時価額は 8 万 7150 円であり、経済的全損であるから、控訴人 A の損害額は同額に限られると主張する。

　しかしながら、証拠及び弁論の全趣旨によれば、A 車両と同一の車種・年式・型、同程度の使用状態・走行距離等の車両を中古車市場において取得するに要する価額（再調達価格）は少なくとも上記修理代を上回ることが認められるから、控訴人 B の上記主張は採用できない。」

裁 判 例 ⓫	基本情報	①普通自動二輪車

東京地判平 30・8・14 自保 2033 号 17 頁

時価額　7 万 1700 円

「原告らは、車両時価額について 11 万円である旨主張してインターネットに掲載された価格資料の写しを提出するが、被告が提出した各資料によれば、被告が

主張する時価額がより原告車の当時の原告車の経済的価値を示しており、同主張を超えた車両時価額を認定することはできない。

　そうすると、原告車の時価額は当事者間に争いのない損害額である上記金額を超えるものではないと認められ、証拠により認められる原告車の修理費用見積額（17万1,717円）は同金額を超えるため、本件車両損害は上記金額が相当というべきである。」

裁　判　例 ❷	基本情報	①普通自動二輪車
東京地判平30・7・17自保2031号89頁		

時価額　18万3000円

「本件事故により原告二輪車が損壊し、その修理費用は24万7170円であるが、原告二輪車の時価額は18万3000円であり、修理費用が時価額を上回っているから、車両損害は、いわゆる経済的全損として時価額相当の18万3000円と認めるのが相当である。」

裁　判　例 ❸	基本情報	①大型自動二輪車②スズキ・カタナ③昭和62年④約28年
東京地判平29・10・24自保2013号161頁		

時価額　161万8743円

「本件事故による原告車の修理費用は357万9250円であること、〔2〕原告車は、初度登録が昭和62年の「スズキ　カタナ」という車種であり、平均97万9000円で販売されていること、〔3〕原告が、改造のために原告車に取り付けた部品は、別紙2のとおりであり、その総額は278万2757円であること、〔4〕原告車に取り付けられた部品のうちフレームの価格は18万3000円であり、エンジンの価格は13万0999円であること、〔5〕原告車に取り付けられた部品は

平成 18 年（2006 年）頃から順次購入され、取り付けられたものであること、〔6〕原告は、本件事故前の平成 26 年 2 月ないし 3 月頃、原告車の改造のための費用として合計 72 万 9957 円を支出したことが認められる。

　原告車は自動二輪車であり耐用年数は 3 年であるところ、原告車に取り付けられた部品は本件事故の 10 年ほど前から順次取り付けられており、上記耐用年数を超えて使用されていることを考慮すると、本件事故に近い時期である平成 26 年頃にも改造が行われていることを考慮しても、原告車の改造費については、改造部品の総額 278 万 2757 円からフレーム代 18 万 3000 円及びエンジン代 13 万 0999 円を控除した残額 246 万 8758 円に直近の改造費 72 万 9957 円を加算した 319 万 8715 円の 2 割程度とみるのが相当である。　よって、原告車の時価については、ベース車両価格の 97 万 9000 円に 319 万 8715 円の 2 割に当たる 63 万 9743 円を加算した 161 万 8743 円を原告車の時価とする。」

裁 判 例 ⓮	基本情報	①普通自動二輪車

名古屋地判平 29・7・14 自保 2006 号 95 頁

時価額　33 万 2000 円

「証拠によれば、原告二輪車の修理費用は、41 万 6270 円程度と見込まれること、インターネット（GooBike）で、原告二輪車の同種・同型車を平成 16 年より年式の古い車に限定して検索したところ 19 件が該当し、その平均値が 33 万 1863 円であったことが認められ、原告二輪車は、修理費用が時価額を上回る経済的全損として、時価額を損害額と認めるのが相当である。そして、前記平均値は、原告二輪車より古い年式の車両を含めて平均であるから、少なくとも 33 万 2000 円は、原告二輪車の時価相当額として、本件事故と相当因果関係のある損害と認められる。」

裁判例 ⓯	基本情報	①大型自動二輪車②ハーレー・ダビットソン FLHTCU ③平成 22 年 3 月④ 6 年 1 か月⑤ 4 万 5332km

東京地判平 29・9・5LEX/DB25539060

時価額　182 万 1000 円

「原告車は、本件事故当時、原告が所有しており、車種がハーレーダビットソン（FLHTCU）、年式が平成 22 年（初度登録が同年 3 月）、走行距離が平成 28 年 4 月 14 日の時点で 4 万 5332km であること、原告車と同車種、同年式の車両の小売価格が、平成 26 年のレッドブックには 200 万 5000 円、平成 27 年のレッドブックには 191 万 5000 円（いずれも消費税を含まない。）と掲載されていること、A 損害調査会社が、原告車の車種、年式、レッドブックの上記掲載内容等を考慮して、原告車の時価額が 182 万 5000 円（消費税を含まない。消費税 8％を加算すると 197 万 1000 円）と算定したこと、インターネットの中古車市場において、平成 28 年 5 月 14 日（本件事故の翌月）の時点で、原告車と車種、年式が同じで、走行距離が 4 万 3600km の車両が本体価格 199 万 8000 円（消費税を含む。消費税を含まないと 185 万円）で販売されていたことが認められる。

　以上の事情に鑑みると、原告車の時価額（消費税を含まない。）は、182 万 5000 円と認めるのが相当である。そして、同程度の車両を購入した場合には、消費税が加算されることを考慮すると、上記時価額に消費税（8％）分 14 万 6000 円を加算した 197 万 1000 円を相当因果関係のある損害と認めるのが相当である。

　（イ）証拠によれば、原告が本件事故後に原告車を 15 万円で売却したことが認められる。

　したがって、本件事故による原告車の損害は、上記 197 万 1000 円から上記売却代金 155 万円を差し引いた 182 万 1000 円と認められる。」

裁判例 **⑯**	基本 情報	①大型自動二輪車⑤平成 25 年 6 月 3 日時点で 8283km（事 故日：平成 25 年 10 月 18 日）

名古屋地判平 28・11・30 自保 1992 号 113 頁

時価額　72 万 1550 円

「証拠によれば、原告車両の修理費用の概算見積額は、111 万 2,345 円であっ
たこと、原告は、原告車両を廃車にし、車両廃車代として 3 万 6,750 円を支出
したこと、原告車両は、平成 25 年 6 月 3 日時点、走行距離が 8,283 キロメー
トルであったこと、原告車両と同車種、同程度の年式、走行距離の中古車の平均
価格（平成 28 年 5 月時点）は 64 万 1,900 円であり、購入する際の登録費用等
の諸費用は、車検が残っている中古車の場合で平均 4 万 2,900 円であったこと
が認められる。以上によれば、原告車両は、経済的に修理不能と認め、72 万
1,550 円（車両廃車代 3 万 6,750 円、平均価格 64 万 1,900 円、平均諸費用 4
万 2,900 円の合計）は、本件事故と相当因果関係のある損害と認められる。」

裁判例 **⑰**	基本 情報	①普通自動二輪車②ホンダ・CB 400 SUPER FOUR ③平成 23 年 8 月④ 2 年⑤ 3993km

横浜地判平 28・3・31 自保 1977 号 136 頁

時価額 34 万 5850 円

「㋐証拠によれば、原告バイクは、平成 23 年 8 月初度登録の車両であり、走行
距離は平成 25 年 8 月 14 日時点で 3,993 キロメートルであったところ、レッド
ブックによれば、原告バイクと同一型式・年式の中古車の本件事故時の小売価格
は、48 万円であることが認められる。したがって、原告車の本件事故時の時価
額は 48 万円と認めるのが相当である。

　証拠によれば、買替諸費用として、登録手数料 2 万 1,000 円、納車点検料 1
万 5,750 円、重量税等 5,100 円が認められる。

　さらに、上記時価額の消費税相当分として、2 万 4,000 円（本件事故当時の

消費税率は5％である。）が買替諸費用として認められる。

　したがって、買替諸費用は、合計6万5,850円となる。

　以上から、原告バイクは、修理費用83万2,270円が、原告バイクの時価額と買替諸費用の合計54万5,850円を上回る経済的全損となる。

　原告バイクの時価額と買替諸費用の合計額から原告バイクの売却代金20万円を控除した34万5,850円が、本件事故と相当因果関係の認められる損害というべきである。

㈠これに対し、原告は、原告バイクは、改造してあり、しかも人気の黒色であり、既に生産が中止されているものであるため、買い替えることができないものであるから、修理費用83万2,270円を損害とするべきであるなどと主張するが、上記時価額を上回る客観的価値を有する事情は認められない。

　また、原告は、原告バイクの本件事故時の時価額は少なくとも55万円であると主張して、50万円台から60万円台で売り出されている原告バイクと同程度の中古車の広告を提出する。

　しかし、原告バイクと同程度のバイクが45万5,000円で売り出されている広告もあり、50万円以上の価格が中古車市場の平均価格であると認めることはできない。

㈢以上から、原告バイクの車両損害は、34万5,850円であることが認められる。」

裁判例 ⓲	基本情報	①大型自動二輪車②スズキ・GSX1400 ⑤2万1300km

東京地判平27・12・21 自保1968号90頁

時価額　60万円

「本件事故により原告バイクには左マフラー擦過、左クラッチレバー切損、左エンジン擦過等の損傷が生じ、その修理費用は76万5135円と認められる（なお、被告らは、フレームとショックアブソーバーには損傷がなく、同部分の交換費用を修理費用から除外すべきであると主張するが、証拠によれば同部分に損傷が認

められる。）。

　しかし、証拠及び弁論の全趣旨によれば、原告バイクは平成 14 年式のスズキ GSX1400 で、平成 24 年 6 月 18 日当時の走行距離が 2 万 1300km であったところ、スズキ GSX1400 の販売希望価格は、車検なし及び装備付きのものを除けば、平成 14 年式で、走行距離 1 万 6084km のもの（車検あり）が 62 万 6400 円、走行距離不明のもの（車検あり）が 59 万 8000 円、走行距離 1 万 9668km のもの（車検あり）が 54 万 8000 円であることが認められることから、原告バイクの時価は、これらの平均である約 60 万円と認めるのが相当である。

　したがって、原告バイクは経済的全損であるから、本件事故による車両損害は 60 万円と認められる。」

3　その他の損害

　自動二輪車の場合においても、四輪車の場合と同様に、事故車両の引き揚げ、引取り、保管などの費用、事故証明交付手数料、廃車・車両処分の費用などの雑費も損害として認められる。積荷（積載貨物）、携帯品などの損害等も同様に損害として認められる。

　次の裁判例❶❾は自動二輪車のレッカー代および保管費用を認めたものである。

裁 判 例 ❶❾	基本情報	①普通自動二輪車

東京地判平 29・9・4LEX/DB25539059

レッカー代および保管費用　13 万 7160 円

「本件事故によって原告二輪車が損壊していることからすれば、損壊した原告二輪車を牽引するためのレッカー費用 3 万 4000 円が生じたと認められるところ、かかるレッカー費用は本件事故と相当因果関係のある損害と認める。

　また、I オートセンター作成の見積書によれば、原告二輪車の保管費用として

9万3000円（月3000円の31月分）が発生していることが認められる。かかる保管費用は、関東自動車共済において原告二輪車の修理について交渉した結果として発生した費用であることがうかがわれることも考慮し、本件事故と相当因果関係のある損害と認めるのが相当である。

　したがって、レッカー代及び保管費用の合計12万7000円に消費税分1万0160円も含めた13万7160円を本件事故と相当因果関係ある損害と認める。」

第 2 章　原動機付自転車

　原動機付自転車においても修理費が問題となる。修理費の認定については四輪車等と同様に考えることができる。

1　修理可能な損害

　裁判例❶は、原動機付自転車につき、修理費を認めたものである。

裁 判 例 ❶	基本情報	①原動機付自転車
東京地判平 30・10・10LEX/DB25566382		

修理費　27万0718円
「証拠によれば、本件事故により被告車に生じた損傷の修理に要する費用は27万0718円であることを認めることができる。

　この点、被告らは、被告車の修理費用は車両時価額を上回るから、経済的全損であり、物的損害の上限は車両時価額となる旨主張するが、本件全証拠によっても、本件事故時の被告車の車両時価額が幾らかを認めるには足りないから、経済的全損とまでは認められない。」

2　修理不能な損害

　四輪車の場合と同様に、原動機付自転車が修理不能と認められる場合には、事故時の時価額の限度で損害が認められる。裁判例❷は、原動機付自転車が経済的全損となった場合について、時価額の損害を認めたものである。

裁 判 例 ❷	基本 情報	①原動機付自転車

東京地判平 28・12・9 LEX/DB25550107

時価額　1 万円

「本件事故による原告車の修理費は 7 万 2870 円であること、原告車は平成 10 年 3 月製であること、原告は同年 4 月に原告車を代金 25 万円で購入したことが認められ、これらの事情を総合考慮すると原告車の車両時価額は 1 万円とするのが相当であるところ、原告車の修理費が事故当時の原告車の車両時価額を上回っており経済的全損となるから、原告車に係る損害は上記 1 万円の限度で認められる。」

3　代 車 料

　原動機付自転車においても、四輪車等と同様に、代車料が認められうる。裁判例❸はこれを認めた事例である。

裁 判 例 ❸	基本 情報	①原動機付自転車②ホンダ・ジョルノ

京都地判平 29・2・15 自保 1997 号 157 頁

代車料　1 万 8000 円

「ア　証拠及び弁論の全証拠によれば、原告会社は、平成 25 年 6 月 11 日以降、原告車の代車として原動機付自転車を月額 1 万 2,000 円で借りていることが認められるところ、本件事故と因果関係のある代車期間は、原告車が経済的全損と判明し、買替を完了するまでの期間に限るべきである。本件においては、当事者間における本件事故態様及び過失割合に関する争いが深刻であることや訴訟に至る経緯等を考慮し、買替を完了するまでに要する期間として 1 ヶ月半をみるのが相当である。

　したがって、本件事故と因果関係のある代車費用は、以下の計算式のとおり、

　1 万 8,000 円を認めるのが相当である。

　（計算式）1 万 2,000 × 1.5」

第3章	自　転　車

1　修理可能な損害

　事故に遭った自転車が修理可能である場合は修理費が問題となる。

　次の裁判例❶・❷は、修理費を認めたものである。裁判例❷は、特殊な状況のもと、高額の修理費を認めている。

裁 判 例 ❶	基本情報	①自転車
東京地判平 30・5・23LEX/DB25553565		

修理費　5770 円

　「証拠によれば、本件事故により、反訴原告車の右ハンドル先端部及び右ペダル先端部に擦過痕が生じ、反訴原告が修理費用として 1 万 9236 円を支出したことが認められるが、上記損傷の程度や反訴原告車につき購入後一定期間が経過していると考えられることなどを考慮し、上記修理費用の 3 割の限度で損害として認める。」

裁 判 例 ❷	基本情報	①自転車
名古屋地判平 29・9・8 自保 2009 号 134 頁		

修理費　95 万 1548 円

　「証拠によれば、原告自転車のフレームは、原告がプロの自転車競技選手をしていた平成 13 年に、f 国の g 社が、レース用に特別に製作したもので、1 時間の

レースに 1 度使用した後は、使用せずに家で保管していたものであり、原告は、その他のパーツ（新品又は中古品）を集めて原告自転車を組み立て、本件事故の 1 週間前に完成したもので、その再調達価額は 106 万 7,457 円と認められる。そして、上記事情からすると、同額から減価償却して時価を算定するのは相当ではないというべきである。

　したがって、修理費である 95 万 1,548 円をもって損害と認める。」

2　修理不能な損害

　自転車についても、物理的全損、経済的全損となり修理不能な場合に時価額の損害が認められうる。

　次の裁判例❸～❿は時価額の損害を認めたものである。

　裁判例❸は修理費の具体的な立証がないことから時価額の損害を認めた。

裁 判 例 ❸	基本情報	①自転車

大阪地判平 30・10・30 自保 2036 号 117 頁

時価額　1 万円

「原告自転車は、2 万 3,607 円で購入された、防犯登録平成 24 年 5 月 5 日（本件事故時で約 2 年経過）の自転車である。なお、現行の同モデルを購入すると、2 万 5,980 円となる。

　原告自転車は、グリップ部分が損傷しているほか、サドル等が歪むなどの損傷を受けているが、その修理費用については具体的な立証がない。

　以上の点からすれば、原告の自転車の損傷に対する損害としては、時価を 1 万円として、その限度で立証があるというべきである。」

　裁判例❹は、自転車専門店において、修理をしても安全性を保証できないとされたことから物理的全損と認めた。

裁 判 例 ❹	基本情報	①自転車

東京地判平 30・10・9 自保 2038 号 92 頁

時価額　4 万円

「〔1〕被告は、平成 24 年 8 月 9 日頃に被告車を購入し、その後、定期的に自転車安全整備士による点検を受けて、TS マーク（1 年間補償の保険適用の証票）の更新を受けてきたこと、〔2〕被告車のメーカー希望小売価格（新品当時。後部座席を除く。）は 13 万 7000 円であったこと、〔3〕本件事故により、被告車には、擦過痕のみならず、ハンドルやフレームの曲損が生じ、被告は、本件事故後、それまで点検を受けてきた自転車専門店において、修理をしても安全性を保証できないとの説明を受け、代金 13 万 0096 円（税込）で新車を購入したこと、〔4〕インターネットで検索すると、被告車と同種の中古自転車が 4 万円以上の額で売りに出されていることが認められる。

上記の事実によれば、被告車は本件事故により全損となり、その時価相当額の損害が発生しており、その時価相当額は 4 万円を下らないと認められる。」

裁 判 例 ❺	基本情報	①自転車

京都地判平 30・10・4 自保 2035 号 115 頁

時価額　7500 円

「これまでの事実と証拠及び弁論の全趣旨によれば、本件事故により、被告車（本件事故の 2 年ほど前に購入）が損傷したことが認められ、その時価額としては、被告 B 主張の購入価格 1 万 5,000 円の 2 分の 1 である 7,500 円と評価するのが相当である。」

　裁判例❻は、フレーム部分のひずみから修理困難として、時価額の損害を認

めた。

裁 判 例 ❻	基本情報	①自転車

名古屋地判平 30・7・30 自保 2032 号 86 頁

時価額　3万 5000 円

「原告 A は、本件事故の約 5 年前に原告自転車（付属品込み）を約 7 万円で購入したこと、本件事故後、原告自転車はフレーム部分にひずみが発生しており、修理が困難であったことが認められる。　よって、本件事故当時の原告自転車の時価額につき、3 万 5,000 円と認めるのが相当であり、同額を本件事故との間に相当因果関係のある損害と認める。」

　裁判例❼は最大で約 6 年間使用された自転車（ロードバイク）につき、販売価額の 6 割の損害を認めた。

裁 判 例 ❼	基本情報	①自転車（マウンテンバイク）②トレック・ロードバイク MAMBA2011 年製

東京地判平 30・1・16LEX/DB25551590

時価額　6万 2370 円

「証拠及び弁論の全趣旨によれば、本件自転車は、「ロードバイク・MAMBA・2011 年モデル・TREK 製」であり、発売当時の販売価格が 10 万 3950 円であること、控訴人は本件自転車を平成 28 年 5 月頃に譲り受け、その後、日常的に使用していたこと、本件自転車が本件事故により損傷し修理困難な状態になったことが認められる。

　上記に加え、本件自転車の購入時期は明らかでないものの、本件事故時までに最大で約 6 年間使用されていたことになることを踏まえれば、本件自転車の車両価格（時価額）は、発売当時の販売価格の 6 割である 6 万 2370 円であると認めるのが相当であり、その限度で車両損害を認める。

　これに対し、控訴人は、平成 29 年 4 月時点において、本件自転車と同種の自転車が本体価格及びカスタマイズ価格の合計 28 万 9000 円で販売されていた旨主張するが、本件自転車と上記自転車が、カスタマイズの内容を含めて同種同等品であると認めるに足りる証拠はないし、他に本件自転車の車両価格（時価額）が上記認定の 6 万 2370 円を超えると認めるに足りる証拠はない。したがって、控訴人の上記主張は採用できない。」

　裁判例❽は、自転車の法定耐用年数が 2 年とされていることも踏まえ、新しい自転車の購入価格の 3 分の 1 程度の損害額を認めた。

裁判例 ❽	基本 情報	①自転車
大阪地判平 29・9・1 自保 2010 号 122 頁		

時価額　1 万円

「証拠及び弁論の全趣旨によれば、本件事故により被告車は前輪が曲損する等して走行不能となったこと、そのため、被告は、被告車とほぼ同等の新しい自転車を購入し、同代金として 2 万 9,396 円を支払ったこと、被告が被告車を購入したのは、少なくとも本件事故の数年前であったことが認められる。

　以上によれば、被告車は、本件事故により少なくとも経済的全損となったものと認められ、自転車の法定耐用年数が 2 年とされていること（公知の事実）も踏まえ、被告車の経済的全損による損害額としては、新しい自転車の購入価格の 3 分の 1 程度である 1 万円をもって相当と認める。」

裁判例 ❾	基本 情報	①自転車
東京地判平 28・3・22LEX/DB25535080		

時価額　9000 円

「証拠によれば、本件事故による被控訴人自転車の修理費は 1 万 5750 円と認められる。

　しかし、証拠によれば、被控訴人は被控訴人自転車をいつ購入したか覚えておらず、被控訴人自転車は新しくなかったこと、被控訴人は本件事故後、被控訴人自転車と同程度の自転車（新車）を 1 万 8205 円で購入したことが認められ、この事実に照らせば、被控訴人自転車の本件事故当時の価格は、同程度の自転車（新車）購入費用の約 5 割である 9000 円と認めるのが相当である。

　よって、被控訴人自転車の車両損害は 9000 円となる。」

裁 判 例 ❿	基本情報	①自転車

大阪地判平 28・2・18 自保 1974 号 150 頁

時価額　4590 円

「証拠及び弁論の全趣旨によれば、〔1〕被告は、平成 23 年 3 月に 1 万 8,360 円で被告自転車を購入したこと、〔2〕本件事故により、同自転車の前輪、泥除け及び前かご等が損傷し、その修理費用は 1 万 7,150 円であることが認められる。

　そして、上記被告自転車の購入時期・価格、本件事故による損傷状況及び修理費用に鑑みると、被告自転車の修理代金は本件事故当時の被告自転車の時価額を上回っており、被告自転車はいわゆる経済的全損になったと評価することができる。

　そして、被告自転車の購入時期から本件事故（平成 24 年 11 月）までの経過期間等に鑑み、同自転車の時価額として購入価格の 4 分の 1 を認めるのが相当である。

（計算式）1 万 8,360 円× 25％＝ 4,590 円」

裁判例一覧表

■裁判例一覧表 1 ■車両損害：修理可能な損害──修理費

	裁　判　例	車両種類	車　名 （国産・外国車別）
❶	東京地判平 30・8・30 LEX/DB25555492	普通貨物自動車	ニッサン・1500CC ライトバン
❷	東京地判平 30・5・15 交民 51 巻 3 号 571 頁	普通乗用自動車	スバル・インプレッサ・スポーツ
❸	さいたま地判平 29・10・23 交民 50 巻 5 号 1339 頁	大型貨物自動車	ニッサン・UD トラック
❹	名古屋地判平 29・9・8 交民 50 巻 5 号 1148 頁	事業用大型貨物 自動車	
❺	横浜地判平 29・6・9 自保 2006 号 107 頁	普通貨物自動車	マツダ・スクラム 5 ドアバン PC
❻	東京地判平 29・1・16 LEX/DB25538694	普通乗用自動車	ボルボ・V90
❼	東京地判平 28・11・21 LEX/DB25538337	大型貨物自動車	いすゞ・KC － CXZ82K2D
❽	横浜地判平 28・9・14 交民 49 巻 5 号 1137 頁	普通貨物自動車	
❾	東京地判平 28・3・15 LEX/DB25535526	普通乗用自動車	トヨタ・クラウンスーパーデラックス G パッケージ
❿	東京地判平 28・2・24 LEX/DB25533783	普通乗用自動車	メルセデス・ベンツ 190E2.6
⓫	奈良地葛城支判平 28・1・7 自保 1990 号 70 頁＜参考収録＞	中型貨物自動車	
⓬	東京地判平 30・9・6 LEX/DB25555521	普通貨物自動車	
⓭	大阪地判平 30・8・31 自保 2033 号 103 頁	自家用普通貨物 自動車	
⓮	東京地判平 30・8・14 交民 51 巻 4 号 958 頁	普通乗用自動車	BMW・525i
⓯	東京地判平 30・6・7 LEX/DB25554257	普通乗用自動車	
⓰	東京地判平 30・6・5 LEX/DB25554254	普通乗用自動車	トヨタ車
⓱	横浜地判平 30・3・23 自保 2024 号 135 頁	普通乗用自動車	スマート・ブラバス

初度登録	登録からの 経過年数	走行距離	裁判所の判断
			修理費　48万2857円
平成28年6月	1年3か月	1万0806km	修理費　115万5600円
			修理費　324万円
			修理費　367万2000円
平成25年10月	1年8か月		修理費　70万6698円
平成10年7月			修理費　83万円
平成11年3月	14年6か月	21万0898km	修理費　280万円
平成15年1月	11年7か月	6万1600km	修理費　72万8662円
平成20年9月	3年11か月	30万6800km	修理費　35万0196円
	20年以上		修理費　60万4525円
平成10年9月	14年	37万5700km	修理費　118万2816円
			修理費　15万4224円
			修理費　5万9891円
			修理費　21万8967円
			修理費　54万0129円
平成25年5月29日	約2年	1万km未満	修理費　197万7814円

	裁 判 例	車両種類	車 名 （国産・外国車別）
⓲	名古屋地判平 29・6・16 交民 50 巻 3 号 764 頁	普通乗用自動車	メルセデス・ベンツ車
⓳	東京地判平 29・6・8 LEX/DB25555261	普通貨物自動車	BMW 車
⓴	東京地判平 29・3・27 LEX/DB25553921	中型貨物自動車	日野・レンジャー
㉑	京都地判平 29・2・15 自保 1997 号 157 頁	普通乗用自動車	
㉒	東京地判平 29・1・13 自保 1994 号 91 頁	普通貨物自動車	
㉓	名古屋地判平 29・1・25 自保 1996 号 115 頁	普通乗用自動車	
㉔	東京地判平 28・8・25 LEX/DB25536973	普通乗用自動車	
㉕	東京地判平 28・1・26 LEX/DB25533550	普通乗用自動車	
㉖	東京地判平 30・6・22 LEX/DB25556005	普通乗用自動車	トヨタ・プレミオ
㉗	東京地判平 30・2・15 LEX/DB25552069	普通乗用自動車	
㉘	大阪地判平 29・12・26 自保 2014 号 160 頁	普通乗用自動車	ランボルギーニ・ムルシエラゴ
㉙	東京地判平 29・9・26 LEX/DB25539107	普通乗用自動車	ホンダ・ステップワゴン
㉚	東京地判平 28・10・11 LEX/DB25537951	普通乗用自動車	トヨタ・86
㉛	札幌地判平 28・2・26 自保 1987 号 159 頁〈参考収録〉	普通乗用自動車	三菱・D- VAN
㉜	東京地判平 30・6・5 LEX/DB25554254	普通乗用自動車	トヨタ・bB
㉝	東京地判平 30・8・24 交民 51 巻 4 号 975 頁	普通乗用自動車	フェラーリ・328GTS
㉞	札幌地判平 28・2・25 自保 1973 号 151 頁	普通乗用自動車	BMW・X6
㉟	東京地判平 29・3・27 交民 50 巻 6 号 1641 頁	普通乗用自動車	1966 年製メルセデス・ベンツ250SE

初度登録	登録からの 経過年数	走行距離	裁判所の判断
平成 20 年 8 月	5 年 3 か月	7 万 3900km	修理費　26 万 6406 円
			修理費　29 万 2734 円
			修理費　60 万円
			修理費　50 万 4414 円
			修理費　31 万円
			修理費　12 万 8753 円
平成 24 年 12 月	1 年 7 か月	約 2 万 3500km	修理費　25 万 7048 円
			修理費　5 万 5000 円
			修理費　19 万 1563 円
			修理費　5000 円
平成 25 年 1 月	2 年 10 か月		修理費　136 万 9440 円
			修理費　4 万 2887 円
平成 27 年 6 月 15 日	約 2 か月		修理費　6 万 9893 円
			修理費　33 万 8100 円
			修理費(塗装工費) 2 万 8770 円
昭和 62 年 8 月	27 年 11 か月		修理費　86 万 6148 円
平成 25 年 6 月	1 年 8 か月		修理費　34 万 3332 円
昭和 45 年 8 月	41 年 11 か月		修理費　430 万 0401 円

	裁　判　例	車両種類	車　名 （国産・外国車別）
㊱	東京地判平 29・2・7 LEX/DB25552002	普通乗用自動車	トヨタ車
㊲	東京地判平 28・3・30 LEX/DB25535004	普通乗用自動車	メルセデス・ベンツ ML350

■裁判例一覧表２■車両損害：修理可能な損害——評価損

	裁　判　例	車両種類	車　名 （国産・外国車別）
❶	東京地判平 30・7・19 LEX/DB25554390	普通乗用自動車	メルセデス・ベンツ E250
❷	東京地判平 30・9・26 LEX/DB25555540	普通乗用自動車	メルセデス・ベンツ車
❸	東京地判平 30・7・17 LEX/DB25554386	普通乗用自動車	アウディ車
❹	京都地判平 30・3・26 自保 2021 号 135 頁	普通乗用自動車	メルセデス・ベンツ S クラス
❺	横浜地判平 30・3・23 自保 2024 号 135 頁	普通乗用自動車	スマート・ブラバス
❻	名古屋地判平 29・12・26 交民 50 巻 6 号 1557 頁	普通乗用自動車	BMW 車
❼	大阪地判平 29・10・12 交民 50 巻 5 号 1235 頁	普通乗用自動車	ポルシェ・911 カレラ GTS
❽	東京地判平 29・10・5 LEX/DB25539462	普通乗用自動車	メルセデス・ベンツ G550L
❾	東京地判平 29・6・14 LEX/DB25553940	普通乗用自動車	BMW 車
❿	東京地判平 29・3・27 LEX/DB25553921	普通乗用自動車	メルセデス・ベンツ E350
⓫	東京地判平 29・3・27 LEX/DB25553921	普通乗用自動車	クライスラー・300C ツーリング
⓬	東京地判平 29・3・27 交民 50 巻 6 号 1641 頁	普通乗用自動車	1966 年製メルセデス・ベンツ 250SE
⓭	東京地判平 28・12・20 LEX/DB25550068	普通乗用自動車	メルセデス・ベンツ S550L

初度登録	登録からの経過年数	走行距離	裁判所の判断
			修理費　67 万 3390 円
			修理費　108 万 3359 円

初度登録	登録からの経過年数	走行距離	裁判所の判断
平成 25 年 8 月	3 年 6 か月	2 万 3425km	評価損　16 万 5000 円（修理費の 10％）
平成 25 年 5 月	3 か月	808km	評価損　84 万 7000 円（修理費の 30％に満たない額）
平成 25 年 2 月	1 年 1 か月		評価損　19 万 2310 円（修理費の 10％）
平成 27 年 8 月	7 か月	約 7600km	評価損　25 万円（修理費の 20％）
平成 25 年 5 月 29 日	約 2 年	1 万 km 未満	評価損　39 万 5562 円（修理費の 20％）
平成 25 年 10 月	1 年 2 か月	9988km	評価損　70 万 5525 円（修理費の 20％）
平成 27 年 11 月	4 か月	4982km	評価損　72 万 6000 円（修理費の 20％）
平成 27 年 5 月 29 日	4 か月未満	1971km	評価損　3 万 5000 円（修理費の 30％）
平成 27 年 8 月	1 か月	306km	評価損　12 万円（修理費の 15％）
平成 24 年 3 月	3 か月程度		評価損　77 万円（修理費の 25％）
平成 19 年 3 月	5 年 3 か月	約 5 万 8000km	評価損　14 万円（修理費の 10％）
昭和 45 年 8 月	41 年 11 か月		評価損　300 万円（修理費の 70％）
平成 27 年 5 月	4 か月	7216km	評価損　50 万円

	裁 判 例	車両種類	車　名 （国産・外国車別）
⑭	東京地判平 28・2・26 LEX/DB25533607	普通乗用自動車	アウディ・A5 スポーツバック
⑮	東京地判平 30・5・15 交民 51 巻 3 号 571 頁	普通乗用自動車	スバル・インプレッサ
⑯	東京地判平 30・3・8 LEX/DB25552867	普通乗用自動車	トヨタ・エスティマ
⑰	東京地判平 30・1・16 LEX/DB25551756	普通乗用自動車	日産・セレナハイウェイスター
⑱	東京地判平 29・11・28 自保 2014 号 149 頁	普通乗用自動車	レクサス・LS600h
⑲	横浜地判平 29・11・2 自保 2017 号 150 頁	大型貨物自動車	
⑳	名古屋地判平 29・8・22 交民 50 巻 4 号 1053 頁	普通乗用自動車	
㉑	横浜地判平 29・7・18 交民 50 巻 4 号 884 頁	普通乗用自動車	スズキ・エブリィ
㉒	名古屋地判平 29・9・15 交民 50 巻 5 号 1191 頁	普通乗用自動車	メルセデス・ベンツ S クラス
㉓	名古屋地判平 29・6・16 交民 50 巻 3 号 764 頁	普通乗用自動車	メルセデス・ベンツ車
㉔	東京地判平 29・5・31 LEX/DB25554620	普通乗用自動車	メルセデス・ベンツ S クラス
㉕	大阪地判平 29・2・1 自保 2000 号 120 頁	普通乗用自動車	メルセデス・ベンツ CL550
㉖	東京地判平 28・12・21 LEX/DB25550072	普通乗用自動車	アウディ・A84.2L FSI クワトロ
㉗	東京地判平 28・10・11 LEX/DB25537949	普通乗用自動車	BMW・アルピナ
㉘	東京地判平 28・3・30 LEX/DB25535004	普通乗用自動車	メルセデス・ベンツ ML350
㉙	名古屋地判平 27・12・25 交民 48 巻 6 号 1586 頁	普通乗用自動車	メルセデス・ベンツ CLK320 ガブリオレ
㉚	東京地判平 27・11・9 LEX/DB25532899	普通乗用自動車	BMW・3 シリーズ

初度登録	登録からの 経過年数	走行距離	裁判所の判断
平成 23 年 5 月	1 年 11 か月	3 万 7631km	評価損　10 万円
平成 28 年 6 月	1 年 3 か月	1 万 806km	評価損　23 万円（修理費の 20％）
平成 23 年 12 月	2 年 5 か月	7660km	評価損　15 万円
平成 28 年 9 月	2 か月	585km	評価損　38 万 9740 円（修理費の 20％）
平成 26 年 3 月	1 年 11 か月	2 万 8947km	評価損　104 万円
平成 25 年 7 月	1 年 1 か月	8 万 7661km	評価損　109 万円（修理費の 20％）
平成 25 年 11 月 14 日	約 1 年半	1 万 6598km	評価損　19 万 8738 円（修理費の 40％）
平成 24 年 9 月 24 日	2 か月 12 日	239km	評価損　15 万円（修理費の 20％）
平成 19 年 5 月	9 年	8 万 2403km	評価損　否定
平成 20 年 8 月	5 年 3 か月	7 万 3900km	評価損　否定
平成 19 年 6 月	9 年	6 万 5770km	評価損　否定
	7 年以上	4 万 8900km	評価損　否定
平成 20 年 2 月	6 年 5 か月	事故の 6 か月前： 5 万 1750km 9 か月後： 6 万 9000km	評価損　否定
平成 27 年 3 月	5 か月	9500km	評価損　否定
			評価損　否定
	9 年未満		評価損　否定
	11 年		評価損　否定

	裁　判　例	車両種類	車　名 （国産・外国車別）
㉛	東京地判平 30・10・10 LEX/DB25556383	普通乗用自動車	トヨタ・エスクァイア
㉜	京都地判平 30・10・4 自保 2035 号 115 頁	普通乗用自動車	国産大衆車
㉝	横浜地判平 29・4・24 自保 2001 号 92 頁	普通乗用自動車	トヨタ・ヴォクシー
㉞	東京地判平 29・4・21 LEX/DB25554282	中型貨物自動車	トヨタ・ハイエース
㉟	東京地判平 29・1・30 LEX/DB25538984	普通乗用自動車	トヨタ・ヴェルファイアロイヤルラウンジ LE
㊱	東京地判平 28・8・25 LEX/DB25536973	普通乗用自動車	
㊲	東京地判平 27・12・10 自保 1977 号 167 頁	普通乗用自動車	ニッサン・GT-R
㊳	横浜地判平 27・11・26 自保 1967 号 148 頁	普通乗用自動車	トヨタ・ランドクルーザー

■裁判例一覧表 3 ■車両損害：修理不能な損害

	裁　判　例	車両種類	車　名 （国産・外国車別）
❶	横浜地判平 29・5・22 自保 2004 号 124 頁	中型貨物自動車 （コンクリートポンプ車）	
❷	東京地判平 28・2・10 LEX/DB25533770	普通乗用自動車	デロリアン車
❸	東京地判平 28・6・17 交民 49 巻 3 号 750 頁	普通乗用自動車	ニッサン・エクストレイル 5D ワゴン NT31 20X/XT2000（F クラス）
❹	神戸地判平 31・1・16 LEX/DB25562669	普通乗用自動車	スバル・ヴィヴィオビストロ
❺	横浜地川崎支判平 30・11・29 自保 2038 号 76 頁	普通乗用自動車	
❻	東京地判平 30・10・9 自保 2038 号 92 頁	普通乗用自動車	マツダ・プレマシー DBA-CREW20F2WD2000

初度登録	登録からの経過年数	走行距離	裁判所の判断
平成 29 年 10 月 12 日	約 2 か月	1636km	評価損　否定
平成 24 年 5 月	4 年 4 か月	約 4 万 5000km	評価損　否定
平成 22 年 4 月 21 日	2 年 5 か月	3 万 0495km	評価損　否定
平成 25 年 5 月	2 年 5 か月	2 万 8504km	評価損　否定
平成 24 年 2 月	3 年経過	5 万 km 超	評価損　否定
平成 24 年 12 月	1 年 7 か月	2 万 3500km	評価損　否定
平成 26 年 1 月	1 か月	1161km	評価損　否定
平成 20 年 2 月	4 年 7 か月	平成 23 年 2 月 10 日：6 万 0300km 平成 25 年 3 月 7 日：8 万 6684km	評価損　否定

初度登録	登録からの経過年数	走行距離	裁判所の判断
			時価額　950 万円
			時価額　244 万 8000 円
平成 23 年 7 月 19 日	3 年 2 か月	4 万 4988km	経済的全損を否定
平成 10 年 3 月	12 年 2 か月	12 万 6738km	時価額　10 万円
			時価額　40 万 9000 円
平成 17 年 3 月	12 年 1 か月	3 万 2043km	時価額および買替諸費用　20 万円

	裁 判 例	車両種類	車 名 (国産・外国車別)
❼	東京地判平30・9・26 自保 2033 号 92 頁	普通貨物自動車	
❽	東京地判平30・6・26 LEX/DB25554276	普通乗用自動車	ホンダ・LEAD125
❾	東京地判平30・6・25 LEX/DB25554274	普通乗用自動車	
❿	東京地判平30・4・23 LEX/DB25552589	普通乗用自動車	
⓫	東京地判平30・1・18 LEX/DB25551579	普通乗用自動車	トヨタ・コンフォート
⓬	神戸地判平30・1・11 自保 2026 号 57 頁	普通貨物自動車	
⓭	札幌地判平29・12・25 自保 2032 号 110 頁＜参考収録＞	普通貨物自動車	ニッサン・セレナ
⓮	東京地判平29・12・18 LEX/DB25551404	普通乗用自動車	
⓯	名古屋地判平29・4・24 LEX/DB25554283	普通乗用自動車	
⓰	札幌地判平29・2・9 自保 2000 号 111 頁	普通乗用自動車	ホンダ・インスパイア
⓱	東京地判平29・2・22 交民 50 巻 4 号 1122 頁	大型貨物自動車	日野・プロフィア KL-FR2 PPHA
⓲	大阪地判平28・9・27 自保 1989 号 147 頁	普通貨物自動車	ダイハツ・ハイゼットトラッ クスペシャル
⓳	東京地判平28・10・19 自保 1991 号 107 頁	普通乗用自動車	スバル・ディアスワゴン
⓴	東京地判平28・8・30 LEX/DB25537123	普通乗用自動車	
㉑	金沢地判平28・7・20 自保 1991 号 44 頁	普通乗用自動車	
㉒	札幌地判平28・7・11 自保 1987 号 143 頁	普通乗用自動車	
㉓	さいたま地判平28・7・7 交民 49 巻 4 号 840 頁	中型貨物自動車	日野・レンジャー
㉔	神戸地判平27・11・19 自保 1968 号 46 頁	普通乗用自動車	

初度登録	登録からの 経過年数	走行距離	裁判所の判断	
平成 27 年 7 月	1 年 4 か月	6 万 2652km	時価額	358 万 2000 円
平成 25 年 8 月 30 日	8 か月	9979km	時価額	17 万 6000 円
			時価額	112 万 6000 円
			時価額	34 万 5000 円
平成 14 年 11 月	13 年 1 か月	41 万 7026km	時価額	24 万 7000 円
			時価額	20 万円
平成 12 年	25 年	13 万 2991km	時価額	25 万円
			時価額	45 万円
			時価額	20 万円
平成 15 年 9 月	11 年 3 か月		時価額	45 万円
平成 14 年 9 月	11 年 5 か月		時価額および買替諸費用　350 万円	
		48 万 9000km （事故の約1年前）	時価額	90 万円
平成 15 年 3 月	10 年 8 か月	11 万 1276km	時価額	31 万 5000 円
			時価額	227 万円
			時価額	63 万円
			車両損害額　40 万円	
平成 9 年 1 月	16 年 4 か月	約 92 万 km	時価額	101 万円
		10 万 6881km	時価額	27 万円

	裁 判 例	車両種類	車 名 (国産・外国車別)
㉕	東京地判平 30・8・30 自保 2037 号 40 頁	普通乗用自動車	メルセデス・ベンツ E230
㉖	東京地判平 30・8・29 交民 51 巻 4 号 1011 頁	普通乗用自動車	ポルシェ車
㉗	東京地判平 29・9・13 自保 2012 号 127 頁	普通乗用自動車	タコマ・2WD PRERUNNER
㉘	東京地判平 29・3・7 LEX/DB25550237	普通乗用自動車	ジャガー・CBA-J12LA
㉙	東京地判平 29・2・28 LEX/DB25552007	普通乗用自動車	メルセデス・ベンツ S クラス 4 ドアセダン
㉚	東京地判平 28・9・20 LEX/DB25537531	普通乗用自動車	アルファロメオ・E916C1
㉛	大阪地判平 29・7・19 交民 50 巻 4 号 922 頁	普通乗用自動車	ジープ・チェロキーリミテッ ド
㉜	東京地判平 28・9・13 LEX/DB25537528	普通乗用自動車	ボルボ・940 ポラール X エス テート
㉝	東京地判平 29・10・3 交民 50 巻 5 号 1220 頁	事業用貨物自動 車	
㉞	名古屋地判平 28・2・17 交民 49 巻 1 号 204 頁	普通乗用自動車	トヨタ・クラウンエステート

■裁判例一覧表 4 ■車両損害：買替差額

	裁 判 例	車両種類	車 名 (国産・外国車別)
❶	東京地判平 30・8・23 LEX/DB25555483	普通乗用自動車	BMW・325i GH-AV25
❷	東京地判平 30・3・26 LEX/DB25552871	普通乗用自動車	ニッサン・セレナライダーパ フォーマンススペックブラック クライン S-HYBRID
❸	東京地判平 30・1・16 LEX/DB25551755	普通乗用自動車	ダイハツ・ムーブ・コンテ
❹	東京地判平 28・9・30 LEX/DB25537543	普通乗用自動車	ニッサン・エルグランドハイ ウェイスター UA-E51

初度登録	登録からの経過年数	走行距離	裁判所の判断
平成 9 年 3 月	15 年 5 か月	6 万 5260km	時価額　60 万円
平成 2 年 6 月	12 年 2 か月	21 万 0382km	時価額　131 万 5000 円
平成 23 年 2 月	3 年	10 万 8640km	時価額　330 万円
平成 22 年 5 月	5 年 11 か月	2 万 3908km	時価額　350 万円
平成 14 年 9 月	9 年 9 か月	10 万 8736km	時価額および買替諸費用　219 万 7110 円
平成 9 年 8 月	14 年 11 か月	約 14 万 km	時価額　65 万円
平成 13 年 12 月	12 年 6 か月	約 5 万 3000km	時価額　173 万 8000 円
平成 8 年 4 月	16 年 11 か月	10 万 6151km	時価額および買替諸費用　135 万 6600 円
平成 9 年 12 月	18 年 1 か月	平成 26 年 4 月 28 日：66 万 3500km 平成 27 年 4 月 20 日：70 万 8500km	時価額　419 万 0376 円
平成 15 年 3 月	11 年	15 万 4700km	時価額　195 万 1275 円

初度登録	登録からの経過年数	走行距離	裁判所の判断
平成 16 年 6 月	12 年 8 か月	2 万 3694km	時価額＋買替諸費用－事故車両売却代金　50 万 7500 円
			時価額－スクラップ回収相当額 165 万 9400 円
平成 21 年 3 月	6 年 7 か月	3 万 6291km	時価額－事故車両売却代金　54 万 5000 円
平成 16 年 6 月	9 年 3 か月	約 6 万 km	時価額－事故車両売却代金　91 万 9000 円

	裁　判　例	車両種類	車　名 (国産・外国車別)
❺	東京地判平 28・9・26 LEX/DB25537539	普通乗用自動車	

■裁判例一覧表 5 ■車両使用不能による損害：代車料——肯定

	裁　判　例	車両種類	車　名 (国産・外国車別)
❶	横浜地判平 30・11・29 自保 2038 号 76 頁	普通乗用自動車	
❷	東京地判平 30・10・10 LEX/DB25556383	普通乗用自動車	トヨタ・エスクァイア
❸	東京地判平 30・9・26 LEX/DB25555540	普通乗用自動車	メルセデス・ベンツ車
❹	東京地判平 30・5・22 LEX/DB25553562	普通乗用自動車	
❺	東京地判平 30・5・10 LEX/DB25553250	普通乗用自動車	トヨタ・アルファード
❻	東京地判平 30・4・24 LEX/DB25553243	普通乗用自動車	
❼	東京地判平 30・8・22 LEX/DB25555506	中型貨物自動車	三菱ふそう・キャンター
❽	東京地判平 30・4・17 LEX/DB25553515	普通乗用自動車	
❾	横浜地判平 30・3・23 自保 2024 号 135 頁	普通乗用自動車	外国車
❿	大阪地判平 29・12・26 自保 2014 号 160 頁	普通乗用自動車	ランボルギーニ・ムルシエラゴ
⓫	大阪地判平 29・10・12 交民 50 巻 5 号 1235 頁	普通乗用自動車	ポルシェ・911 カレラ GTS
⓬	大阪地判平 29・9・26 LEX/DB25539107	普通乗用自動車	ホンダ・ステップワゴン
⓭	名古屋地判平 29・9・15 交民 50 巻 5 号 1191 頁	普通乗用自動車	メルセデス・ベンツ S クラス
⓮	東京地判平 29・8・16 ウエストロー 2017WLJPCA08168006	普通乗用自動車	ホンダ・アコード

初度登録	登録からの経過年数	走行距離	裁判所の判断
平成 13 年 7 月	12 年 2 か月	14 万 1806km	時価額＋買替諸費用－廃車買取価額　35 万 8000 円

初度登録	登録からの経過年数	走行距離	裁判所の判断
			代車料　38 万 8800 円
平成 29 年 10 月 12 日	約 2 か月	1636km	代車料　4 万円
平成 25 年 5 月	3 か月	808km	代車料　40 万 9500 円
			代車料　15 万円
			代車料　6 万 4800 円
			代車料　16 万 1000 円
			代車料　171 万 6300 円
			代車料　39 万 2291 円
平成 25 年 5 月 29 日	2 年		代車料　31 万 9680 円
平成 25 年 1 月	2 年 10 か月		代車料　73 万 6000 円
平成 27 年 11 月	4 か月	4982km	代車料　60 万円
			代車料　9 万 9000 円
平成 19 年 5 月	9 年	8 万 2403km	代車料　60 万円
平成 15 年 9 月	11 年 8 か月		代車料　12 万 3120 円

	裁 判 例	車両種類	車 名 （国産・外国車別）
⑮	東京地判平 29・6・21 LEX/DB25555264	普通乗用自動車	メルセデス・ベンツ車
⑯	名古屋地判平 29・6・16 交民 50 巻 3 号 764 頁	普通乗用自動車	メルセデス・ベンツ車
⑰	名古屋地判平 29・5・31 LEX/DB25554620	普通乗用自動車	メルセデス・ベンツ S クラス
⑱	名古屋地判平 29・5・12 交民 50 巻 3 号 603 頁	普通乗用自動車	アウディ・A4
⑲	東京地判平 29・4・11 LEX/DB25554294	中型貨物自動車	
⑳	東京地判平 29・3・16 LEX/DB25554170	普通乗用自動車	ローバー・ミニ（クラシック ミニ）
㉑	東京地判平 29・1・13 自保 1994 号 91 頁	普通貨物自動車	
㉒	東京地判平 28・11・16 LEX/DB25538357	普通乗用自動車	マツダ・センティア・ロイヤ ルクラシック
㉓	東京地判平 28・10・27 LEX/DB25537969	普通乗用自動車	トヨタ・レクサス
㉔	東京地判平 28・9・26 LEX/DB25537539	普通乗用自動車	
㉕	東京地判平 28・8・19 LEX/DB25537114	普通乗用自動車	ルノー・ルーテシア
㉖	札幌地判平 28・7・15 自保 1985 号 121 頁	普通乗用自動車	ニッサン・エルグランド
㉗	さいたま地判平 28・7・7 交民 49 巻 4 号 840 頁	中型貨物自動車	日野・レンジャー
㉘	東京地判平 28・6・3 LEX/DB25536663	普通乗用自動車	ボルボ・V90
㉙	東京地判平 28・3・30 LEX/DB25535004	普通乗用自動車	メルセデス・ベンツ ML350
㉚	東京地判平 28・2・5 交民 49 巻 1 号 120 頁	普通乗用自動車	トヨタ・イシス
㉛	名古屋地判平 27・12・25 交民 48 巻 6 号 1586 頁	普通乗用自動車	メルセデス・ベンツ CLK320 カブリオレ
㉜	東京地判平 28・3・9 LEX/DB25535521	原動機付自転車	スズキ・アドレス

初度登録	登録からの経過年数	走行距離	裁判所の判断
平成 18 年 6 月	9 年 6 か月		代車料　48 万 6000 円
平成 20 年 8 月	5 年 3 か月	7 万 3900km	代車料　40 万 3200 円
平成 19 年 6 月	9 年	6 万 5770km	代車料　30 万 2400 円
平成 20 年 9 月	6 年 11 か月	7 万 8464km	代車料　43 万 2000 円
			代車料　492 万 4500 円
			代車料　39 万円
			代車料　3 万 5000 円
平成 7 年 12 月	18 年 2 か月	平成 25 年 9 月 6 日：29 万 5932km	代車料　10 万 4300 円
			代車料　7 万 5600 円
平成 13 年 7 月	13 年 2 か月	14 万 1806km	代車料　16 万 4000 円
平成 23 年 12 月	1 年 2 か月		代車料　4 万 5975 円
			代車料　17 万 1000 円
平成 9 年 1 月	16 年 4 か月	約 92 万 km	代車料　126 万円
			代車料　28 万 7100 円
			代車料　25 万 2000 円
			代車料　41 万円
	9 年未満		代車料　205 万 0920 円
			代車料　3 万 7800 円

	裁 判 例	車両種類	車 名 （国産・外国車別）
㉝	東京地判平 27・11・9 LEX/DB25532899	普通乗用自動車	BMW・3 シリーズ

■裁判例一覧表 6 ■車両使用不能による損害：代車料——否定

	裁 判 例	車両種類	車 名 （国産・外国車別）
❶	東京地判平 30・9・26 自保 2033 号 92 頁	普通貨物自動車	
❷	東京地判平 30・8・30 自保 2037 号 40 頁	普通乗用自動車	ポルシェ車
❸	仙台高判平 30・7・19 自保 2037 号 164 頁	普通乗用自動車	ベントレー・ターボ RL
❹	東京地判平 27・12・17 LEX/DB25535033	普通乗用自動車	三菱・デリカ D：5
❺	横浜地判平 27・11・26 自保 1967 号 148 頁	普通乗用自動車	トヨタ・ランドクルーザー

■裁判例一覧表 7 ■車両使用不能による損害：休車損

	裁 判 例	車両種類	車 名 （国産・外国車別）
❶	東京地判平 30・9・26 自保 2033 号 92 頁	普通貨物自動車	
❷	東京地判平 30・8・30 LEX/DB25555492	普通乗用自動車	ニッサン・1500CC ライトバン
❸	名古屋地判平 29・12・26 交民 50 巻 6 号 1557 頁	普通乗用自動車	BMW 車
❹	横浜地判平 29・11・2 自保 2017 号 150 頁	大型貨物自動車	
❺	さいたま地判平 29・10・23 交民 50 巻 5 号 1339 頁	大型貨物自動車	ニッサン・UD トラック

初度登録	登録からの 経過年数	走行距離	裁判所の判断
	11 年		代車料　44 万 0640 円

初度登録	登録からの 経過年数	走行距離	裁判所の判断
平成 27 年 7 月	1 年 4 か月	6 万 2652km	代車料　否定
平成 2 年 6 月	12 年 2 か月	21 万 0382km	代車料　否定
			代車料　否定
平成 19 年 4 月	5 年 8 か月		代車料　否定
平成 20 年 2 月	4 年 7 か月	平成 23 年 2 月 10 日：6 万 0306km 平成 25 年 3 月 7 日：8 万 6684km	代車料　否定

初度登録	登録からの 経過年数	走行距離	裁判所の判断
平成 27 年 7 月	1 年 4 か月	6 万 2652km	休車損　93 万円
			休車損　12 万 8800 円
平成 25 年 10 月	1 年 2 か月	9988km	休車損　5 万円
平成 25 年 7 月	1 年 1 か月	8 万 7661km	休車損　169 万 3925 円
			休車損　94 万 1656 円

	裁 判 例	車両種類	車 名 （国産・外国車別）
❻	東京地判平 29・10・3 交民 50 巻 5 号 1220 頁	事業用貨物自動車	
❼	東京地判平 29・2・22 交民 50 巻 4 号 1122 頁	大型貨物自動車	日野・プロフィア KL-FR2 PPHA
❽	東京地判平 29・2・21 LEX/DB25551993	普通乗用自動車	ホンダ・ライフ
❾	名古屋地判平 28・2・17 交民 49 巻 1 号 204 頁	普通乗用自動車	トヨタ・クラウンエステート
❿	東京地判平 28・11・21 LEX/DB25538337	大型貨物自動車	いすゞ・KC-CXZ82K2D
⓫	東京地判平 28・9・29 LEX/DB25537541	普通乗用自動車	
⓬	東京地判平 27・12・24 交民 48 巻 6 号 1571 頁	事業用大型貨物 自動車	
⓭	東京地判平 30・10・3 LEX/DB25556379	大型乗用自動車	
⓮	横浜地判平 29・5・22 自保 2004 号 124 頁	中型貨物自動車 （コンクリート ポンプ車）	
⓯	東京地判平 29・3・21 LEX/DB25553933	普通乗用自動車	

■裁判例一覧表 8 ■その他の損害：車両の引き揚げ費、レッカー代

	裁 判 例	車両種類	車 名 （国産・外国車別）
❶	横浜地判平 30・11・29 自保 2038 号 76 頁	普通乗用自動車	
❷	東京地判平 30・1・16 LEX/DB25551755	普通乗用自動車	ダイハツ・ムーブ・コンテ
❸	さいたま地判平 28・7・7 交民 49 巻 4 号 840 頁	中型貨物自動車	日野・レンジャー

初度登録	登録からの経過年数	走行距離	裁判所の判断
平成9年12月	18年1か月	平成26年4月28日：66万3500km 平成27年4月20日：70万8500km	休車損　82万9666円
平成14年9月	11年5か月		休車損　131万9400円
			休車損　10万0441円
平成15年3月	11年	15万4700km	休車損　6万円
平成11年3月	14年6か月	21万0898km	休車損　367万5402円
			休車損　6万2264円（過失相殺前）
			休車損　231万4158円
			休車損　否定
			休車損　否定
			休車損　否定

初度登録	登録からの経過年数	走行距離	裁判所の判断
			レッカー代　3万2508円
平成21年3月	6年7か月	3万6291km	レッカー代　1万7928円
平成9年1月	16年4か月	約92万km	レッカー代　7万2990円

■裁判例一覧表９■その他の損害：車両保管料

	裁　判　例	車両種類	車　名 （国産・外国車別）
❶	東京地判平 30・5・22 LEX/DB25553562	普通乗用自動車	

■裁判例一覧表 10 ■その他の損害：登録手続関係費

	裁　判　例	車両種類	車　名 （国産・外国車別）
❶	神戸地判平 31・1・16 LEX/DB25562669	普通乗用自動車	トヨタ・エスクァイア
❷	横浜地川崎支判平 30・11・29 自保 2038 号 76 頁	普通貨物自動車	
❸	東京地判平 30・8・30 自保 2037 号 40 頁	普通乗用自動車	ポルシェ車
❹	神戸地判平 28・10・26 交民 49 巻 5 号 1264 頁	普通乗用自動車	
❺	横浜地川崎支判平 30・11・29 自保 2038 号 76 頁	普通乗用自動車	
❻	東京地判平 30・6・25 LEX/DB25554274	普通乗用自動車	
❼	東京地判平 30・4・17 LEX/DB25553515	普通乗用自動車	
❽	横浜地川崎支判平 30・11・29 自保 2038 号 76 頁	普通乗用自動車	
❾	東京地判平 28・2・5 交民 49 巻 1 号 120 頁	普通乗用自動車	トヨタ・イシス
❿	東京地判平 30・1・10 LEX/DB25551753	普通乗用自動車	
⓫	東京地判平 29・1・13 自保 1994 号 91 頁	普通貨物自動車	
⓬	横浜地川崎支判平 30・11・29 自保 2038 号 76 頁	普通乗用自動車	
⓭	横浜地川崎支判平 30・11・29 自保 2038 号 76 頁	普通乗用自動車	
⓮	神戸地判平 30・1・11 自保 2026 号 57 頁	普通貨物自動車	

初度登録	登録からの経過年数	走行距離	裁判所の判断
			車両保管料　8万3160円

初度登録	登録からの経過年数	走行距離	裁判所の判断
平成29年10月12日	約2か月	1636km	買替諸費用　3万円
平成27年7月	1年4か月	6万2652km	車庫証明　2600円、車庫証明手続代行費用　否定
平成2年6月	12年2か月	21万0382km	買替諸費用　7万9990円
			買替諸費用　5万9410円
			ナンバー費用　4600円、希望ナンバー申請費用　否定
			登録印紙・車庫証明印紙代、ナンバー代、行政書士費用、車検基本料　4万9293円
			買替登録諸経費　17万9545円
			印鑑証明　600円、リサイクル料金　1万6120円
			買替諸費用　6万3547円
			自動車取得税　否定
			自動車保険料増額分　否定
			抹消登録費用　1万9440円
			納車点検、納車準備、納車費用否定
			買替諸費用　8万6600円

	裁 判 例	車両種類	車　名 (国産・外国車別)
⑮	東京地判平 28・2・10 LEX/DB25533770	普通乗用自動車	デロリアン車
⑯	さいたま地判平 28・7・7 交民 49 巻 4 号 840 頁	中型貨物自動車	日野・レンジャー

■裁判例一覧表 11 ■その他の損害：積荷損害

	裁 判 例	車両種類	車　名 (国産・外国車別)
❶	東京地判平 30・9・26 自保 2033 号 92 頁	普通貨物自動車	
❷	東京地判平 30・8・30 自保 2037 号 40 頁	普通乗用自動車	

■裁判例一覧表 12 ■その他の損害：携帯品・搭載品、その他の損害

	裁 判 例	車両種類	車　名 (国産・外国車別)
❶	旭川地判平 31・2・1 LEX/DB25562536	歩行者	
❷	東京地判平 30・10・9 自保 2038 号 92 頁	普通乗用自動車	
❸	京都地判平 30・10・4 自保 2035 号 115 頁	自転車	
❹	大阪地判平 30・4・20 自保 2030 号 139 頁	自動二輪車	
❺	大阪地判平 30・4・16 自保 2028 号 95 頁	普通自動二輪車	
❻	東京地判平 29・9・5 LEX/DB25539060	大型自動二輪車	ハーレー・ダビットソン FLHTCU
❼	大阪地判平 29・9・1 自保 2010 号 122 頁	自転車	
❽	東京地判平 28・12・6 LEX/DB25550103	自転車	
❾	東京地判平 27・12・22 LEX/DB25533022	自動二輪車	

初度登録	登録からの経過年数	走行距離	裁判所の判断
			通関費用等　56万3040円
平成9年1月	16年4か月	約92万km	残存車検期間に相当する車検整備費用　49万9059円

初度登録	登録からの経過年数	走行距離	裁判所の判断
			積荷損害　230万2052円
			積荷損害　1万3264円

初度登録	登録からの経過年数	走行距離	裁判所の判断
			携帯品　5万5000円
			サングラス　2000円
			眼鏡　9000円
			被服費用等　13万4280円
平成9年8月	16年9か月	平成25年5月10日：2万6800km	物品　8940円
平成22年3月	6年1か月	4万5332km	ジャケット等　10万0390円
			スマートフォン　4万円
			デジタルカメラ修理費用、靴損害費用、リップクリーム損害費用　2万5024円
			物損　10万円

	裁　判　例	車両種類	車　名 (国産・外国車別)
❿	神戸地判平 31・1・16 LEX/DB25562669	普通乗用自動車	スバル・ヴィヴィオビストロ
⓫	横浜地判平 30・5・18 自保 2030 号 88 頁	普通乗用自動車	
⓬	神戸地判平 29・5・26 交民 50 巻 3 号 684 頁	普通乗用自動車	メルセデス・ベンツ CLK320 カブリオレ
⓭	大阪地判平 29・12・26 自保 2014 号 160 頁	普通乗用自動車	ランボルギーニ・ムルシエラ ゴ

■裁判例一覧表 13 ■自動二輪車

	裁　判　例	車両種類	車　名 (国産・外国車別)
❶	京都地判平 31・1・30 自保 2047 号 153 頁	普通自動二輪車	
❷	大阪高判平 30・4・20 自保 2030 号 139 頁	自動二輪車	
❸	東京地判平 30・7・19 LEX/DB25554392	大型自動二輪車	BMW 車・総排気量 1.16L
❹	東京地判平 29・2・1 LEX/DB25551999	自家用大型自動 二輪車	ハーレー・ダビットソン (1946 年式)
❺	東京地判平 30・5・15 自保 2026 号 123 頁	大型自動二輪車	ヤマハ・XJR1200
❻	大阪地判平 30・4・16 自保 2028 号 95 頁	普通自動二輪車	
❼	大阪地判平 30・4・16 自保 2028 号 95 頁	普通自動二輪車	イタリア製 (20 年以上前に生 産終了、ノンレストア車両)
❽	東京地判平 28・12・16 自保 19932 号 91 頁	普通自動二輪車	ヤマハ・マジェスティ 250 (平 成 12 年式)
❾	横浜地判平 30・10・23 自保 2036 号 1 頁	普通自動二輪車	
❿	東京地判平 30・8・28 LEX/DB25555488	大型自動二輪車	
⓫	東京地判平 30・8・14 自保 2033 号 17 頁	普通自動二輪車	

初度登録	登録からの経過年数	走行距離	裁判所の判断
平成 10 年 3 月	12 年 10 か月	12 万 6738km	ドライブレコーダー　2 万円
			搭載品に関する損害額　否定
	9 年未満		写真代　2129 円
平成 25 年 1 月	2 年	10 か月	検査費用　2 万 1600 円

初度登録	登録からの経過年数	走行距離	裁判所の判断
			修理費　16 万 0789 円
			修理費　15 万 5000 円
			修理費　5 万 9313 円
			修理費　93 万 7280 円
平成 10 年 5 月	15 年 1 か月		時価額　30 万円
平成 9 年 8 月	16 年 9 か月	平成 25 年 5 月 10 日：2 万 6800km	時価額　28 万円
		1 万 8894km	時価額　20 万円
			時価額　57 万 1910 円
			時価額　40 万円
平成 16 年	約 13 年	5273km	修理費　28 万 9295 円
			時価額　7 万 1700 円

	裁 判 例	車両種類	車 名 （国産・外国車別）
⑫	東京地判平 30・7・17 自保 2031 号 89 頁	普通自動二輪車	
⑬	東京地判平 29・10・24 自保 2013 号 161 頁	大型自動二輪車	スズキ・カタナ
⑭	名古屋地判平 29・7・14 自保 2006 号 95	普通自動二輪車	
⑮	東京地判平 29・9・5 LEX/DB25539060	大型自動二輪車	ハーレー・ダビットソン FLHTCU
⑯	名古屋地判平 28・11・30 自保 1992 号 113 頁	大型自動二輪車	
⑰	横浜地判平 28・3・31 自保 1977 号 136 頁	普通自動二輪車	ホンダ・CB400SUPER FOUR
⑱	東京地判平 27・12・21 自保 1968 号 90 頁	大型自動二輪車	スズキ・GSX1400
⑲	東京地判平 29・9・4 LEX/DB25539059	普通自動二輪車	

■裁判例一覧表14■原動機付自転車

	裁 判 例	車両種類	車 名 （国産・外国車別）
❶	東京地判平 30・10・10 LEX/DB25566382	原動機付自転車	
❷	東京地判平 28・12・9 LEX/DB25550107	原動機付自転車	
❸	京都地判平 29・2・15 自保 1997 号 157 頁	原動機付自転車	ホンダ・ジョルノ

■裁判例一覧表15■自 転 車

	裁 判 例	車両種類	車 名 （国産・外国車別）
❶	東京地判平 30・5・23 LEX/DB25553565	自転車	
❷	名古屋地判平 29・9・8 自保 2009 号 134 頁	自転車	

初度登録	登録からの経過年数	走行距離	裁判所の判断
			時価額　18 万 3000 円
昭和 62 年	約 28 年		時価額　161 万 8743 円
			時価額　33 万 2000 円
平成 22 年 3 月	6 年 1 か月	4 万 5332km	時価額　182 万 1000 円
		平成 25 年 6 月 3 日：8283km	時価額　72 万 1550 円
平成 23 年 8 月	2 年	3993km	時価額　34 万 5850 円
		2 万 1300km	時価額　60 万円
			レッカー代および保管費用　13 万 7160 円

初度登録	登録からの経過年数	走行距離	裁判所の判断
			修理費　27 万 0718 円
			時価額　1 万円
			代車料　1 万 8000 円

初度登録	登録からの経過年数	走行距離	裁判所の判断
			修理費　5770 円
			修理費　95 万 1548 円

	裁　判　例	車両種類	車　名 （国産・外国車別）
❸	大阪地判平 30・10・30 自保 2036 号 117 頁	自転車	
❹	東京地判平 30・10・9 自保 2038 号 92 頁	自転車	
❺	京都地判平 30・10・4 自保 2035 号 115 頁	自転車	
❻	名古屋地判平 30・7・30 自保 2032 号 86 頁	自転車	
❼	東京地判平 30・1・16 LEX/DB25551590	自転車（マウンテンバイク）	トレック・ロードバイク MANBA2011 年製
❽	大阪地判平 29・9・1 自保 2010 号 122 頁	自転車	
❾	東京地判平 28・3・22 LEX/DB25535080	自転車	
❿	大阪地判平 28・2・18 自保 1974 号 150 頁	自転車	

初度登録	登録からの 経過年数	走行距離	裁判所の判断
			時価額　1万円
			時価額　4万円
			時価額　7500円
			時価額　3万5000円
			時価額　6万2370円
			時価額　1万円
			時価額　9000円
			時価額　4590円

◆著者紹介◆

小賀野　晶一（おがの　しょういち）

中央大学法学部教授

1982 年早稲田大学大学院法学研究科博士課程単位取得退学。秋田大学講師・助教授・教授、千葉大学教授を経て 2015 年中央大学教授。博士（法学）（早稲田大学）、千葉大学名誉教授。専攻は民法学。

【主な著書・論文等】

『専門訴訟 交通事故法〔第 2 版〕』（共編著）（民事法研究会、2020 年）、『平沼髙明先生追悼 医と法の課題と挑戦』（共編著）（民事法研究会、2019 年）、『基本講義 民法総則・民法概論』（成文堂、2019 年）、『基本講義 環境問題・環境法』（成文堂、2019 年）、『逐条解説 自動車損害賠償保障法〔第 2 版〕』（共著）（弘文堂、2017 年）、『交通事故における素因減額問題』（共編著）（保険毎日新聞社、2014 年）、『賠償科学〔改訂版〕』（共著）（民事法研究会、2013 年）、『民法と成年後見法』（成文堂、2012 年）、『実務不法行為法講義〔第 2 版〕』（共編著）（民事法研究会、2012 年）、『判例から学ぶ不法行為法』（成文堂、2010 年）、『交通事故損害賠償の判例と考え方 むち打ち損傷編』（保険毎日新聞社、1989 年）、『車両損害の判例と考え方』（共著）（保険毎日新聞社、1988 年）など。

亀井　隆太（かめい　りゅうた）

横浜商科大学商学部准教授

早稲田大学商学部卒業、千葉大学大学院人文社会科学研究科博士課程修了。博士（法学）（千葉大学）。大東文化大学法学部特任講師を経て、2016 年横浜商科大学商学部専任講師、2018 年より現職。専攻は民法学。

【主な著書・論文等】

『民法入門 I 民法総則』（共著）（尚学社、2020 年）、「リサイクル法制度の課題」『リサイクルの法と実例』（三協法規出版、2019 年）、「アメリカ法律家協会・高齢化と法委員会『弁護士のための事前指示書カウンセリングガイド』について」千葉大学人文公共学研究論集 38 号（2019 年）、「道路転落事故損害賠償請求控訴事件」判例地方自治 443 号（2019 年）、「ヨーロッパ・アメリカにおける成年後見制度」『認知症と民法』（勁草書房、2018 年）、「自転車転倒事故国家賠償請求事件」判例地方自治 417 号（2017 年）、『民法（債権法）改正の概要と要件事実』（共著）（三協法規出版、2017 年）、「保証人の主債務者に対する求償権の消滅時効の中断事由がある場合であっても、共同保証人間の求償権について消滅時効の中断の効力は生じないとした事例（法学セミナー増刊）」新・判例解説 Watch 18 号（2016 年）。

車両損害の最新判例とその読み方

著　　　者	小 賀 野 晶 一	
	亀 井 隆 太	
発　行　日	2020 年 6 月17日	

発　行　所　　株式会社保険毎日新聞社
〒110 - 0016　東京都台東区台東4 - 14 - 8
シモジンパークビル2F
TEL 03 - 5816 - 2861／FAX 03 - 5816 - 2863
URL http://www.homai.co.jp/

発　行　人　　森 川 正 晴
カバーデザイン　　塚 原 善 亮
印刷・製本　　モリモト印刷株式会社